정갑영의

첫 경제학

정갑영 저

박영사

처음 읽는 경제

강단에 선지 32년 만에 「첫 경제학」을 출간하게 되었다. 그동안 한국경제는 몇 차례의 위기를 극복하며 크게 성장하였고, 경제학도 많은 도전을 받으며 분석방법과 영역을 확대하여 왔다. 고시 준비용에 불과했던 경제학에 대한 수요도 크게 확산되어, 지금은 개인의 일상에서 기업의 전략과 국가 정책에 이르기까지 모든 분야에서 경제학적 접근방법이 널리 활용되고 있다.

하지만 경제학은 여전히 모두 어렵다고들 한다. 경제현실을 좀 더 체계적으로 이해하고 싶지만, 막상 경제학을 접하는 것은 너무나 어렵다고 생각한다. 실제로 경제학은 누구나 가까이 할 수 있는 친근한 학문이 아니다. 교과서마다 수학적인 분석이 많고, 용어도 특이하고, 친숙하지 않은 그림으로 가득하기 때문이다.

그럼에도 불구하고 경제학에 대한 호기심은 쉽게 가라앉지 않는다. 우리의 모든 일상이 경제로부터 자유롭지 않기 때문이다. 개인도, 기업도, 국가도 모두 오늘보다 더 나은 풍요를 누리고 싶어 한다. 그 꿈을 이루기 위해서는 당연히 경제지식이 널리 보편화되어, 국민들이 옳은 정책과 그릇된 정책을 판단할 수 있어야 한다. 개인이나 사회가 모두 경제논리에 맞는 바른 선택을 할 수 있을 때 풍요로운 결과를 기대할 수 있는 것이다.

　이런 연유로 1997년의 외환위기 이후 필자는 누구나 쉽게 경제학을 접하고 이해할 수 있도록 하는 데 많은 노력을 기울여 왔다. 전문적인 연구 못지않게 경제지식을 일반에게 널리 보급시키는 일도 경제학자의 중요한 역할 아니겠는가.「옆보다 더 큰 아홉」을 시작으로「카론의 동전 한 닢」,「만화로 읽는 경제학」등에 이르기까지 소설이나 시집처럼 가까이 할 수 있는 경제학 책들을 펴냈으며, 여러 사람들에게 경제학을 쉽게 알릴 수 있는 기회라면 어떤 미디어도 마다하지 않았다.

　그러한 노력의 일환으로 이번에는 실제 연세대학교에서 강의하고 있는 "경제학 입문"을 기반으로 이 책을 쓰게 되었다. 학교 강의는 모든 내용을 동영상으로 제작하여 학생들이 이론을 미리 학습하고, 강의는 창의적인 토론 중심으로 진행되는 "거꾸로 학습flipped learning"으로 이루어지고 있다. 또한 한국형 온라인 공개강좌인 K-MOOCMassive Open Online Course 에 "경제학 첫걸음"으로 등재되어, 누구라도 인터넷을 통해 연세대학교의 강의를 무료로 수강할 수 있다.

　이 책은 경제학을 처음 접하는 사람도 부담 없이 읽을 수 있게 구성하였다. 매 장마다 기본적인 이론을 쉽게 설명하고, 현실 세계에서 적용할 수 있는 사례를 인용하였다. 어려운 전문용어는 가급적 피하고, 경제학을 전혀 모르는 독자도 쉽게 몰입할 수 있도록 일상의 언어로 표현하였다. 이론은 학계에서 가장 널리 사용하는 교재를 중심으로 설명하고, 사례는 필자의 기존 저서에서 인용하였다.

　책을 만드는 과정과 온라인 동영상 제작 등에 많은 도움을 준 연세대학교 박사과정의 오현진 양과 김혜리 과장 등 연세대 OSEOpen Smart Education팀에 감사를 표한다. 아무쪼록 "첫 경제학"이 일반 독자들의 경제학에 대한 갈증을 풀어주는 탄산수 같은 책이 되기를 바랄 뿐이다.

2017년 8월
저자 정갑영

차 례

PART 05 금융과 재정, 국제무역

선택과
기회비용

들어가며

경제란 무엇인가?

"경제학"하면 가장 먼저 떠오르는 생각이 무엇일까? 용돈? 지갑? 자동차? 집? 여행? 그리고 어렵다? 모두가 맞는 답이다. 물론 경제학은 그것보다는 훨씬 더 광범위한 내용을 포함하는 학문이다. 그렇지만 우리 일상에서 부딪히는 구체적인 경제문제를 풀어가는 기본적인 방법은 크게 다를 바 없다.

지구상에 사는 모든 인간은 경제로부터 자유롭지 못하다. 사람들은 예나 지금이나 모두 경제에 대한 걱정을 많이 한다. 경제가 잘 안 풀린다, 일자리가 없다, 손해를 보았다, 쓰고 싶은 건 많은데 모자란다 등 걱정거리가 수없이 많다. 경제는 곧 인간의 의식주를 해결하는 문제이기 때문에, 아침에 일어나서 저녁에 잠자리에 들 때까지, 모든 일과가 경제에 연관되어 있다. 경제적 여건에 따라 개인의 소비 행태는 물론 저축과 여가 활동 등 생활양식이 결정된다. 어떤 음식을 먹고, 어떤 옷을 입으며, 어떤 교통수단을 이용하는가가 모두 경제와 관련되어 있다.

경제가 미치는 영향은 개인에만 국한되지 않는다. 기업도, 국가의 힘도 모두 경제력에서부터 비롯된다. 풍요를 누리는 나라는 세계에 엄청난 영향을 미치지만, 경제적 빈곤으로 인해 고통을 받는 국가도 수두룩하다. 아직도 지구상에는 많은 인구가 기아로 사망하거나, 제대로 끼니를 연명하지 못할 뿐만 아니라 질병과 빈곤에서 허덕이고 있다. 세계은행의 자료에 따르면 2015년에도 세계 전체 인구의 10%는 여전히 하루의 생계비로 1.9달러 미만인 극심한 빈곤에 시달리고 있다.

이런 이유로 개인이나 국가 모두 경제적 풍요를 가장 중요한 목표 중 하나로 추구하고 있다. 물질적 풍요에 관심이 적어 "황금을 돌 같이" 생각하는 사람들도 있겠지만, 쓸모없는 "돌을 황금으로" 만드는 생산적인 일을 외면하는 사람은 거의 없다. 물질적 풍요가 우리 생활의 모든 부문을 좌우하는 것은 아니지만, 정신적 가치를 중시하는 문화에서도 물질적 풍요가 외면당하는 경우는 많지 않다. 정도의 차이는 있겠지만, 우리 모두는 오늘보다 나은 내일의 풍요를 위해 열심히 노력한다.

그러한 노력을 하는 경제주체가 바로 개인과 기업, 정부이며, 한 국가의 경제적 성과는 각 경제주체의 활동에 따라서 결정된다. 경제주체의 활동을 기능적으로 분류하면 개인은 소비, 기업은 투자를 담당하며, 정부는 조세와 재정지출을 통해 소비와 투자를 동시에 수행하며, 국민경제의 활동을 조정하는 역할을 한다.

일반적으로 소비자들은 사고 싶은 건 많은데 쓸 수 있는 소득은 적고, 기업은 투자하고 싶은 사업은 많은데 자금이 적으며, 정부는 정책 목표가 다양한데 재정이 취약한 경우가 많다. 따라서 개인은 개인 나름대로 자신의 소득을 증가시키려 하고, 기업은 기업대로 이윤을 극대화하기 위해 노력한다. 이것이 바로 경제활동의 기본이며, 이런 활동을 어떻게 하면 가장 효율적으로 경제적 풍요를 달성할 수 있는가를 연구하는 것이 바로 경제학이다.

경제학을 다른 학문과 비교할 때 흔히 인용되는 유머가 있다. 수학자와 회계학자, 경제학자에게 "100+100=?"이 얼마가 되느냐는 동일한 질문을 하면 어떤 대답이 돌아올까? 수학자는 "정확히 200.0인데요. 0.00001만 차이가 나도 절대 안 되지요." 회계학자는 한참 생각하다가 "그거야 물론 200이지요. 통상적으로 200으로 계산하는 게 맞지요." 회계에서는 가장 중요한 원칙이 GAAP(Generally Accepted Accounting Principles)이다. 제도적으로 어떤 기준이 적용되느냐에 따라서 부채와 자산항목이 항목이 변경되는 경우도 있기 때문이다. 경제학자는 어떤 답변을 할까? "글쎄요... 200보다 훨씬 많은 성과를 달성할 수도 있고, 200이 모두 사라질 수도 있고, 오히려 마이너스가 될 수도 있지요." 경제적 성과는 반드시 투입과 산출이 동일한 것은 아니기 때문이다.

경제적 풍요는 행복을 가져오는가?

물론 경제적으로 풍요로워진다고 해서 모든 사람들이 행복해지는 것은 아니다. 행복은 어떤 물질적인 수단만으로 달성되는 것은 아니기 때문이다. 오히려 물질적인 풍요가 불행을 가져오는 경우도 적지 않다. 예를 들어, 복권에 당첨되어 갑자기 큰 재산을 얻은 사람들이 오히려 행복한 인생을 즐기지 못하는 경우도 많고, 엄청난 유산을 놓고 갈등을 빚는 가정도 많다.

여기 쯤 오면 가끔 이런 질문을 한다. "그럼 교수님, 경제적 풍요가 곧 행복한 것도 아니라는데, 왜 사람들은 모두들 물질적 풍요만 좇나요? 행복한 삶이 보장되지도 않는데, 왜 물질적 풍요를 위해 그렇게 많은 자원과 인력, 시간을 동원하나요? 그래도 경제적 풍요를 추구해야 하는 어떤 중요한 이유가 있나요?" 질문은 너무나 명확하지만, 답변은 그렇게 단순하지 않다. 과연 무엇 때문일까? 인간이 본성적으로 물욕(物慾)을 갖고 있는 것일까? 아마도 경제학자가 답할 질문이 아닐 수도 있다. 물질적 풍요를 추구하는 모든 경제주체가 생각해 봐야 할 질문이다. 여론조사를 하면 경제적 풍요가 주는 가장 큰 이득을 무엇이라고 할까?

일반적으로 물질적 풍요는 사람들을 윤택하게 만들 수 있다. 물론 그것도 행복할 수 있는 한 조건이 될 수 있다. 그렇다고 반드시 모두가 행복해지는 것은 아니다. 그렇다면 행복보다는 다른 어떤 가치가 보장되는 것일까? 그것은 바로 경세적 자유다. 풍요는 경제주체를 자유롭게 만든다. 물질적으로 여유가 있다면 여행도, 가구도, 자동차도, 의류도 원하는 대로 자유롭게 선택할 수 있다. 이웃은 매년 해외여행을 가는데, 물질적인 여유가 없으면 감히 상상이나 하겠는가? 실제로 경제적 제약 때문에 의식주는 물론 원하는 것을 제대로 이룩하지 못하는 경우가 얼마나 많은가? 경제적 풍요는 사람들을 훨씬 더 자유롭게 한다. 궁극적으로 그 자유를 탐닉하기 위해 경제주체가 열심히 뛰고 있는 셈이다.

경제학은 여러 제약 조건이 많은 현실의 상황에서 가장 효율적으로 자원을 활용하고, 풍요를 달성할 수 있는 방법을 가르치는 학문이다. 모든 것이 원하는 만큼 주어졌다면, 아마도 경제학은 탄생하지 않았을 것이다. 부족의 문제를 효율적으로 해결하는 방안을 연구하는 것이 경제학이기 때문이다. 부족의 문제를 효율적으로 해결한다면, 적은 것도 효율적으로 활용할 수 있다면, 적게 투입하고도 많은 것을 거둘 수 있다면, 경제는 풍요로워질 것이다. 따라서 국민들이 경제학을 널리 이해하면 할수록 개인도 풍요로워지고, 국가경제도 더 발전하고 성장할 수 있다. 이런 의미에서 한 나라의 경제 수준은 곧 국민들의 경제에 대한 이해 수준과 높은 상관관계에 있다고 할 수 있다.

그럼에도 불구하고 경제학은 어렵다는 이유 하나로 많은 국민들이 접근하지 않고 기피하는 과목이 되고 있다. 경제는 알고 싶지만 막상 들여다보니 너무 어렵다는 것이다. 수학이 많고, 용어가 생소하고, 논리적인 인과관계가 많아 사전적인 지식 없이는 따라가기 힘들다고 생각한다. 이런 이유로 고등학생들의 수능시험에서도 경제학은 그렇게 인기가 높지 않다.

국가의 경제수준과 경제에 대한 이해 수준이 같이 움직인다는데, 이렇게 모두가 경제학을 외면한다면 우리나라는 어떻게 되겠는가. 경제정책은 대부분 여론에 의해서 좌지우지되는 경우가 많다. 민주국가에서 나타나는 당연한 결과이다. 그러나 여론은 어떻게 형성되는가? 많은 국민들의 선호에 따라 결정된다. 예를 들어, 국민 모두에게 기본소득을 지불하거나, 세금을 조정하거나, 의료보험의 혜택을 변경하는 정책을 생각해보자. 대체로 많은 국민들은 당장 본인에게 들어오는 혜택에 관심이 많다. 그 혜택이 많을수록 좋은 정책이라고 생각하는 경우가 대부분이다.

그러나 재원은 어디서 나오며, 궁극적으로 누가 부담하고, 지속적인 발전을 위해 과연 필요한 정책인가를 판단하려면 국민들이 최소한의 경제적 지식을 갖고 있어야 한다. 경제에 대한 이해도가 낮은 국가일수록 정치인들은 인기영합적인 달콤한 정책을 쏟아내고, 그런 후보가 투표에서 당선이 되는 사례가 많다. 따라서 경제가 선진국으로 발전하기 위해서는 당연히 국민들의 경제학에 대한 이해 수준이 지금보다 훨씬 높아져야 한다. 이것은 국가를 위해 개인을 희생해야 한다는 논리가 아니다. 인기에 편승하는 "지속 불가능한 경제"가 아니라 개인도 풍요로워지고 국가도 발전하는 지속가능한 발전 모델을 추구해야 하기 때문이다.

서울, 1964년 겨울

'서울 1964년'……그때의 모습은 무엇으로 대변될 수 있을까? 정치적 혼란 속에 대학은 데모의 소용돌이에서 벗어나지 못했고, 서민들은 보릿고개를 넘기거나 겨울나기를 힘들었던 시절이었다. 이런저런 이유로 서울로 밀려드는 행렬이 줄을 이어 '서울은 만원'이 되어갔고, 농촌이 점차 비어가는 현상도 이때부터 시작되었다. 밤이 되면 서울 거리에는 가스불처럼 소리를 내며 타오르는 카바이드 불빛을 걸고, 오뎅과 구운 참새를 파는 선술집이 나타났다. 전기가 귀했던 시절이라 백열등을 켜는 것조차 사치스러웠던 시절이 아니었는가.

당시 박정희 대통령이 마닐라를 방문했을 때 마르코스 대통령에게 건넨 첫 마디가 "우리나라도 필리핀만큼만 잘살 수 있다면……"이었다니, 우리의 생활수준이 어느 정도였던가를 충분히 짐작할 수 있다. 아마도 지금의 필리핀을 상상하는 세대들에게는 호랑이 담배 피던 시절의 얘기로 들릴 것이다.

실제로 1964년은 우리 경제의 발전과정에서 매우 중요한 역사적 의미를 갖고 있는 해다. 반만년의 한국 역사에서 1인당 국민소득이 처음으로 연 100달러를 달성했기 때문이다. 당시 세계은행에 보고된 120여 개의 나라 중에 한국은 인도 다음으로 가장 못사는 나라에 속했다. 동네마다 엿장수들이 "머리카락 삽니다. 머리카락 사요!"라고 외치며 아낙들의 생머리를 모아 가발로 수출하던 시절이었다. 김승옥의 단편 「서울 1964년 겨울」에는 이러한 당시 시대상이 잘 그려져 있다.

경제의 성과는 물론 여러 요인들에 의해서 결정된다. 정치도 잘 해야 하고, 기업가나 정책 담당자도 제대로 해야 하며, 소비자의 역할도 매우 중요하다. 또한 해외 부문도 경제성장을 뒷받침해주는 환경이 조성되어야 한다. 그러나 이중에서도 가장 중요한 것은 역시 사람들의 생각이다. 정치도, 정책도, 기업도 모두 사람이 누구냐에 따라 달라진다. 국민들은 때로 잘못된 정치를 비판하지만, 그것 역시 한걸음 나가면 그런 정치인을 뽑아준 국민들의 책임을 면할 수 없다. 내일보다는 오늘의 편안함을 주는 인기 영합적인 정치인을 선택한다면, 경제는 언제라도 추운 겨울로 돌아갈 수 있다. 시장과 경제에 대한 바른 인식이 부족하고, 글로벌 트렌드를 이해하지 못하는 사회가 어떻게 선진국으로 발돋움할 수 있겠는가.

1964년 서울의 낭만을 그리워한다면, 그때의 가난도 함께 기억해야 한다. 2010년, 2020년, 또는 앞으로 40년 뒤의 서울은 어떤 모습일까? 분명한 것은 오늘 우리의 선택이, 바로 그날의 모습을 결정짓게 될 것이다.

정갑영, "카론의 동전 한 닢", (삼성경제연구소, 2008), pp. 15~19에서 일부 인용

　　실제로 경제학은 그렇게 어렵지도 않고, 우리의 일상으로부터 멀리 떨어져 있지도 않다. 아침에 일어나 어떤 옷을 입고, 어떤 방법으로 직장에 출근하고, 많은 일들에 시간을 어떻게 배분할 것인가가 놀랍게도 모두 경제학의 문제에 속한다. 경제학은 항상 부족한 자원을 어떻게 효율적으로 배분할 것인가를 연구하는 학문이기 때문이다.

　　인간은 누구나 하루 24시간이라는 시간의 제약이 있으므로, 부족한 시간이라는 자원을 어떻게 효율적으로 활용할 것인가는 전형적인 경제학의 문제다. 오늘은 어떤 옷을 입고, 어떤 교통수단을 이용하며, 누구를 만날 것인가도 모두 경제학적인 선택에 해당된다. 왜냐하면 그 때의 상황에 가장 적합한 선택choice을 해야 하는 문제이기 때문이다. 옷도 한꺼번에 두 벌을 입을 수 없으니 선택의 문제이고, 교통수단도 마찬가지이며, 부족한 시간에 누구를 만날 것인가도 선택의 문제이다.

　　어떤 기준으로 선택하는가는 사람마다 모두 다를 수 있지만, 경제학에서는 대체로 효율성을 기준으로 삼는 경우가 많다. 물론 공공성이 높은 경우나, 보건 복지, 환경과 안전의 문제는 당연히 효율성보다는 더 바람직한 기준을 적용할 수 있다. 어떤 기준을 적용하든, 그 목적에 적합한 선택을 하는 과정을 찾는 것이라면 모두 경제학적 접근이라 할 수 있다. 이런 이유로 경제학을 흔히 선택의 과학science of choice이라고도 한다.

선택과 기회비용

누구나 경제하면 "돈"을 먼저 생각하는데, 우리에게 주어진 시간은 어떨까? 세상에서 가장 공평하게 주어진 자원이 바로 시간이다. 하루 24 시간은 어른이나 아이나, 빈부 격차를 떠나서, 신분의 고하를 막론하고 누구에게나 평등하게 주어졌다. 그런데 그 시간을 어떻게 보내느냐? 어떻게 배정하느냐? 그것 자체가 경제학의 문제라고 생각하는 사람은 많지 않다. 그럼 어떤 기준으로 선택하는 것이 가장 바람직한 최고의 선택일까? 이런 문제를 해결하는 방법을 배우는 것이 바로 경제학의 목적이다. 예를 들어, 학생이 수강신청을 할 때 경제학 입문과 경영학, 생물학 중 두 과목을 선택해야 한다면 어떻게 할까? 경제학자들은 "그 과목을 선택하는 것부터가 바로 경제학 연습"이라고 얘기한다.

조금 넓게 생각하면 우리의 일생이 사실은 선택의 연속이다. 만날 친구를 선택하고, 입학하고 싶은 학교를 고르고, 집과 자동차를 선택하고, 직장을 고르고, 배우자를 선택하는 일에 이르기까지 우리 일생은 모두 선택의 연속이다. 이러한 선택의 과정에서 최고의 선택을 할 수 있는 접근 방법을 배우는 것이 바로 경제학이다. 경제학의 본질이 선택의 과학이라면 경제학을 배워야 가장 좋은 선택을 할 수 있는 역량이 크게 길러질 수 있을 것이다. 이런 이유로 경제학을 제대로 배우면 인생도 성공적으로 만들 수 있다는 주장이 가능하게 된다.

선택의 문제를 널리 알려진 로버트 프로스트의 시 "가지 않은 길"에서 찾아보도록 하자. 노란 숲 속에 있는 두 갈래 길을 한꺼번에 다 갈 수 있다면 너무 좋았겠지만, 몸이 하나니 두 길을 모두 갈 수는 없었고, 하나를 포기하고 사람들이 가지 않은 길을 선택한 것을 안타까워하고 있다. 똑같이 아름다운 길이라서 어느 길이 더 좋은지 몰랐지만, 사람들의 발자취가 적은 길을 선택한 것이다. 당연히 처음에는 어느 길이 더 좋은지 알 수 없었을 것이다. 그런데 먼 훗날 생각해보니 사람들이 적게 간 그 길을 선택한 것이 인생의 모든 것을 바꿔놓았다고 안타까워하고 있는 내용이다.

프로스트의 "가지 않은 길"은 세계적 명시로 수많은 사람들에게 잔잔한 감동을 준다. 얼마나 아름답고, 순수하며, 공감을 일으키는가. 나아가 경제학자의 눈으로 이 시를 읽으면, "아, 이 시가 바로 경제학의 본질을 말하고 있구나"라는 생각을 하게 된다.

독자들 역시 '첫 경제학'을 구입하거나 강의를 선택했을 때 어려운 결심을 했을 것이다. 당연히 비용도 들어가지만, 시간이라는 귀중한 자원을 다른 곳에 사용하지 못하기 때문이다. 선택에는 항상 비용이 따른다. 하나를 선택함으로써 다른 것을 선택하는 기회를 잃어버리기 때문이다. 이렇게 기회를 잃어버림으로써 발생하는 손실을 기회비용opportunity cost이라고 한다. 예를 들어, 100만 원을 가진 사람이 은행에 예금하거나 주식에 투자하는 선택을 한다고 가정해 보자. 1년 동안 수익을 보니 은행에서는 2%의 이자(2만 원)를 받게 되었다. 주식투자를 했다면 얻게 되었을 수익이 1% 또는 만 원에 불과하였다. 그렇다면 이 사람은 예금을 함으로써 1만 원의 수익은 포기하게 된 것이므로 이 금액이 바로 기회비용이 된다. 은행에서 얻은 2만 원으로 수익이 2%인 것 같지만, 실질적으로는 1만 원의 이익이 발생할 수 있는 기회를 희생시킨 것이므로, 경제학적 의미에서 실질적인 은행예금의 수익은 2만 원에서 기회비용 1만 원을 공제한 1만 원에 불과하다.

경제적인 거래나 투자에서만 기회비용이 발생하는 것은 아니다. 프로스트의 시에서처럼 "가지 않은 길"을 선택함으로써 나중에 한숨을 쉬고, 달라진 인생을 안타까워한다면, 그것은 엄청난 기회비용이 발생한 것이다. 미래는 항상 불확실하므로 오늘의 선택이 먼 후일에 큰 부담이 되는 경우도 있고, 반대로 엄청나게 좋은 영향을 주는 경우도 많다. 친구도 배우자도 선택이 잘 못되었다면 엄청난 기회비용을 감당해야 한다. 좋은 선택을 하였다면, 잃어버린 기회비용은 극히 적게 된다. 따라서 기회비용을 최소화시키는 선택이 경제학적으로 볼 때 최고의 선택이 된다.

기회비용이 크다는 것은 지금의 선택이 굉장히 부담스럽다는 의미가 된다. 기회비용은 어떤 경우라도 추정할 수 있으며, 개인의 의사결정은 물론 기업이나 국가 정책 사업에 널리 활용된다. 국가 차원에서 큰 결정을 할 때는 당연히 기회비용을 고려해야 하고, 개인적인 의사결정에서도 기회비용을 무시하면 추후에 큰 부담이 된다. 어떤 선택은 큰 기회비용을 유발할 수도 있고, 반대로 적게 발생할 수도 있다. 분명한 것은 어떤 선택을 한다는 것은 미래의 불확실성에 따르는 위험을 감수하고 현재 시점에서 의사결정을 하는 것이다. 그 결정에 대한 평가는 기회비용에 의해서 이루어진다.

시간의 기회비용

상대성 원리라는 어려운 이론을 시간의 개념으로 명쾌하게 풀이한 아인슈타인의 유명한 일화가 있다. 빛이 너무 빨라 우리가 그 차이를 구별할 수 없을 뿐이지 달려가는 사람과 걸어가는 사람 사이에는 시간의 차이가 존재한다는 것이다. 모든 사람에게 주어진 시간의 길이는 같은 것처럼 보인다. 하지만 사실은 그렇지 않다는 것이다.

5분을 어떻게 보낼 수 있는가를 생각해보자. 연인과 함께 황홀한 5분을 즐기고 있는 사람에게는 그 시간이 얼마나 짧겠는가. 그러나 그 5분 동안 끓는 물속에 손을 넣고 있으라고 한다면 그 시간이 얼마나 고통스럽겠는가. 그렇게 보면 시간의 상대성은 너무나 분명해진다. 시간 소비의 상대성은 누구에게나 엄연히 존재하는 현상이다.

우리의 일상에서도 바쁜 일정에 쫓기는 경우와 한가롭게 즐길 때의 24시간은 객관적인 비교에서는 비록 같은 것일지라도, 주관적인 느낌의 차이는 엄청나게 다를 수 있다. 어떤 일정으로 무엇을 선택하는가가 시간의 질을 결정하게 되는 것이다. 때로는 즐거운 5분을 선택할 수도 있다. 하지만 고통스러운 5분을 잘못 선택할 수도 있다. 시간의 절대성 면에서 그 5분은 아무런 차이가 없겠지만, 상대적인 인식의 차이는 엄청나게 크다.

이 과정에서 나타나는 상대적인 차이를 경제학에서는 비용의 개념으로 설명한다. 먼저 시간이라는 자원이 제약되어 있다는 현실적 한계에서부터 출발한다. 만약 고통스러운 5분을 선택했다고 하자. 즐거운 5분을 선택할 수 있는 절대적인 기회는 포기할 수밖에 없다. 따라서 고통스러운 5분을 선택하는 비용은 그 고통 자체는 물론이고 다른 선택에서 얻을 수 있었던 즐거움을 포기해야 하는 비용까지도 포함해야 한다.

이처럼 고통을 선택했기 때문에 포기해야 하는 즐거움을 경제학에서는 '기회비용'이라고 한다. 즐거운 시간의 쾌락을 '100'이라 한다면, 고통의 선택 때문인 기회비용은 쾌락에서 얻을 수도 있었던 '100'이 되는 것이다. 기회비용은 결국 제한된 기회의 선택에 따른 상대적 가치를 평가하는 경제적 개념이다. 하나를 선택함으로써 포기해야 하는 기회를 비용으로 간주하는 것이다.

사람의 선택에도 기회비용이 따른다. 정실이나 압력에 눌려 우수한 신입사원을 뽑지 못했을 때의 기회비용은 상상을 초월한다. 그뿐만 아니라 상품, 계약조건, 거래 상대방, 마케팅 등 모든 의사결정에는 반드시 기회비용이 수반된다. 고3이나 재수 시절의 유혹, 또는 일시적인 감정의 폭발로 잘못된 행동을 선택했다면 평생 동안 엄청난 기회비용을 부담해야 한다.

한 번쯤 오늘 하루 중 나의 선택이 가져오는 기회비용을 생각해 보고 그 선택의 대안이 무엇인지 음미해볼 필요가 있다. 최선의 선택은 기회비용이 가장 적게 들어가는 것이다. 기회비용, 그것은 실제로 정산할 필요가 없다. 오히려 수익보다도 더 중요한 역할을 한다. 그래서 모든 비용은 일단 줄이는 것이 가장 현명하지 않은가.

물론 경제학에서는 대체로 선택과 기회비용의 문제를 경제적인 문제에 적용하지만, 일상에서 일어나는 개인의 문제는 물론 기업과 국가의 비경제적인 현안도 대부분 기회비용의 문제로 접근하면 바람직한 해결방안을 모색할 수 있다. 중요한 것은 접근방법은 본질적으로 동일하지만, 어떤 가치를 선택의 기준으로 결정하느냐가 다를 뿐이다.

예를 들어 친구를 선택하거나 사랑하는 사람을 만나는 일에 기회비용이 발생하는 것은 사실이지만, 선택으로 인한 결과를 평가할 때는 경제적 이익이 아니라 각 개인의 고유한 가치관이나 사회적 규범 등 비경제적 기준이 적용되어야 한다. 경제적으로 손해를 본다고 사랑하는 사람을 쉽게 포기할 수는 없지 않겠는가. 기업이나 국가도 마찬가지다. 경제적 기준이 아닌 다양한 가치가 적용될 수 있다.

모든 의사결정에서 기회비용을 고려해야 하는 본질적인 원인은 우리가 갖고 있는 자원이 유한하기 때문이다. 국가의 재정은 물론이고, 개인의 시간, 물과 공기 등 모든 종류의 자원이 기본적으로 유한하기 때문이다. 북한의 경우 부족한 자원을 핵 개발에 집중적으로 사용하고 있다. 북한 주민들의 후생과 복지, 교육 등에 필요한 기회비용을 핵무기 개발에 지불하고, 그에 따른 고통은 오롯이 주민들의 몫으로 돌리고 있는 것이다. 경제학은 선택의 과학이다. 가장 바른 선택이 무엇인가? 개인과 기업, 국가가 바른 선택을 하기 위한 방법을 생각해보는 과목이다.

Chapter 02

경제학의 기초개념

가정과 모델

아이들은 대부분 용돈 걱정을 많이 한다. 어른들의 관점에서 보면 작은 문제인 것 같지만, 사실은 그것은 모두가 갖고 있는 평생 동안 풀어야 하는 경제문제의 하나다. 경기침체가 쉽게 해소되고, 인플레이션이 진정되며, 필요한 재화는 언제든지 구입할 수 있는 능력이 된다면 얼마나 좋을까? 국가적으로는 일자리가 많아져서 소득이 증가하고, 빈곤이 사라지며, 빈부격차도 해소되고, 모든 국민들이 물질적으로 윤택하게 살 수 있는 여건을 만들어야 한다. 이런 문제들을 쉽게 해소할 수 있는 방법은 없는 것일까?

그런데 실제로 경제는 굉장히 복잡하게 구성되어 있다. 어느 것 하나를 해결하면 다른 문제가 발생하기도 하고, 해결해야 할 과제의 우선순위도 사회적 동의를 얻기가 쉽지 않다. 어떤 정당은 기업의 법인세를 올려야 한다고 주장하고, 반대로 다른 정당은 세율을 낮춰야만 경제가 활성화된다고 주장한다. 어느 것이 옳은 주장인지 쉽게 알아내기조차 힘들다.

경제문제를 쉽게 해결하지 못하는 가장 큰 요인은 경제에 영향을 미치는 변수가 너무나 많기 때문이다. 그 많은 요인을 동시에 분석해서 합당한 해답을 내놓기가 만만치 않다. 현실적으로 수많은 요인을 동시에 고려하여 유일한 해답을 내놓는 것은 거의 불가능한 일이다. 그렇다면 경제에 영향을 미치는 그 많은 요인을 어떻게 분석해서 해답을 찾아야 할까?

경제학은 사회과학 중에서 유일하게 노벨 경제학상이 있다. 왜냐하면 경제학이 경제과학economic science이기 때문이다. 그렇다면 과학은 무엇인가? 일정한 조건에 맞는 환경이 조성되면 과학적 진리와 일치하는 결론이 나와야 한다. 사회과학은 사회현상을 설명하는 것이고, 사회현상은 결국 사람들의 행동의 결과가 나타나는 것인데 모든 사람들이 항상 합리적으로 일관되게 행동하는 것은 아니다.

경제학에서는 이러한 사회과학의 한계를 극복하고 과학적 분석을 시도하기 위해 발달된 방법론을 사용한다. 경제학이 흔히 "사회과학의 여왕"the queen of the social sciences이라고 불리는 이유 중의 하나도 분석방법의 발달에 기인한다.

실제로 경제를 분석할 때에는 이공학 분야의 과학에서나 생각할 수 있는 '실험실'을 우선 만든다. 실험실을 세팅하려면, 우선적으로 어떤 일들을 해야 하나? 우선 물을 만드는 실험을 생각해보자. 실험실에 다른 모든 화학물질은 다 제거하고, 오로지 수소와 산소만을 H_2와 O의 형태로 결합하면 순수한 물이 나오게 될 것이다. 이 과정에 다른 화학적인 원소나 다른 물질이 들어간다면 순수한 물을 만들지 못할 것이다. 이와 같은 원리로, 경제학에서도 복잡한 경제 현상을 분석할 때에 실험실과 같은 모델을 만들어서 과학적 결론을 도출한다.

예를 들어 소득변화가 쌀값에 어떤 영향을 주는가를 분석한다고 하자. 우선 무엇이 쌀값에 영향을 미치고, 어떤 변수가 쌀값을 상승시키거나 하락시키는 요인인가를 찾아보자. 우선 쌀의 공급과 수요, 소득 수준,

식사의 패턴, 다른 대체재의 가격 등 수없이 많은 요인이 쌀값에 동시에 영향을 줄 것이다. 이러한 요인을 모두 한꺼번에 분석하려면 명확히 어떤 요인이 어떻게 작용하는지를 파악하기가 힘들어진다. 복합적으로 동시에 영향을 주고받기 때문이다. 고차원의 연립 방정식 체계를 만들어 분석하는 방법도 있을 것이다.

그렇지만 더 과학적인 접근방법은 소득을 제외한 다른 모든 요인들은 변함 없이 일정한 모델을 만드는 방법이다. 다른 모든 조건이 동일한 상태에서 소득에 변화를 주면, 소득이 쌀값 결정에 미치는 영향을 정확히 알 수 있기 때문이다. 예를 들어, 사람들의 기호, 먹는 습관, 쌀을 대체할 수 있는 여러 재화 등 쌀값에 영향을 주는 많은 요인들을 일정하다고 가정하는 것이다. 분석 대상이 되는 소득 이외에는 모든 것이 동일한 실험실을 조성하는 것이다. 그렇게 가정을 해야만 순수한 물을 만들 듯 소득이 가격에 미치는 영향을 다른 요인과 분리해서 독립적으로 파악할 수 있다. 실제로 사회현상은 모든 것이 일정한 상태를 만들기 어렵기 때문에 가상적인 모델을 세워 경제현상을 분석한다.

경제학이 가정을 세워 모형model을 많이 만들기 때문에 이에 관련된 재미있는 유머도 많다. 물리학자와 화학자, 경제학자가 어느 날 배를 타고 멀리 나갔는데 갑자기 폭풍을 만나 조난을 당했다. 며칠 동안 먹을 것이 없어서 어려운 지경에 빠졌는데, 마침 배 밑에서 통조림을 몇 개 발견했다. 그런데 통조림 깡통만 있지, 그 통을 열 수 있는 도구를 찾을 수 없었다. 학자들 사이에 어떻게 이 통조림을 열어, 허기를 채울 것인가를 놓고 논쟁이 붙었다. 물리학자는 이 통의 어느 귀퉁이에 약한 부분이 있으니까, 여기에 물리적인 압력을 가해서 이것을 열자고 주장했다. 화학자는 소금물의 화학적인 성분을 이용해서, 조금만 기다리면, 힘들이지 않고 열 수 있다고 얘기한다. 마지막으로 경제학자가 가만히 듣고 있다가 그렇게 하지 말고, 이 깡통을 열었다고 가정하자고 제안했다고 한다.

경제 분석에는 '가정'을 담은 모형들이 많이 활용된다. 예를 들어, 내년의 경제 성장률을 예측하는 경우를 생각해 보자. 실제로 많은 기관에서, 수많은 전문가들이 동원되어 예측하고 그 결과를 발표한다. 그런데 과연 경제 성장률에 영향을 미치는 요인이 몇 가지나 될까? 세계 경제는 물론이고, 유가와 임금, 민간의 소비 등 수없이 많은 변수들이 있다. 그런데 그 많은 요인들이 내년에 어떻게 될 것이라고 정확히 예측하는 것은 불가능하다. 그것은 아마 신만이 알고 있을지도 모른다. 경제에 관련된 변수들은 대부분 사람들이 움직이는데, 사람들의 마음을 모두 알 수가 없기 때문에 불가능하다.

실제로 경제성장률을 예측할 때에는 불확실한 경제변수에 대해 몇 가지 가정을 한다. 예를 들어, 유가가 내년엔 얼마가 될 것인가? 금리가 얼마를 유지할 것인가? 세계 경제는 어떻게 될 것인가? 등 필요한 가정을 할 수밖에 없다. 물론 그 가정은 해외의 저명기관에서 이미 발표한 예측치를 사용할 수도 있고, 최근의 추세치를 반영할 수도 있다. 그 가정이 현실에 가장 가깝게 이루어지면, 경제 예측치가 정확하게 실현된다. 이런 가정을 담은 모형을 갖고 많은 모의실험을 통해 경제 예측치가 탄생하는 것이다.

일부에서는 경제 성장률에 대한 예측 자료가 항상 맞지 않는다고 비판하기도 한다. 그것은 경제 예측 모델의 속성을 이해하지 못하기 때문이다. 내년에 유가가 5% 오를 것으로 가정했는데 실제 3% 오른다면 원래 모델의 예측치는 당연히 틀리게 되어 있다. 민간의 소비지출이 2% 증가할 것으로 고려했는데 실제로는 1%밖에 증가하지 않았다면 경제성장률은 예측치보다 낮아진다. 따라서 경제성장률을 예측하는 것은 현재 시점에서 전문가들이 알고 있는 모든 정보를 활용해서 그 정보대로 경제상황이 전개된다면 내년에 경제가 어떻게 될 것이라고 전망하는 것이다. 현재 주어진 정보로는 가장 정확한 전망을 시도하는 것이지만, 불확실한 변수가 워낙 많기 때문에 그대로 실현되지 않는 경우가 많을 뿐이다.

이러한 경제 예측의 기법은 실제 성장률 예측이 완벽하지 않더라도 매우 유용하게 활용할 수 있는 과학적 분석방법을 활용한다. 예를 들어, 갑자기 중동에서 소요시테가 발생하여 유가가 5% 이상 폭등한다면 내년 경제가 어떻게 될까? 당연히 가정이 바뀌었기 때문에 유가변동이 경제에 미치는 영향을 매우 정확하게 분석할 수 있다. 재정지출 및 임금상승률의 변화에 따라 경제를 어떻게 예측할 수 있는지는 모두 이런 모형을 통해 가능하다.

이것은 마치 실험실에서 세팅을 달리할 때 얻어지는 다른 결과를 얻는 것과 동일하다. 여러 복잡한 요인들을 일정한 가정과 전제를 두어서 통제하고, 알고 싶어 하는 특정한 변수만 변화를 시켜서 그것이 어떠한 영향을 주는가를 분석한다. 이와 같이 경제학은 사회과학이지만 과학적인 방법을 이용하여 모형을 설정하고, 실제 경제현상을 분석한다.

경제주체의 합리성

경제를 움직이는 주인공을 경제주체라고 한다. 소비자, 기업, 정부 등이 모두 경제주체에 해당된다. 그런데 중요한 것은 경제학에서는 이 경제주체들이 모두 합리적rational으로 행동한다고 가정한다. 예를 들어, 아이스크림 가격이 올라간다면 소비자들은 어떻게 할까? 아이스크림 소비를 주저하며 결국은 줄이게 될 것이다. 가격이 비싸지니까, 합리적으로 행동한다면 당연히 수요가 줄어든다. 그런데 현실 세계에서는 다양한 기호를 가진 사람들이 존재하기 때문에 가격에 반응을 안 하거나, 오히려 반대로 행동할 수도 있다. 가격이 올라가 비싸졌으니 더 사 먹겠다는 소비자도 당연히 등장할 수 있다.

그렇지만 그런 사람들까지 포함해서 비합리적으로 행동하는 현상을 모두 분석의 대상으로 포함한다면 실제로는 아주 모호한 분석결과가 나올 것이다. 그렇기 때문에 경제학의 세계에서는 우선 '경제주체들이 합리적으로 행동한다'는 가정을 전제로 한다. 합리적으로 행동하지 않는 경제주체가 물론 있는데, 이 사람은 우선 제외한 상태에서 모델을 만들어 분석을 한다.

만약 비합리적으로 행동하는 사람이 너무나 많다면 어떻게 될까? 그때는 물론 가정을 바꿔서 분석하면 된다. 비합리적으로 행동하는 원인을 찾아서 해답을 찾아보면 된다. 어떤 가정이라도 현실과 괴리되어 있는 정도가 심각하다면 그 경제모델은 분석의 정확도가 크게 저하될 수밖에 없다. 따라서 가정과 모델은 최대한 현실에 가깝게 만들도록 해야 한다. 실제로 경제주체가 합리적으로 행동한다는 가정은 현실과 크게 유리된 행동양식은 아니다. 세상이 아무리 험해도 합리적으로 행동하는 사람이 주류를 이루고 있지 않은가. 그렇기 때문에 경제에서는 '합리적인 사람', '합리적인 기업'을 전제로 해서 분석한다.

국민경제는 경제주체가 모여서 구성이 된다. 한국의 국민경제national economy는 각 소비자, 각 개인을 모두 포함해서 5천여 만 명으로 구성되고, 수없이 많은 기업, 정부도 여기에 포함된다. 또한 우리 경제에 큰 영향을 주는 해외부문도 있다. 좀 더 좁은 의미로 경제를 보면, 소비자 한사람, 기업 하나하나가 기준이 될 수도 있지만, 넓은 의미로 보면 대한민국의 국민경제는 엄청나게 큰 영역을 포함하고 있다. 그리고 정부도 있고, 해외 부문도 있다. 경제학에서는 소비자, 기업 등 하나하나의 경제주체를 대상으로 접근하는 부문을 "미시경제"라고 하고, 국민경제처럼 나라 전체를 놓고 분석할 때는 "거시경제"라고 한다.

예를 들어, TV나 신문에서 "올해 인플레이션이 몇 %다." 이렇게 말하면, 그것은 나라 전체의 전반적인 물가 상승률이기 때문에 거시경제의 변수를 말한다. 반면, 엄마가 시장에 다녀오시더니 "두부 값이 올랐다, 콩나물 값이 올랐다, 고기 값이 어떻게 되었다"는 것은 숲이 아니라 나무에 해당되는 것이므로 미시경제의 지표를 말한다.

절약의 모순

숲이 아름다우려면 당연히 숲을 구성하고 있는 나무 하나 하나가 모두 건강해야 한다. 나무가 모여 숲을 이루기 때문에 이것은 너무나 당연한 가정이다. 그런데 경제학에서는 한 사람, 한 사람의 행동이 모이면 국민경제 전체로는 서로 상반된 결과가 나타나는 재미있는 경우가 있다. 미시경제의 관점에서는 너무나 당연한데, 그 행동의 총합이 국민경제에는 바람직하지 않을 수도 있는 것이다.

예를 들어, 개인이 부자가 되기 위해서 소득을 전혀 지출하지 않고, 모두 저축하는 것이 바람직할 수도 있다. 만약 대한민국 모든 국민이 모두 다 이렇게 행동한다고 가정해 보자. 국민경제가 어떻게 될까? 대한민국 경제는 완전히 불황을 맞게 된다. 상품을 만들어도 사줄 사람이 없다. 재고가 쌓이고, 공장이 돌아가지 않고, 일자리가 줄어들고, 소득이 창출되지 않고, 결국 대한민국 경제는 완전히 불황에 빠지게 된다. 개인의 입장에서는 절약해서 부자가 될 수도 있겠지만, 국민경제는 전혀 순환되지 않고 불황으로 치닫게 된다. 이런 현상을 절약의 모순paradox of thrift이라고 한다.

숲과 나무

봄 산의 연초록빛은 아름답기 그지없다. 아직 햇볕에 그을리지 않아, 미처 초록으로 변하지 않은 그 이파리들이 5월을 계절의 여왕으로 만든다. 그 숲 속에 '지나온 날들을 내려놓아도' '근심과 고단함'을 버리고 와도 모두 그 푸름 속에 녹아낼 것이다. 아직 겨울잠에서 깨지 못한 나무마저도 숲의 푸름 속에 녹아낼 것이다. 아직 겨울잠에서 깨지 못한 나무마저도 숲의 푸름에 가려버리고 만다. 그래서 나무는 숲을 만든다. 숲은 나무의 미세함을 포용할 수 있어서 좋다.

경제도 숲을 보듯이 먼발치로 쳐다보면 작은 나무들의 움직임은 나타나지 않는다. 그러나 어떤 나무도 연초록의 빛을 내지 못한다면 어떻게 숲이 파랗게 보일 수 있겠는가. 그래도 상당히 많은 나무가 초록으로 변해야만 제 빛을 내지 못하는 한 그루 나무를 감쌀 수 있다. 그래서 나무와 숲은 서로서로 안고 있는 것이다.

경제를 숲처럼 본다는 것은 전체의 모습을 크게 조감하는 것이다. 이를 거시경제적 접근이라 부른다. 이를테면 경제성장과 통화량은 어떠하며 국제수지는 어떤 상태인가를 보는 것이다. 성장과 물가 그리고 국제수지가 바로 거시경제의 3대 지표이다. 국내총생산, 이자율, 실업률 등도 거시경제에서 많이 활용하는 경제변수이다. 숲을 보는 시각으로 국민경제의 모습을 이해할 수 있다. 봄 산처럼 연초록인가, 여름의 진한 녹음인가, 아니면 추풍낙엽의 쇠퇴기에 있는가를 알 수 있다.

그러나 숲이 여러 수종(樹種)으로 구성되어 있듯이 국민경제의 숲을 만드는 나무들도 수없이 많다. 기업은 물론이고 개별 소비자, 정부, 근로자 등 모든 경제 주체가 모여 숲을 이루는 것 아니겠는가. 경제의 숲을 구성하는 나무 하나하나를 개별적으로 분석하는 것이 바로 미시경제이다. 현미경으로 경제를 상세하게 들여다보는 접근방법이다. 특정 산업의 현황, 시장여건, 경쟁 상태는 물론 중소기업과 대기업의 문제를 다루는 것은 당연히 미시경제의 문제이다. 소비자나 기업과 같은 개별경제 주체가 자신의 이익을 높이기 위해 행하는 '경제적 선택'은 모두 미시경제적 분석에 해당한다.

숲과 나무의 관계와 같이 미시경제를 구성하는 경제 주체들이 건강해야만 거시경제도 초록으로 보인다. 그러나 진한 녹음의 숲에도 병충해에 시달리는 나무가 있듯이 거시경제가 호황이라도 현미경 속에 나타난 일부 경제 주체들은 불황에 시달릴 수도 있다. 숲이 잡목으로 우거져도 파랗게 보일 수 있다. 마찬 가지로 경제도 거시경제만 파랗다고 모든 것이 좋은 것은 아니다. 아카시아처 럼 독짐기업이 시장을 지배할 수도 있다. 통화량은 많이 풀렸어도 중소기업에 는 돈 가뭄이 지속될 수 있다.

따라서 경제정책은 거시경제와 미시경제를 효율적으로 조화시키는 것이어야 한다. 정원사가 나무 하나하나를 손질하면서 조경을 생각하듯이. 그래서 솔숲 끝으로 해맑은 햇살이 찾아와 나뭇가지에 서려있는 근심을 모두 덜어줄 수 있 지 않겠는가.

정갑영, "열보다 더 큰 아홉", (21세기북스, 2012), pp. 34-36에서 일부 인용

개인에게는 합리적인 행동일지라도 경우에 따라 국가적으로는 바람 직하지 않은 결과를 초래할 수도 있다. 즉 절약하는 사람도 있고, 과소비 하는 사람도 있어야 한다. 옆집에서 돈 많이 쓴다고 너무 아니꼬워할 필요 가 없다. 소비도 경제를 활성화시키는 데 상당한 기여를 하기 때문이다.

경제에는 어떤 문제가 다른 현안과 상충되어 모든 문제를 동시에 해 결하기가 어려운 경우가 많다. 하나를 해결하기 위해 반드시 지불해야 하 는 기회비용이 발생하기 마련이며, 이런 이유로 '경제에는 공짜 점심이 없다'라고 한다. 예를 들어, 대한민국 국민들에게 모두 다 똑같은 소득을 분배한다면 어떻게 될까? 소득불균등을 해소하고, 평등하고 공평한 사회 가 될 수 있을까? 여러 논란을 불러올 것이다. 그런데 가장 핵심적인 문제 는 만약 그렇게 된다면 누가 열심히 일하려 하겠는가? 열심히 일한 사람 이나 게으른 사람이나 똑같은 소득을 얻게 된다면 왜 일하겠는가?

가치 판단의 기준이 서로 달라 논쟁이 많은 경제 문제도 많다. 예를 들어, 근로자가 더 많이 분배 받아야 한다든가, 기업가의 몫도 중요하다 든가 하는 논의도 마찬가지다. 경제학에서는 어떤 문제를 풀 때, 어떤 가

치를 부여하면 우리가 하는 흔한 말로 정답을 찾기 힘들다. 왜냐하면, 가치는 객관적인 기준보다는 주관적인 편견에 좌우되는 경우가 더 많다.

경제학에는 실증경제학과 규범경제학이라는 용어가 있다. 큰 사회적인 이슈에 대해서 가치를 부여하지 않고 있는 그대로 현상을 분석하는 것을 '실증경제학'Positive Economics, 가치를 부여하는 것을 '규범경제학'Normative Economics라고 한다. 규범의 의미가 포함되면 객관적인 분석이 매우 어려워지므로, 현대 경제학은 대부분 실증경제학에 바탕을 두고 있다. 규범과 가치 판단이 필요한 경제문제는 경제논리를 적용하면서 사회적 합의를 통해 해결하는 것이 바람직하다.

자린고비와 절약의 모순

절약과 저축을 얘기하자면 '자린고비'를 빼놓을 수 없다. 자린고비란 원래 인색한 마음(자린)과 돌아가신 부모님(고비)을 이르는 말이다. 돌아가신 부모님에게까지 인색한 사람이란 뜻이다. 맛있는 굴비를 먹지 못하고 천장에 매달아 놓고 식사 때마다 쳐다보기만 하던 자린고비의 딸이 어느 날 건넛마을 구두쇠 집으로 시집을 가게 되었다. 며느리는 첫날부터 시아버지에게 야단을 맞는다.

"굴비를 천장에 매달아 놓으면 굴비 한 마리를 버리게 되지 않니? 대신 종이에 굴비 그림을 그려서 매달아 놓아라."

다음 날도 시아버지의 꾸중은 마찬가지다. 간장을 종지 바닥이 보일정도로 조금밖에 담지 않았기 때문이다.

"바닥의 간장을 먹으려고 종지를 기울이고 숟가락으로 긁으면 간장은 간장대로, 숟가락은 숟가락대로 닳아버리지 않느냐? 차라리 찰랑찰랑 넘치게 하여 짜다는 생각이 들게 하면 가장과 숟가락을 동시에 아낄 수 있다."

간장독에서 날아가는 파리도 잡아서 다리에 묻은 간장을 다시 독에 넣고 나서야 놓아주었다던 그 구두쇠는 과연 얼마나 부자가 되었을까? 절약하면 집에 있는 것이 없어지지 않을 테니까. 무엇이든지 쌓아 담는 저축이 되는 것은 사실일 것이다. 나라 전체로 보면 자원의 낭비도 줄어들고 가계저축의 규모도 증대될 수밖에 없다. 그래서 우리는 자녀에게 절약하는 습관을 교육하고 저축은 사회적 미덕이라는 관념을 심어준다. 씀씀이가 큰 사람은 부자가 될 수 없으므로 개인의 차원에서는 당연한 명제이다.

그렇게 보면 사회적 관점에서도 절약은 미덕이고 소비는 악덕인 것 같다. 과연 그러할까? 모든 국민이 지독한 구두쇠라면 간장과 굴비는 더는 판매되지 않을 것이다. 어디 그뿐인가. 극단적으로 말한다면 다른 재화도 추가적 생산이 불필요할 것이다. 그리고 현재 수준에서 가계의 모든 재고가 동결될 것이다. 그 결과 생산위축→고용감소→가계소득의 하락→소비수준의 하락→생산 수준 감소→고용감소의 악순환이 계속될 것이다. 극단적인 절약이 가져오는 역설이다.

그렇다면 소비가 늘어야 하지 않는가. 소비도 필요하다. 그러나 소비가 과열되면 국내 생산의 부족으로 물가가 상승하고 수입이 늘어나고 무역 적자가 증가하고 채무가 늘어나는 등 국민 경제에 부정적인 영향을 미치게 된다. 따라서 일방적으로 소비나 저축이 유일한 미덕이라고 할 수만은 없다. 해답은 국민경제의 생산 잠재력에서 찾아야 한다.

잠재적 생산 능력이 100인데 국민의 소비가 120이라면 물가가 상승하고 과소비의 악순환이 나타난다. 생산능력을 확장시키는 투자가 필요하지만 저축이 적어 국내 자본만으로는 부족하다. 반대로 잠재적 생산능력보다도 적은 80이 소비된다면 이번에는 경기 침체를 유발하게 된다. 따라서 총 공급능력이 수요보다 부족한 개도국에서는 저축을 늘려 생산 시설을 확장하는 것이 미덕이지만, 유휴 생산 시설이 많은데 소비가 적다면 경기 침체를 유발하는 원인이 된다.

정갑영, "나무 뒤에 숨은 사람", (21세기북스, 2012), pp. 111–113에서 일부 인용

국민경제의 구성

　이제는 경제가 어떻게 구성이 되었나 생각해보자. 나라 전체의 경제는 크게 보면 네 개의 경제주체로 구성되어 있다. 소비자와 기업, 정부 그리고 해외부문이다. 해외부문은 다시 수출과 수입으로 구성되어 있다. 그런데 각 경제 주체의 목표와 역할은 서로 다르다. 소비자는 흔히 가계라고 하는데, 재화를 구매하는 역할을 한다. 반면 기업은 재화를 공급하고, 정부는 서비스를 제공하기도 하고, 경우에 따라서는 재화를 사들이기도 한다. 해외부문을 구성하는 수출과 수입도 기능적으로는 다른 경제 주체와 동일하다. 수출은 우리가 제품을 만들어서 해외에 공급하는 것이고, 수입은 해외 제품을 우리나라로 들여오는 것이다. 우리 경제로 보면 수출은 가계처럼 재화를 구매하는 역할을 하는 셈이다.

　각 경제주체의 목표를 살펴보면 가계는 소비를 통해서 재화나 서비스를 구매하면서 자신의 만족과 효용을 가장 극대화시키는 것이 목표가 된다. 경제학에서는 소비를 통해서 얻을 수 있는 어떤 만족과 행복감을 '효용'이라고 표현한다. 즉 효용을 극대화시키는 것이 소비자의 목표다. 물론 가계는 항상 소득의 제약조건을 갖고 있다. 구매하고 싶은 것은 많지만, 쓸 수 있는 용돈이 제한되어 있기 때문에 제한된 소득을 어떻게 지출해서 효용을 극대화할 수 있는가가 소비자의 목표가 된다.

　기업의 목표는 무엇일까? 기업이 손실을 보면 어떻게 되나? 손실이 누적되면 어느 시점에서는 문을 닫지 않을 수 없다. 기업의 목표는 항상 이윤을 극대화시키는 것이다. 이윤이 발생해야 지속적인 생산활동이 가능하고, 그 과정에서 고용도 창출하고, 소득도 창출한다. 물론 이례적으로 이윤을 극대화시키지 않는 기업도 가능하다. 예를 들면, 공기업은 이윤보다는 공공의 후생을 위해 서비스를 제공해야 한다. 그러나 공기업도 손실이 발생하면 정부나 공공부문에서 추가적인 지원이 있어야만 지속적인 영업이 가능하다. 따라서 본질적으로 보면 모든 기업이 비용을 최소화하고, 기술혁신 등을 통해 이윤을 극대화시키는 노력을 해야만 한다.

경제학에서는 모든 경제주체가 합리성을 갖고 행동하는 것을 가정한다. 소비자가 효용을 극대화하고, 기업이 이윤을 극대화하는 것 모두 합리적 의사결정을 통해서 이루어진다. 그런데 현실적으로는 모든 경제에 관련된 정책이 반드시 합리성의 원칙에 의해서만 이루어지는 것은 아니다.

예를 들어, 일부에서는 "최저 임금을 올려야 된다"고 하고, 기업계에서는 "그거 문제가 많다, 너무 비싸다"는 논쟁을 할 때가 많다. 어떤 정책이 더 합리적인가? 이것은 합리성의 논쟁이라기보다는 형평과 효율의 문제에 해당된다. 일부에서는 형평을 중시하고, 그래도 효율에 더 비중을 두어야 한다는 주장도 많다. 또한 어떤 정책은 단기에는 바람직하지만, 장기에는 바람직하지 않는 경우도 있다. 선거 때마다 올바른 정책보다 인기영합적인 정책이 더 많이 나오는 것도 우리의 현실이다. '길게 보면 많은 부작용을 초래하지만, 단기에는 사람들의 인기를 얻을 수 있기 때문에 이런 공약이 난무한다.

경제 정책이 사회에서 항상 논란이 많은 이유는 무엇일까? 가치 판단에 차이가 있기 때문이다. 경제에서는 모든 것을 해결할 수 있는 만병통치약을 찾기가 쉽지 않다. 한 가지 문제를 해결하면 다른 문제가 더 어려워지는 경우가 허다하다. 그럼에도 불구하고 국민들이 바람직한 정책을 선택할 수 있는 역량을 가지려면, 경제학에 대한 지식을 더 풍부하게 쌓아야 한다. 당장은 고통스럽지만, 어떤 것이 바른 정책이고, 국민경제가 지속적으로 발전하려면 무엇을 해야 되는가를 합리적으로 판단할 수 있는 역량을 길러야 한다.

경제의 순환

국민경제는 수천만의 소비자와 기업, 정부로 구성되는 것이므로 매우 복잡한 순환관계를 갖고 있다. 그런데 각 경제주체의 기능을 특징적으로 파악해 보면 국민경제의 순환은 매우 간략한 그림으로 설명이 가능하다.

▼ 그림 2-1 경제의 순환

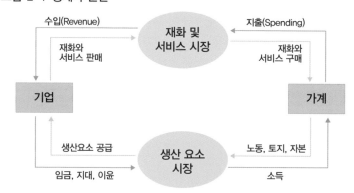

경제가 순환하는 과정을 간단하게 표시하면, 기업과 소비자(가계) 등 두 주체로만 구성되는 간단한 모형을 가정할 수 있다. 기업과 가계의 역할은 서로 다르다. 우선 국민경제에는 재화와 서비스 시장이 있다. 재화라는 것은 경제적 가치가 있는 물건, 자동차, 냉장고, TV 등 모든 상품이 포함된다. 서비스는 눈에 보이지 않는 용역을 말한다. 즉 금융, 통신, 인적 서비스 등이 모두 여기에 포함된다.

우선 가계 즉, 소비자를 생각해보자. 재화시장에서 냉장고와 TV 등 필요한 재화를 구입하고, 그 대가로 지출을 한다. 가계가 지불한 재화의 가격은 기업의 수입으로 들어간다. 수요와 공급의 관계에서 보면 재화와 용역의 시장에서는 가계가 수요자가 되고, 기업이 공급자가 된다. 가계가 재화와 서비스를 구매하는 수요자가 되고, 기업은 재화와 서비스를 판매하는 공급자가 된다. 시장에서는 공급과 수요에 의해서 가격이 결정된다. 이것이 바로 재화와 서비스 시장에서 나타나는 현상이다.

그런데 TV와 냉장고 등 재화는 어떻게 생산되는가? 생산과정에 노동과 자본이 투입되고, 좋은 기술도 필요하다. 공장을 세우려면 땅도 필요하다. 이렇게 노동, 자본, 토지 등 생산에 필요한 것들을 생산요소라고 하고, 생산요소가 거래되는 생산요소시장이 형성된다. 재화와 서비스를 만들어내기 위해서 가장 필요한 노동, 자본, 토지, 기술 등을 '생산요소'라고 한다. 물론 기술도 자본에 포함시킬 수도 있지만, 생산요소를 기술적으로 종합하는 공정을 거쳐 재화와 용역을 공급한다. 그런데 생산요소 시장에서는 토지, 노동력, 자본 등 생산요소마다 서로 다른 명칭의 가격이 존재한다. 노동력에 대한 가격은 임금, 토지에 대한 가격은 지대, 자본에 대한 가격은 이자 등으로 각 요소의 특징에 따라 가격이 다르게 결정된다.

자, 생산요소 시장에서 가계는 어떤 역할을 하나? 이번에는 공급자가 된다. 노동력을 공급하기도 하고, 토지와 자본을 공급하기도 한다. 생산요소시장에서는 가계가 공급자의 역할을 한다. 재화시장에서는 수요자가 되었는데 이번에는 생산요소의 공급자 역할을 한다. 가계가 공급한 생산요소는 당연히 기업에서 수요한다. 그리고 생산요소의 대가를 기업이 가계에게 지불한다. 노동력을 제공한 대가로 임금을 받고, 토지는 지대, 자본은 이자 등 생산요소에 대한 대가를 기업으로부터 받는다. 역시 경제에는 공짜가 없는 셈이다.

기업이 생산요소 시장에서 가계가 제공한 대가로서 임금과 지대와 이윤을 지불하면, 그것이 바로 '가계 소득'이 된다. 가계는 이 소득의 일부를 재화를 구입하기 위해 지출한다. 재화시장과 생산요소시장에서 가계와 기업이 서로 상반된 역할을 하면서 경제가 수요공급에 의해 균형을 유지하고, 순환을 한다. 복잡한 국민경제의 순환을 간략한 그림 하나로 명확하게 알 수 있다.

이 순환과정을 상세히 들여다보면 해외부문(수출과 수입)과 정부가 누락된 것을 알 수 있다. 그런데 정부와 해외부문을 포함한다 해도 경제의 순환 모델은 크게 바뀌지 않는다. 해외부문(수출과 수입)을 정부가 가계와 기업과 동일하게 공급자와 수요자의 역할을 하기 때문이다. 정부도 기능적 측면에서 어떤 때는 공급자가 되고, 어떤 때는 수요자가 된다.

예를 들어, 정부가 물자를 구입하면, 재화시장에서 수요자가 된다. 수입은 재화시장에 특정한 상품을 공급하는 역할을 하고, 수출은 재화시장에서 수요자의 역할을 한다. 한편 정부는 경제순환 과정에서 수요자와 공급자의 역할을 할 뿐만 아니라 금융시장에 화폐를 공급해서 경기를 활성화시키기도 하고, 세금과 정부 지출을 통해서 생산과 소비를 적절히 조절하는 역할도 한다.

다시 요약하자면, 소비자가 기업이 판매하는 재화를 구입하고, 기업은 생산인력을 고용하고, 그 대가로 임금을 준다. 이것은 다시 가계의 소득이 되어 생산물 시장과 생산요소 시장을 순환하는 과정을 거치게 된다.

생산과정에서 생산요소를 기술적으로 결합해서 어떻게 최종 생산물을 만드는가 하는 생산요소와 생산물의 함수적인 관계를 '생산함수'라고 한다. 함수라고 하면 또 금방 어렵게 생각한다. 그러나 너무 간단하다. 생산물 Q의 생산함수가 2L + 2K라고 하자. 노동력(L) 한 단위와 자본(K) 한 단위를 투입한다면, 어떻게 될까? L과 K에 각각 1을 대입하면 생산량은 당연히 4가 된다. 이것이 바로 생산함수다. 실제로 경제학에서는 함수를 많이 사용한다.

경제학의 일반명제

경제에는 어떤 경우에도 일반적으로 나타나는 공통적 현상이 있다. 그 중 몇 가지를 모아 '경제학의 일반명제'처럼 소개하면 다음과 같다.

첫째, 모든 선택에는 대가가 있다. A를 선택하면 B를 포기해야 되고, B를 선택하면 A를 포기해야만 한다. 어떤 선택을 하든 항상 대가를 지불해야 하므로 공짜 점심이 없다.

둘째, 선택의 대가는 그것을 얻기 위해서 포기한 그 무엇이다. 즉, 기회비용을 말한다. 하나를 선택하면서 항상 무엇을 포기해야 하는데, 그 포기한 대가를 의미한다.

셋째, 합리적인 판단은 한계원리로 결정된다. 하나를 더 추가적으로 할 때에 얼마만큼 영향을 가져오는가가 바로 한계원리다. 한계원리는 경제학의 가장 중요한 개념을 말하는 것인데, 다음 장에서 상세하게 논의할 예정이다.

넷째, 사람들은 경제적 인센티브에 반응한다. '어떤 일을 하면 성과에 따라 보상을 한다'는 원칙이 대부분 통용된다. 학과를 선택하고, 직업을 결정하고, 직장에 근무할 때 모두 인센티브에 반응한다. 인간은 경제적 유인에 반응을 한다는 평범한 현상을 말하는 것이다.

다섯째, 자유로운 거래는 사람들을 이롭게 한다. A와 B가 거래를 해서 서로 이익을 보지 않는다면 거래가 발생하지 않는다. 따라서 규제가 없는 자유로운 거래는 반드시 서로에게 이익을 준다.

여섯째, 시장은 경제활동을 원활하게 한다. 일반적으로 시장이라는 조직은 경제활동을 원활하게 만든다는 것도 널리 받아들여지는 공통적인 현상이다. 분배를 하거나 정부가 직접 개입하면 부작용이 많은 것도, 시장에 가서 거래를 하게 되면 대체적으로 원만하게 이루어지는 경우가 많다. 물론 시장이 항상 완벽한 것은 아니지만, 시장은 경제활동을 원만하게 하는 좋은 기구가 된다. 그리고 시장이 제대로 작동하지 않을 경우에는, 정부가 개입해서 시장의 성과를 개선할 수 있다. 물론 정부가 시장에 개입한다고 해서 항상 시장성과를 개선할 수 있는 것은 아니다.

일곱째, 한 나라의 생활수준은 생산능력에 달려 있다. 즉, 얼마만큼 생산할 수 있는 능력이 있느냐에 달려 있는 것이다. 통화가 많이 풀리면 어떻게 될까? 널리 알려진 대로 물가가 상승한다. 이것도 경제학의 일반명제의 하나다. 또한 통화량이 지나치게 많이 풀리면 당연히 물가가 상승한다. 단기적으로 인플레이션과 실업은 서로 상충관계가 있다. 물가가 올라가면, 고용이 늘어나고 실업이 줄어든다. 즉, 인플레이션과 실업이 모두 바람직하지 않은 경제현상인데, 이 두 가지가 서로 반대로 움직이는 상충 관계에 있다. 이런 현상들은 어느 나라에서나 대부분 공통적으로 나타난다.

한계원리

물과 다이아몬드

경제학에서 가장 많이 사용하는 용어는 아마도 "한계"marginal라는 개념일 것 같다. 우리 일상에서 자주 사용되지 않는 단어이기 때문에 처음에는 매우 생소하다. 그런데 실제로는 많은 경제현상이 "한계"의 개념으로 설명될 수 있다. 과연 한계의 의미가 무엇일까?

정채봉 시인의 유명한 시 '첫 마음'에는 이런 시구가 있다.

… 학교에 입학하여 새 책을 앞에 놓고 / 하루일과표를 짜던 / 영롱한 첫 마음으로 공부한다면, / 사랑하는 사이가 / 처음 눈을 맞던 날의 떨림으로 내내 계속된다면 / 첫 출근하는 날 / 신발 끈을 매면서 먹은 마음으로 직장 일을 한다면…

이 시의 첫 마음, 처음 시작할 때의 다짐이 모두 경제학에서 말하는 한계의 개념을 직접 표현하고 있다.

'사랑하는 사이가 처음 만날 때의 그 느낌.' 그것을 바로 '한계'로 설명할 수 있다. 높은 산에 등산을 가면서 땀을 엄청나게 흘렸는데, 그때 물한 모금을 딱 마시면 그 느낌이 어떻겠는가? 두 번째, 세 번째 모금을 마시면 그 다음부터는 어떻게 되겠는가? 첫 번째에 느꼈던 그 시원함, 상쾌함, 짜릿함이 점차 줄어들게 된다. 물 한 모금이 주는 만족도가 많이 마실수록 점차 감소한다. 이것은 경제현상이라기보다는 인간의 본성에서 비롯된다고 할 수 있다. 이런 경우 경제학에서는 물 한모금의 한계효용이 점차 체감한다고 말한다.

효용utility은 어떤 재화의 소비에서 얻게 되는 만족감을 포괄적으로 나타내는 개념으로 경제학에서 널리 사용하는 용어다. 예를 들어, 아이스크림을 먹으면 소비자들이 느끼는 어떤 만족감, 행복감, 그런 무언가가 있다. 때로는 너무 좋아하고, 행복해하고, "야~ 맛있다!"라고 표현할 수도 있는데 이것을 경제학에서는 '효용'이라고 한다. 그리고 '한계효용'은 앞에 추가적으로 한 단위를 더 소비하면서 느끼는 어떤 추가적인 효용을 말한다.

이제 물과 다이아몬드의 사례를 생각해보자. 두 재화 중 어느 것을 더 선호할까? 당연히 사람들은 물보다는 다이아몬드를 더 갖고 싶어 한다. 왜 그럴까? 물이 없으면 하루도 버티기 힘든데, 다이아몬드는 없어도 살아가는데 아무 지장이 없지 않은가? 그럼에도 불구하고, 물과 다이아몬드, 두 가지를 선택하라면 합리적인 소비자라면 당연히 다이아몬드를 택한다.

왜, 우리 생활에 필수적인 물이 다이아몬드보다 가격이 낮게 평가될까? 「국부론」으로 유명한 경제학의 아버지 아담 스미스Adam Smith도 이 문제를 당시에는 풀지 못했다. 이런 연유로 물과 다이아몬드의 문제를 '아담 스미스의 역설'이라고 부른다. 아담 스미스는 사용가치가 다이아몬드보다 훨씬 더 높은 물이, 교환가치에서는 다이아몬드보다 훨씬 낮게 평가되는 이유를 명확하게 설명하지 못했다. 아담 스미스의 이러한 고민은 거의 100년이 지난 후에 다른 경제학자들에 의해 한계효용의 개념으로 설명되었다. 물과 다이아몬드의 '한계효용'은 어떻게 차이가 날까? 소비자가 어떤 재화의 한 단위를 처음 갖게 될 때의 만족도를 생각해보면 당연히 다이아몬드가 물보다 훨씬 더 높다. 다이아몬드가 비싼 이유는 바로 한계효용 때문인 것이다.

체감하는 한계효용

그렇다면 어떤 속성을 가진 재화의 한계효용이 가장 클까? 효용은 물론 개인의 주관적인 선호에 크게 영향을 받는다. 사람마다 생각하는 게 달라서 나는 이것을 중요시하여 한계효용이 높지만, 다른 사람은 그렇게 생각하지 않을 수도 있다. 그러나 일반적으로는 재화의 희소성과 깊은 관계가 있다. 다이아몬드처럼 귀하면 한계효용이 높고, 높은 가격에 거래된다. 물은 우리가 생명을 유지하는 데 필수적이지만 다이아몬드보다는 희소성이 떨어진다. 공기나 물은 어떤 극한 상황에서는 한계효용이 매우 높겠지만, 일반적으로는 희소하지 않다. 즉 귀해야 비싼 것이지, 사람들이 꼭 필요하다고 해서 반드시 가치가 올라가는 것은 아니다.

여기서 우리가 또 하나 생각해야 할 것은 가치와 가격의 차이다. 가치와 가격이 일치하는 경우도 있지만, 반드시 두 개념이 동일하게 평가되는 것은 아니다. 가격은 시장의 수요와 공급에 의해서 결정되는 반면, 가치는 사회제도나 문화, 주관적인 평가에 의해서 좌우되는 경우가 많다. 어떤 개인이나 국가에서 매우 가치 있게 평가되는 것도, 국제시장에서의 거래가격은 매우 낮게 형성될 수도 있다. 가격은 대체로 시장의 거래 과정에서 결정되기 때문에 재화를 원하는 사람(수요자)과 공급해주는 사람(공급자)의 수요와 공급에 의해서 결정된다.

아무리 귀한 재화라도 시장에 공급이 증가하면 그 재화에 대한 한계효용은 점차 체감하게 된다. 다이아몬드를 처음 1부(0.02g), 2부, 3부 등 추가적으로 구입하면 처음 1부에서 느꼈던 한계효용은 2부, 3부를 구입할 때보다 당연히 체감한다. 이런 한계원리가 '첫사랑'에도 적용될 수 있다. 누구나 아주 어렸을 때는, 남자친구나 여자친구, 이성 친구를 처음 만났을 때, 손 한번 만져도, 옆에 근처에만 가도 마음이 두근두근 했던 기억이 있다. 그런데 자주 만나면 그 처음 느꼈던 한계효용이 체감할 수밖에 없지 않은가. 이런 의미에서 한계효용을 이해하기 어려우면 "첫사랑을 기억하라"고 말하고 싶다.

여기서 기억해야 할 한 가지 사항이 있다. 소비자는 재화를 공짜로 사지 않는다. 일정한 가격을 소득에서 지출하고 구입을 한다. 만약 한 단위의 가격이 100만 원인데, 그 재화를 구입해서 얻게 되는 한계효용이 50만 원에 불과하다면 어떻게 해야 할까? 합리적인 소비자라면 당연히 구입을 하지 않을 것이다. 한계원리가 소비자의 구매결정에도 그대로 적용되는 것이다.

'한계'의 개념은 소비에서 뿐만 아니라 다른 경제현상에 널리 활용된다. 어떤 재화를 공장에서 생산할 때, 맨 처음 한 개를 만들 때와 두 단위, 세 단위 등으로 늘려가면서 생산할 때의 비용이 어떻게 될까? 이때 추가적인 한 단위 생산에 소요되는 비용을 '한계비용'이라고 한다. 기업의 관점에서는 만약 한계비용이 계속 높아진다면, 하나, 둘, 셋… 추가적으로 생산할 때마다 들어가는 단위 비용이 증가하게 된다. 그러면 당연히 기업의 생산여건이 어렵게 된다. 100개, 200개, 1,000개 등으로 많이 생산할수록 단위당 생산비가 떨어지는 것이 일반적이다.

신의 사랑을 위하여

이 관장:

최근 데미안 허스트라는 영국 작가는 무려 918억에 달하는 작품을 선보여서 세계적인 화제가 된 적이 있어요. 〈신의 사랑을 위하여〉라는 제목에, 해골이 이빨을 드러낸 채 웃는 엽기적인 작품인데요. 작품 값이 그토록 비싼 것에는 그럴 만한 이유가 있더군요. 당대 최고의 인기작가라는 명성에, 상상을 초월한 재료비가 들었어요. 두개골 틀은 백금이며 해골 표면에는 8,601개의 다이아몬드를 박았습니다. 작가는 죽음의 상징인 해골을 사치와 욕망의 상징인 다이아몬드로 장식한 의도를 이렇게 설명했어요. '죽음이여, 저 멀리 꺼져라'라는 뜻이라고. 아무튼 작품의 메시지도 파격적이지만 엄청난 재료비로 인해 세계적인 뉴스가 되었습니다.

〈신의 사랑을 위하여〉는 현대 미술품 중 가장 재료비가 많이 든 작품으로 기네스북에 오를 것이 확실한데요. 과거에도 미술 재료비가 보석만큼 비싼 시절이 있었습니다. 바로 중세와 르네상스 시대 이탈리아에서 제작된 성화인데요. 성모 마리아 옷에 칠한 울트라마린 물감은 황금보다 더 비쌌습니다.

울트라마린이란 하늘처럼 높고 바다처럼 깊은 신비한 아름다움을 지닌 파란색을 가리킵니다. 울트라마린이라는 이름도 '바다 저편'을 의미해요. 실제로 울트라마린은 바다 저편에서 배를 타고 유럽으로 건너왔어요. 울트라마린 원료인 청금석(라피스라줄리)의 원산지가 아프가니스탄이었거든요. 특히 아프가니스탄 바다흐샨 샤르샤흐 지역에서 생산된 청금석은 얼마나 색깔이 짙고 아름다웠던지 절로 탄성이 터져 나올 정도였다고 합니다.

붉은 기운을 띤 파란색 광채를 내뿜는 최상급 청금석을 갈아 물에 섞으면 가을 하늘처럼 새파란 울트라마린을 얻을 수 있었습니다.

일반인들은 접근조차 불가능한 험악한 산악 지대. 그것도 지구상에서 가장 왕래하기 힘든 나라에서 캐낸 보석 같은 돌이니 만큼 청금석은 황금보다 더 비싼 값에 거래되었어요. 유럽과 이집트, 동방에서는 성화, 혹은 채색 삽화를 그릴 때만 특별히 사용했습니다. 얼마나 귀하게 여겼으면 주문자가 화가와 계약서를 작성할 때 울트라마린을 칠할 부분과 정확한 양, 금액까지 명시했겠어요. 이를 증명하는 사례가 있어요. 1483년 밀라노 성모 마리아 무염시태회는 화가

레오나르도 다빈치에게 〈암굴의 성모〉 그림을 의뢰하면서 다음과 같은 계약서를 작성합니다.

그림의 배경에는 산과 바위, 중앙에는 성모 마리아를 그린다. 성모 마리아의 겉옷은 청색으로 색칠한다. 금박으로 장식한 이 제단화를 12월 8일까지 인도한다. 그런데 다 빈치의 고객은 왜 하필 성모 마리아의 겉옷에 울트라마린을 칠할 것을 요구했을까요? 울트라마린은 바로 성모 마리아 색이기 때문입니다. 놀랍게도 당시에는 성모 마리아용 물감이 따로 있었어요. 그 물감은 울트라마린입니다. 물론 울트라마린이 처음부터 성모의 색이 된 것은 아니에요. 13세기 이전에는 아들을 잃은 어머니의 슬픔을 나타내는 어두운 색이면 성모의 옷에 사용할 수 있었어요. 성모는 늘 상복을 입었으니까요. 그런데 13세기에 접어들면서 상황은 달라져요. 교회 법전은 가톨릭 전례복의 색을 표준화하면서 성모상에 파란색을 칠하도록 규정합니다. 이후 파란색은 성모 마리아의 색이 된 것이지요.

정 교수:

관장님, 성모 마리아의 옷에 필한 파란색 물감이 황금보다 더 비쌌다는 사실에는 놀랍다는 말 외에 다른 표현이 잘 떠오르지 않네요. 과연 물감이 황금보다 비쌀 수 있을까요? 물론 당시의 특별한 시대적 사정이 있었겠지만, 경제학적 관점에서 가격 결정을 이해하면 의외로 아주 쉽게 풀리는 문제입니다. 상품이니 서비스의 가치는 크게 두 가지 관점에서 결정 됩니다.

상품이나 서비스의 가치는 크게 두 가지 관점에서 결정됩니다.

첫 번째는 생산 과정에서 발생하는 비용인데요, 〈신의 사랑을 위하여〉처럼 수천 개의 다이아몬드가 들어간 것은 당연히 가치가 높아야겠죠. 또한 유명 화가라면 작품을 완성하기 위해 소요된 인건비도 비쌀 테니 그에 비례해 가치도 더욱 높아지겠죠. 이처럼 공급이나 생산 측면에서 그 상품의 가치를 평가할 수 있는 것이지요.

두 번째는 수요자인 소비자의 관점에서 보는 가치입니다. 만약 수천 개의 다이아몬드를 사용한 그림이 졸작이라면 차라리 그 보석들을 따로 파는 편이 더 가치가 높을 수도 있을 것입니다. 즉 아무리 비싼 재료를 사용했어도 정작 소비자가 그림의 가격을 낮게 평가했을 경우에는 가격이 떨어질 수 있는 것이지요. 비싼 재료에도 그림의 가치가 낮게 평가된다면 당연히 시장 가격은 낮게 형성되는 것입니다. 소비자의 상품 외면으로 실패한 기업들을 심심찮게 볼 수 있는 것도 비슷한 이유에서 해석 할 수 있습니다.

그렇다면 소비자는 어떤 식으로 상품의 가치를 평가할까요? 상품을 소유하거나 사용하면서 느끼는 만족감이 그 기준이 됩니다. 이 만족감을 경제학 용어로 '효용'이라 합니다.

이명옥 · 정갑영, "이명옥과 정갑영의 명화 경제 토크", (시공사, 2008), pp. 10~16에서 일부 인용

한계비용과 한계수입

만약 어떤 생산 점에서 한 단위 추가 생산할 때의 비용(한계비용)은 300인데, 그 재화를 판매해서 추가적으로 얻을 수 있는 수입(한계수입)이 250이라면 기업은 한 단위를 더 생산함으로써 손실을 입게 된다. 따라서 기업이 생산을 얼마나 해야 이윤을 극대화할 수 있는가도 한계원리로 설명할 수 있다.

좀 더 구체적으로 생각해 보자. 한계효용(하나 추가적으로 소비함으로써 느끼는 추가적인 만족) 원리를 기업에 적용해 보자. 기업이 판매를 하면 수입이 늘어난다. 한 단위, 두 단위, 세 단위... 판매량이 증가할 때마다 수입이 증가한다. 그런데 여기서 중요한 것은 하나 더 판매해서 추가적으로 들어오는 수입이다. 이것을 '한계수입'이라고 한다. 하나 더 추가적으로 생산해서 추가되는 비용은 한계비용과 대비되는 개념이다.

자, 그럼 기업이 한 단위 더 생산해서 판매를 하는 것이 좋은가? 그렇지 않은 것이 좋은가? 어떤 기준에서 판단해야 할까? 이윤이 늘어나느냐, 감소하느냐, 변함이 없느냐가 가장 중요하다. 추가적으로 생산을 하면 들어가는 비용, 즉 한계비용이 100이라고 하자. 그런데 하나 더 추가적으로 매출이 발생하면 증가하는 추가수입, 즉 한계수입이 80이라면 어떻게

할까? 하나 더 생산하는 데 100이 들어가는 반면, 하나 판매함으로써 얻는 수입이 80이라면 당연히 추가 생산을 하지 않는 것이 합리적이다. 그래서 한계원리가 기업에서도 매우 중요한 개념이다.

소비자도 마찬가지다. '아이스크림을 먹는다', '차를 마신다'고 할 때 어떤 기준으로 결정해야 하나? 하나 더 먹거나 마실 때 느끼는 만족도의 증가인 '한계효용'과 추가적으로 구입할 때 지불해야 하는 가격을 고려한다. 한계효용이 반드시 가격보다 높아야만 구입하게 된다. 그런데 한계효용은 체감하므로, 한 단위 추가하면 처음 느꼈던 때보다 한계효용이 당연히 줄어든다. 기업도 이런 사실을 이미 알고 있다. 많이 사면 살수록 가격을 낮추는 이유가 여기에서 비롯된다. 경제학의 원리를 이해하면 소비자의 만족도 증가하고, 기업도 합리적인 결정으로 이윤을 늘릴 수 있다.

이제 '한계원리'를 조금 더 구체적으로 적용해보자. 생산량을 Q(Quantity)라고 하고, 비용을 C(Cost), 효용을 U(Utility)라고 하자. 그리고 기업이 벌어들이는 총수입은 P와 Q를 곱하면 된다. 가격(P)이 10원인 재화 10개(Q)를 팔면 P×Q=100이 된다. 이것을 그대로 한계원리에 적용해 보자. 한계수입 MR(Marginal Revenue)은 생산량 증가에 따라 나타나는 총수입 TR(Total Revenue)을 말한다. 소비자의 관점에서 보면 한계효용과 대비되는 개념이다.

경제학에서는 복잡한 원리를 간단하게 설명할 수 있기 때문에 수학을 많이 활용한다. 한계의 개념도 수학적으로 표시하면 분모의 증가분에 따른 분자의 증가분을 말한다. 예를 들어, 소비량 증가(분모)에 따른 총효용의 증가(분자)가 한계효용이고, 생산량 증분(분모)에 따른 총수입(분자)의 증분이 한계수이다. 미분을 이해하는 독자는 아주 쉽게 편미분 값이라는 걸 알 수 있다.

술은 마실수록 효용이 커진다?

세상에는 특정한 상품이나 서비스에만 깊게 탐닉하는 사람이 많다. 담배도 그렇고, 커피도 그렇고, 향수도 그렇다. 같은 술이라도 소주만 고집하는 꾼들도, 비싼 양주나 희귀한 명주(名酒)만을 즐기는 부류도 많다. 술을 많이 마실수록 '한 잔 더' 먹는 기쁨이 줄어들지 않기 때문에, 술보다 더 큰 만족을 주는 것을 선택하지 않게 된다. 이렇게 되면 여러 재화의 소비에서 얻게 되는 한계효용을 균등화해야 최대 만족을 얻을 수 있다는 이론이 틀린 것처럼 보인다.

그러나 이런 현상도 한계효용 원리에 위배되는 것은 아니다. 술만 찾는 주당(酒黨)이 술을 "한 잔 더" 마시면서 얻게 되는 한계효용이 여전히 크기 때문이다. 커피와 담배도 마찬가지다. 술의 한계효용이 다른 재화보다 계속 더 크게 나타난다면, 그 주당을 누가 어떻게 말리겠는가. 스스로 효용을 극대화하면서, 즐기고 있는 셈이다.

그렇다면 술값이 엄청나게 올라도 그러할까? 접대 받지 않고 자기 돈으로 사서 마시는 경우도 그러할까? 대부분 그렇지 않을 것이다. 쓸 돈이 제약돼 있는 보통 사람들은 술값에 예민하게 반응한다. 자기 건강에 신경을 쓰는 사람도 마찬가지다. 합리적으로 생각한다면, 많이 마실수록 한계효용이 점차 줄어드는 것을 실감한다. 돈을 쓰는 사람들은 누구나 가격에 신경을 쓸 수밖에 없다. 그래서 1만 원의 지출을 통해서 얻을 수 있는 효용을 마음속으로 셈해보고, 한계효용이 같아지게 적절히 예산을 배분해 사용할 것이다.

그래도 '꾼'들에게는 한계효용이 줄어들지 않는 재화가 있는데, 물론 특정 재화에 중독된 사람들은 소비를 아무리 늘려도 한계효용을 체감하지 않는다. 다른 재화를 공짜로 갖다 줘도 달가워하지 않는다. 이런 경우를 소비의 불포화성(non-satiation)이라고 한다. 잘못된 습관으로 중독이 된 경우, 사치와 허영으로 낭비벽을 버리지 못하는 사례도 있다. 금(金)과 권력(權力)이나 색(色)에 대한 불포화성은 고전적인 사례고, 최근에는 인터넷과 마약에도 이런 증상이 많다.

세상에 술꾼들만 있다면, 경제가 제대로 움직일 리 없다. 마찬가지로 모든 소비자가 소비의 불포화성을 갖고 있다면, 경제원리는 다시 써야 한다. 시장에는 그래도 합리적인 소비자가 주류를 이루고 있지 않은가. 가격이 올라가면 다시 한

번 씀씀이를 점검하면서, 합리적 선택을 모색하지 않는가. 비록 한계효용이라는 개념을 몰라도 좋다. 돈 1만 원을 더 쓸 때 느끼는 행복감을 상품마다 생각해본다면, 그것이 곧 한계효용균등의 원리가 되는 셈이다.

그래서 알코올 중독자가 몇 사람쯤 시장에 있다 해도 경제원리는 큰 타격을 받지 않는다. 우리가 쓸 수 있는 자금이 한정돼 있는 한 한계효용을 균등화하는 논리는 변함이 없다. 그래서 가격이 오르면 수요가 감소하는 수요의 법칙도 변함이 없다.

정갑영, "나무 뒤에 숨은 사람", (21세기북스, 2012), pp. 123–125에서 일부 인용

시장의
균형과 후생

Chapter 04

시장의 수요와 공급

시장과 경쟁

경제학에서 가장 많이 사용하는 용어는 무엇일까? 아마도 시장, 수요, 공급, 이 세 단어가 가장 널리 회자되는 경제용어일 것이다. 시장은 무엇일까? 일반적으로 어떤 특정한 재화 또는 서비스가 서로 거래되는 장소를 시장이라고 한다. 예를 들어, 남대문 시장, 동대문 시장은 특정한 장소에서 형성되는 시장을 의미한다. 그런데 특정지역에 관계없이 거래가 이루어지는 경우도 많다. 증권시장은 물론이고, 사이버 거래 역시 국경을 초월한 가상의 세계에서 거래가 이루어진다. 실제로 지역적인 의미에 국한되지 않고, 수요와 공급이 만나 재화와 서비스가 교환되고 거래되는 기능이 작동하면 형태를 불문하고 모두 시장이라고 할 수 있다.

시장은 형태에 따라 여러 종류로 나눌 수 있다. 공급자가 많은 시장을 경쟁시장이라 하고, 이와 반대로 공급자가 유일하며 대체재도 많지 않은 시장을 독점시장이라고 한다. 그리고 동일한 재화를 수많은 사람이 생산하여 공급하는 시장을 완전경쟁시장이라고 한다. 완전경쟁시장에서는 공급자뿐만 아니라 수요자도 많다. 농산물 시장이 가장 대표적인 완전경쟁시장이라 할 수 있다. 쌀을 생산하는 농부가 수없이 많고, 쌀이 대체로 동질적인 제품이기 때문에, 어떤 생산자가 어떤 제품의 쌀을 생산했는지 구별하기 힘들다. 물론 미세한 차이가 있겠지만, 거의 동질적이고, 수요자도 많기 때문에 완전경쟁 시장이라고 할 수 있다.

시장에서는 가격이 어떻게 결정되느냐가 아주 중요한 분석의 대상이 된다. 먼저 농산물 시장에서 거래되는 쌀의 가격을 생각해 보자. 쌀의 가격은 어떻게 정해질까? 어떤 농부가 '내가 수확한 쌀은, 다른 쌀과 비교할 수 없을 정도로 품질이 좋기 때문에 시장 가격보다 10% 더 받아야 된다'라고 주장할 수 있을까? 이는 불가능하다. 수많은 농부가 공급하는 쌀의 품질은 구별하기 힘들고, 수요자도 많기 때문에 쌀의 가격은 시장의 공급과 수요에 의해서 결정된다. 농부는 단지 시장에서 결정된 가격을 받아들일 따름이다. 쌀을 생산해서 시장에 내놓기도 전에 이미 시장에서 가격이 결정되어 있는 것이다. 이런 의미에서 농부는 가격을 받아들일 수밖에 없기 때문에, 가격 순응자price taker라고 한다.

그렇다면 독점시장에서는 가격이 어떻게 결정될까? 당연한 이야기겠지만, 바로 독점기업이 가격을 결정한다. 왜냐하면 시장을 독점하고 있는 한 기업이 유일한 공급자이기에 가격을 결정해버리면 소비자가 전혀 영향을 미칠 수 없기 때문이다. 이 경우 공급자는 가격 결정자price maker가 된다. 독점기업은 어떤 수준에서 가격을 결정할까? 흔히 가장 높은 가격으로 결정할 것이라고 생각한다. 단순히 생각하면 맞는 것 같지만, 더 정확한 의미에서는 독점기업의 이윤이 가장 많아지도록 가격을 결정하게 된다. 그런데 이윤을 극대화시키는 가격이 항상 가장 높은 가격이 되는 것은 아니다.

이와 같이 시장의 경쟁 상태에 따라서 가격이 결정되는 과정이 모두 다르다. 소비자에게는 당연히 독점시장보다 경쟁시장이 유리하다. 독점기업은 경우에 따라 이윤을 극대화하기 위해 여러 형태로 횡포를 부릴 수도 있을 것이다. 그러나 경쟁시장에서는 어떤 특정기업이 시장 가격에 영향을 미치기 어렵다. 공급자가 너무나 많기 때문이다.

수요곡선과 공급곡선

이제 수요와 공급 곡선을 한 번 생각해보기로 하자. 위의 만화는 저자의 다른 저서 "알콩달콩 경제학"(그림 박철권, 21세기북스)의 한 장면이다. 만약 아파트를 사려는 사람이 많아지면 아파트 수요는 더 늘어날 것이다. 여기에 투기를 하는 사람들까지 더 생긴다면 수요는 더 많이 늘어나게 된다. 그렇다면 다음에 등장하는 내용은 무엇이 되겠는가? 바로 가격의 상승이다. 이제 이것을 좀 더 구체적으로 분석해보자.

라면이나 아이스크림을 구입할 때, 또는 책과 옷을 살 때 소비자에게 가장 중요한 영향을 미치는 변수는 무엇일까? 소비자의 수요는 무엇에 의해서 결정되는가? 품질, 소득, 선호 등 많은 요인이 있겠지만, 그중에서 가장 중요한 것은 역시 가격이다. 가격이 내려가면 수요가 많아지고, 가격이 올라가면 수요가 당연히 줄어든다. 해당 재화나 서비스의 가격이 가장 중요하다. 그리고 그 재화와 특별한 관계가 있는 다른 상품들이 있다. 라면 대신에 무엇을 먹을까? 즉, 라면을 대체할 수 있는 피자, 빵, 치킨 같은 대체재의 가격도 중요하다. 서로 대체 관계에 있는 재화의 경우, 다른 재화의 가격이 변화하면, 즉 빵 값이 내려가면 라면에 대한 수요가 감소한다. 빵 값이 내려가면 빵을 사는 사람이 더 많아지므로 라면의 수요가 줄어드는 것은 당연하다.

그렇다면 소득이 늘어나면 수요가 늘어나는 것은 당연한 것일까? 조금만 더 깊이 생각해보자. 소득이 늘어나더라도 꼭 수요가 늘어나지 않을 수도 있다. 학생시절에는 라면을 많이 먹지만, 소득이 점차 늘어나면 어느 시점부터는 좀 더 고급식품을 선호하게 된다. 소득이 늘어난다고 해서 모든 재화의 수요가 반드시 늘어나는 것은 아니다. 소득이 늘어날 때 수요가 늘어나는 재화를 정상재normal good라고 하고, 반대로 소득이 늘어나는데 수요가 줄어든다면 그 재화는 열등재inferior good라고 한다. 대체로 소득이 낮은 사람들이 많이 사용하고, 소득이 높아지면 점차 선호하지 않는 재화나 서비스를 말한다.

이 밖에도 수요에 영향을 미치는 요인은 소비자들의 선호, 기호, 소득분포 등 많은 요인이 있다. 그런데 수요가 어떤 변수에 의해서 어떻게 결정되느냐를 분석하려면 각각의 요인을 별도로 분리해야 한다. 많은 요인 중에 특정한 변수가 어떤 영향을 미치는가를 파악해야 하는데, 이들은 동시에 변화하는 경우가 많기 때문에 좀 더 과학적인 분석을 가능하게 하는 모델이 필요하다.

이미 앞서 경제학은 사회과학이지만, 과학적인 분석을 위해 실험실을 세팅한다고 설명했다. 수요를 결정하는 요인이 가격, 여타 재화의 가격, 소득 등 여러 가지가 있는데, 이 요인이 동시에 모두 변화한다고 고려하면 각 변수가 수요에 미치는 영향을 정확하게 파악하기 힘들다. 가격이 수요에 미지는 영향을 분석하려면 다른 요인들의 영향은 실험실에서 배제해야 한다. 즉 다른 요인들은 모두 일정하다고 가정을 해야 한다. 이것이 "다른 모든 조건은 변함없이 동일하다"는 조건이며, 이를 흔히 세테리스 패리부스ceteris paribus 가정이라고 한다.

이 조건을 수요의 법칙을 유도하기 위해 활용해 보자. 즉, 수요에 영향을 미치는 수많은 요인 중에서 가격만 유일하게 변동하고, 다른 모든 요인들은 일정하게 고정되어 있다고 가정하여 수요 계획표를 만들어 보자. 수요는 주어진 가격 하에서 구매하려는 의도나 계획이 있는 수량을 말한다. 그렇기 때문에, 어떠한 구체적인 의도나 계획 없이 막연하게 구매 여부를 망설이는 것은 수요에 들어가지 않는다. 일정 가격일 때 지불할 능력을 갖춘 상태에서 얼마나 구매할 것인가를 계획할 수 있어야 한다. 막연하게, 소득이 뒷받침되지 않거나 구매하려는 의도가 적극적으로 반영되지 않은 것은 수요에 포함되지 않는다. 이런 의미에서 사람들의 필요need와 수요demand는 다르다. 필요하다고 해서 모두 수요가 되는 것은 아니다. 수요가 되려면 구매력이 뒷받침이 되어야 한다.

아이스크림 가격별 수요를 가정해 보자. 예를 들어 어떤 사람이 아이스크림 가격이 500원이면 14개를 구매하고 1,000원이면 12개, 1,500원이면 10개를 구매한다고 계획한다. 이 경우 가격이 점차 올라가면서 아이스크림 수요가 줄어든다. 물론 소득이나 대체재 등 다른 요인은 모두 일정하며 오로지 가격만 변화한다고 가정한 것이다. 이를 표로 나타내면 수요 계획표가 되고, X축과 Y축에 따라 좌표로 그리면 수요곡선이 된다.

▼ 표 4-1 아이스크림의 수요계획표

아이스크림 가격(원)	수요량(개)
500	14
1,000	12
1,500	10
2,000	8
2,500	6
3,000	4
3,500	2

▼ 그림 4-1 아이스크림의 수요곡선

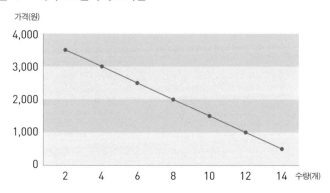

　가로의 X축은 수량, 세로의 Y축은 가격을 변수로 설정하여 그래프를 그린다. 가격이 3,000원일 때 사려고 계획하는 양은 4개가 된다. 물론 모든 점에서 구매가 일어나는 것은 아니다. 수요라는 것은 구매하려는 의도가 있는 양, 구매하려고 계획하는 양이지, 실제 구매한 것은 아니다.

　실제 시장에서의 구매량은 가격에 의해서 결정된다. 시장에서 가격이 결정되고, '내가 이 가격에서는 얼마를 구매하겠다'라고 생각하면 가격과 수요량의 조합이 생기게 된다. 가격이 변동함에 따라 그 가격에 구매하고자 하는 수요량이 결정되고, 가격과 수요가 만나는 점들을 연결하면 수요곡선이 된다. 이 곡선에서 가격이 내려가면 수요량이 증가하는 것을 알 수 있다. 경제학자들은 이것을 수요의 법칙이라고 한다.

수요곡선을 읽을 때는 항상 X축과 Y축에 무엇이 표시되는가를 살펴보아야 한다. 가격과 수량, 두 변수 밖에는 없다. 다시 말하면, 수요의 법칙은 가격과 수요량의 관계를 나타낼 뿐 다른 변수들은 전혀 반영하지 않는다. 가격 이외의 다른 변수들은 모두 다 일정하다고 가정한 상태에서 수요곡선을 그린 것이다. 이 관계를 반드시 기억해야 한다. 수요곡선 상에서의 이동은 다른 조건은 모두 다 일정하고, 가격이 변동할 때 수요가 어떻게 변하느냐 하는 것을 말하는 것이다. 만약 가격이 아닌 다른 변수들의 변동을 고려한다면, 같은 수요곡선 상에서 이동하는 것이 아니라 수요곡선 자체가 변동하는 것이다.

자, 이제 공급을 생각해보자. 공급은 수요를 정확히 이해하면 매우 쉽다. 수요와 공급은 마치 동전의 앞뒤와 유사하다. 수요는 소비자, 가계가 결정하지만, 공급은 기업이 결정하는 변수다. 그런데 서로의 목적이 다르다. 수요가 자신의 효용을 극대화시키는 것이 목적이라면, 기업은 자신의 이윤을 극대화시키는 점에서 공급을 결정한다. 공급도 수요와 마찬가지로 가격에 따라 움직인다. 가격이 올라가면 공급은 어떻게 될까? 당연히 생산자는 가격이 상승할수록 더 많이 공급하려 할 것이다. 기업이 합리적으로 행동한다면, 가격이 상승할 때 공급량을 늘리고, 하락하면 공급량을 줄일 것이다. 이러한 가격과 공급량의 관계를 공급의 법칙이라고 한다.

물론 공급의 법칙을 도출하는 과정에서도 가격 이외의 모든 요인은 일정하다고 가정한다. 생산비도 일정하고, 기술도 동일하고, 임금도 변동하지 않는 상태에서 가격이 내려가면 어떻게 되겠는가? 기업의 관점에서는 종전과 같은 수준의 이윤을 얻기 어려우므로 공급을 줄이게 된다. 수요의 법칙과 반대되는 현상이다. 반대로 가격이 올라가면 공급이 늘어난다. 실제 공급은 가격 이외에도 생산요소의 가격과 기술수준, 세금, 대체재의 가격 등에 의해서 결정된다.

이제 공급의 법칙을 반영하는 공급 계획표를 만들어 보자. 시장에서 아이스크림 가격이 500원에서 1,000원, 1,500원, 2,000원 등으로 올라간다면, 기업은 주어진 생산시설, 생산비, 모든 다른 여건들이 동일한 상태에서 공급량을 늘리려 할 것이다. 가격이 변동할 때마다 기업이 공급하고 싶어 하는 양을 표시하면 공급계획표가 된다. 공급곡선은 수요곡선과 동일하게 X축에 수량, Y축에 가격을 놓고, 공급계획표의 가격과 공급량을 그림으로 옮겨 놓은 것이다. 공급곡선에서도 변수가 가격과 수량뿐이다. 공급계획표를 모두 그래프 상으로 옮겨 놓으면 공급곡선을 그릴 수 있다.

▼ 표 4-2 아이스크림의 공급계획표

아이스크림 가격(원)	공급량(개)
500	2
1,000	4
1,500	6
2,000	8
2,500	10
3,000	12
3,500	14

▼ 그림 4-2 아이스크림의 공급곡선

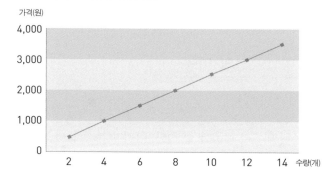

시장에서는 수요와 공급이 만나 교환과 분배가 이루어진다. 앞에서 그린 수요곡선과 공급곡선을 동시에 옮겨 놓으면 수요와 공급이 만나는 한 점이 나타난다. 가격(Y축)과 수량(X축), 두 변수로 구성되는 평면에 수요와 공급곡선을 동시에 그리면 반드시 교차점이 나타난다. 그 점이 바로 시장의 균형가격이다. 다른 모든 요인이 동일한 채, 수용과 공급을 동일한 그래프에 올려놓으면 균형 시장가격이 결정되는 과정을 알 수 있다.

아이스크림의 경우 수요와 공급곡선을 한 그림에 올려놓으면 2,000원의 가격에서 수요와 공급이 8개로 시장의 균형이 형성된다.

▼ 그림 4-3 아이스크림의 시장가격

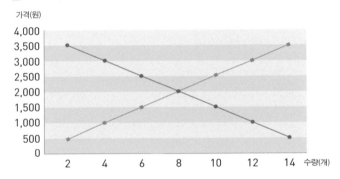

수요와 공급곡선의 이동

이번에는 수요와 공급이 변화하는 근본적인 이유를 살펴보자. 물론 여러 가지 요인에 의해서 변동할 수 있다. 어떤 때는 공급이 늘어날 수 있고, 수요가 엄청나게 증가할 수도 있다. 현실 세계에서는 상당히 특이한 공급곡선이 존재한다. 예를 들어, 토지를 생각해 보자. 토지는 공급곡선이 수직으로 딱 서 있다. 토지는 가격이 상승해도 쉽게 공급을 늘릴 수 없다. 공급의 법칙에 따르면 가격이 올라갈 때, 공급량이 늘어나야 하는데 토지는 그렇지 못하다. 그래서 토지의 공급곡선은 거의 수직이다.

물론, 길게 보면 바다를 메워 간척도 하고, 다른 어떤 방법으로 땅을 또 만들어낼 수 있을지 모른다. 그러나 단기적으로 보면 공급은 수직선에 가깝고, 수요곡선은 그 수직선상에서 만나서 가격이 결정된다. 토지의 공급곡선이 수직에 가깝기 때문에 수요가 조금만 변동해도 가격은 크게 변동 한다.

이제 수요 곡선상에서 이동하는 것과 수요곡선 자체를 완전히 이동시키는 것이 어떻게 다른가를 살펴보자. 먼저 동일한 수요곡선상에서 움직인다는 것은 모든 여건이 동일한 상태에서, 가격만 변화할 때를 나타낸다.

그런데 이번에는 가격이 아니라 소득이 변했다고 가정해 보자. 그렇다면 소득이 늘었으니 가격이 같아도 종전보다 더 많이 사려할 것이다. 만약 가격이 500원일 경우 10개를 사려고 했다면, 이제는 그보다 더 많이 사려고 할 것이다.

이런 경우에는 수요곡선상에서 움직이는 것이 아니라 수요곡선 자체가 움직이는 것이다. 수요곡선이 다른 수요곡선으로 이동shift하는 상태가 된다. 소득 이외에도 다른 재화의 가격, 사람들의 선호, 미래에 대한 기대 등이 변화하면 수요곡선은 이동한다. 미래소득에 대한 기대와 구입자의 숫자 등이 갑자기 변동하면 수요곡선 자체가 이동할 수 있다. 앞으로 수요곡선이 이동할 때에 나타나는 여러 현상들을 분석하기로 한다.

수요곡선의 이동

▼ 그림 4-4 수요곡선의 이동

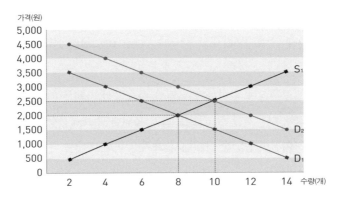

수요와 공급에 관련된 설명을 다시 정리해보면, 처음에 수요곡선을 그릴 때는, 이 모든 여건들이 변하지 않고 일정할 때, 가격만 변하는 것으로 가정하였다. 이번에는 가격 이외의 다른 요인이 변화를 할 수 있다고 가정하면, 이제는 수요곡선도 이동할 수 있다. 수요곡선 자체가 움직여 버리는 것이다. 실제 수요곡선을 이동시키는 요인들은 너무나 많다. 소득이 늘어났다고 가정해보면, 내가 더 많은 돈으로 더 많은 아이스크림을 살 수 있기 때문에 위의 그래프에서처럼 수요곡선이 기존의 D_1에서 오른쪽의 D_2으로 이동할 것이다.

공급곡선도 마찬가지다. 가격 이외에 다른 요인이 변동하면 공급곡선 자체가 이동한다. 미래에 대한 기대, 기술 수준, 그리고 생산요소의 가격 등이 변동하면 공급곡선도 다른 곡선으로 이동하게 된다. 예를 들어, 원유 가격이 많이 떨어지면, 공급곡선 자체가 이동한다. 기술 수준도 공급곡선의 이동에 영향을 준다. IT 기술이나 또는 다른 기술들이 과거보다 눈에 띄게 발전했다. 당연히 생산비가 크게 절약된다. 그렇다면 이제 동일한 가격이라 할지라도, 공급하려고 계획하고 의도하는 양이 더 많아진다. 더 싼 값에서도 종전보다 더 많이 공급할 수 있는 것이다. 정부의 보조금이나 세금도 역시 공급곡선을 이동시키는 요인이 된다.

흰쥐가 사람보다 합리적이다?

80년대 초 심리학자와 경제학자로 구성된 연구팀은 흰쥐의 '합리적'인 선택 여부를 실험했다. 가격이 올라가면 적게 소비하고, 소득이 늘어나면 소비량을 늘리는 현상이 쥐의 세계에도 존재하는 것일까?

우선 흰쥐를 넣는 실험실에 두 개의 단추를 설치하고, 단추를 누를 때마다 서로 다른 식품(예를 들면 물과 빵)을 일정량 공급했다. 또한 하루에 단추를 누를 수 있는 횟수를 고정, 쥐들이 쓸 수 있는 예산을 제약했다. 그 횟수를 넘기면 빨간 불이 들어오게 해, '돈'이 다 떨어졌음을 알려줬다. 의외로 흰쥐들은 실험실 환경에 빨리 적응하고, '단추'와 '빨간 불'의 의미를 쉽게 이해했다.

이제 단추를 누를 수 있는 횟수를 조정해 '소득'을 변화시키고, 누를 때마다 나오는 분량을 증감해 '가격변동'에 대한 반응을 조사했다. 이 실험에서 쥐들은 의외로 소득이 증가하면 많이 소비하고, 가격이 올라가면 적게 소비하는 '합리적 행동'을 보였다. 또한 쥐들의 세계에서는 소득이 올라감에도 불구하고 오히려 적게 소비하는 열등재는 존재하지 않는다는 사실도 알아냈다. 이 실험을 통해 흰쥐의 '합리적 선택'이 입증되었고, 그 결과는 저명 학술지 Quarterly Journal of Economics(Kagel, Battalio 외, 1981)에 발표되었다.

흰쥐도 '합리적 선택'을 하는데, 과연 사람들은 언제나 합리적인 행동을 할까? 경제학자들은 인간이 항상 자신에게 이익이 되는 합리적 선택을 하는 경제인(Homo Economicus)이라 가정해왔다. 과연 그럴까? 그렇다면 왜 주가가 천정부지로 올라갈 때, 더 주식을 사려고 달려드는가? 왜 마약이나 알코올 중독자가 등장하는가?

많은 경제학자들이 '비합리적' 인간의 행동에서 어떤 '합리성'을 찾으려 노력해왔다. 특히 흰쥐의 실험과 같이 심리학자를 동원해 학제적 연구를 하고, 인간의 행동을 실험을 통해 분석하는 시도도 이뤄졌다. 이러한 접근을 '행동경제학

(Behavioral Economics)'이라 부르기도 한다.

이 노력의 결과, 2002년도 노벨 경제학상은 경제학자가 아닌 심리학자 카네만 (Daniel Kahneman)이 수상했다. 카네만은 인간이 전통적인 경제학에서 가정하듯 사랑이나 감정도 없이 자신의 이익만을 냉철하게 합리적으로 추구하는 '경제인'이 아니라, 때로는 완전한 정보도 없이 직관이나 감정에 좌우되며 주먹구구로 의사결정을 하는 '너무나 인간적인 사람'이라는 사실을 상기시키고 있다. 카네만과 공동수상한 스미스(Vernon Smith)는 실험을 통해 인간의 결점에도 불구하고 '경제인'을 가정한 경제이론들이 현실세계에 적용될 수 있음을 확인시켰다.

정갑영, "나무 뒤에 숨은 사람", (21세기북스, 2012), pp. 126-128에서 일부 인용

수요와 공급의 탄력성

탄력성

시장의 수요와 공급은 가격 변화에 반응하여 움직인다. 이 과정에서 가격이 1% 올라가면 수요가 얼마나 민감하게 반응할까? 라면의 가격이 1% 떨어지면 수요가 얼마나 증가할까? 맥주와 아이스크림의 수요는 얼마나 가격 변화에 민감할까를 측정할 수 있어야 한다. 공급도 마찬가지다. 치킨 가격이 5% 상승하면 공급의 변화는 어떻게 나타날까? 얼마나 민감하게 반응하느냐는 공급자와 수요자에게 모두 중요한 개념이다. 가격이 올라간 만큼 수요가 증가하지 않는다면 기업의 총수입이 오히려 감소할 수도 있기 때문이다. 이러한 변화를 정확히 계측하기 위해서 경제학에서는 탄력성이라는 개념을 쓴다.

예를 들어 수요의 가격탄력성은 가격 변화에 대응하여 수요량이 얼마나 민감하게 반응하는가를 말한다. 가격변화율을 분모에 놓고, 수요량의 변화율을 분자에 놓으면 수요의 가격탄력성이 계산된다. 즉, 가격이 1% 변화할 때, 수요량은 몇 % 변화하는가가 수요의 가격탄력성이다. 수요 대신 공급의 변화율이 분자에 들어가면 공급의 가격탄력성이 된다. 또한 가격 대신 소득이 분모에 들어가고 분자에 수요를 넣으면 수요의 소득탄력성이 된다. 즉, 소득이 1% 변화할 때 수요가 얼마나 변화하는가를 나타낸다. 이와 같이 탄력성은 어떤 변수의 변화가 시장에 얼마나 큰 영향을 미치는가를 분석할 때 널리 활용되는 개념이다.

수요의 가격탄력성

수요를 결정하는 요인은 가격과 소득, 대체재의 가격 등 많은 요인이 있다. 다른 요인은 모두 종전과 동일하게 변함이 없는데 가격만 변화한다고 가정하면, 수요와 공급의 탄력성을 쉽게 찾아낼 수 있다. 수요의 가격탄력성은 가격이 1% 변화할 때 수요는 몇 % 변화하는가를 나타낸다. 더 일반적으로 설명한다면 어떤 독립변수(가격)가 1% 변화할 때, 종속변수(수요)가 몇 % 변화하는가를 측정하는 것이 바로 수요의 (가격)탄력성이다. 소득이 1% 변화할 때 수요가 얼마나 변화하는가는 수요의 소득탄력성이라고 한다.

수요의 탄력성을 결정하는 요인은 무수히 많다. 가격은 물론이고, 소득, 대체재의 가격 등 여러 요인이 있다. 대체재는 어떤 재화 대신에 쓸 수 있는 것을 말한다. 서로 경합이 되는 재화들을 의미한다. 쌀과 라면과 빵은 모두 대체재에 해당된다. 반면 보완재는 바늘과 실처럼 반드시 동시에 같이 쓰여야 효용을 느낄 수 있는 재화를 말한다.

필수품과 사치품도 탄력성에 있어 큰 차이가 난다. 필수품은 가격이 올라가도 살 수밖에 없으니 탄력성이 낮을 수밖에 없다. 반면 사치품은 가격 변화에 민감하므로 탄력성이 크다. 시장의 범위를 어떻게 정할 것이냐, 또는 단기냐 장기냐에 따라서도 탄력성의 크기가 결정된다.

탄력성의 크기가 1보다 크면 탄력적이라 하고, 1보다 작을 경우 비탄력적이라고 한다. 가격의 변화율에 대한 반응이 플러스 또는 마이너스로 나타날 때가 있으나 탄력성의 크기를 계측할 경우에는 절댓값만 사용한다. 완전히 비탄력적인 경우에는 탄력성이 0이 된다. 다시 말하면, 가격이 변화해도 수요가 전혀 영향을 받지 않는 경우를 의미한다. 이 경우, 가격이 아무리 변화하여도 수요는 일체 변화하지 않는다. 가격변화율과 수요변화율이 동일하게 나타날 경우에는 탄력성이 1이 되고 단위 탄력적이라고 부른다. 예를 들어, 가격이 1% 변화할 때, 수요도 1% 변화한다면 탄력성은 1이 된다. 한편 완전히 탄력적인 경우에는 탄력성이 무한대로 커진다. 조그만 가격변화에도 수요가 무한대로 늘어나는 경우를 말한다.

비탄력적 수요

▼ 그림 5-1 완전비탄력적 수요(탄력성=0)

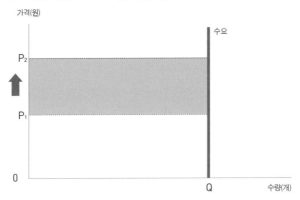

마약 중독자의 예는 <그림 5-1>로 설명할 수 있다. 마약 중독자의 경우, 이미 중독되었기 때문에 마약의 가격수준과 상관없이 마약을 구매한다. 알코올 중독자도 동일한 경우이다. 술의 가격이 올라가는 것과 상관없이 술에 중독되었기 때문에 술을 구매한다. 이는 가격에 따라 수요량이 영향을 받지 않는, 완전히 비탄력적인 수요(수요의 가격탄력성=0)를 의미한다.

일반 가정에서도 완전히 비탄력적인 수요를 발견할 수 있다. 가정에 반드시 필요한 재화, 가격이 올라가도 반드시 구매해야 하는 필수품으로 취급되는 재화들의 경우 가격에 대해 비탄력적이다. 또한, 개인적인 기호를 반영한 재화도 비탄력적인 수요를 가진다. 예를 들면, '나는 A 화장품을 선호한다', '나는 B 치약이 내 취향에 맞는다'와 같이, 어떠한 제품에 대한 선호가 생길 때, 이 재화에 대한 탄력성이 낮아진다. 선호가 형성됨으로써 가격이 올라도 쉽게 제품을 바꿀 수가 없게 되는 것이다. 이를 소비자의 신뢰도, 충성도, 로열티가 높다고도 표현한다. 기업의 입장에서는 이렇게 자기 재화에 비탄력적인 소비자들을 많이 만들어야 한다.

이러한 이유들로 비탄력적인 수요들이 형성되며, 수요곡선이 수직일 경우, 완전히 비탄력적인(수요의 가격탄력성=0) 수요를 가지게 된다.

반대로 수요가 가격이 아주 미미한 변화만 보여도 수요가 무한대로 변화하는 경우를 완전 탄력적이라 한다. 완전 탄력적인 경우에는 수요곡선이 아래와 같이 수평선으로 표시된다. 예를 들어, 가격이 0.01%만 하락해도 수요가 무한대로 커지는 경우가 된다.

▼ 그림 5-2 완전탄력적 수요(탄력성=∞)

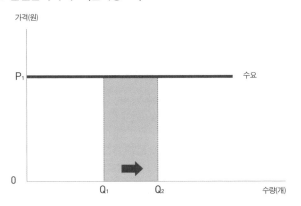

수요곡선에서 가격이 1% 변화할 때, 수요량도 정확히 1% 변화하는 경우, 즉, 가격의 변화율이 수요량의 변화율과 동일한 경우, 수요에 대한 가격탄력성이 1이 되어 단위탄력적인 수요가 된다. 실제로 탄력성은 변화율을 계산한 것이므로, 동일한 수요곡선상에서도 어느 지점에서 탄력성을 계측하느냐에 따라 탄력성의 값이 다르게 계측된다. 즉, 모든 수요곡선상에서 탄력성의 값이 모두 다 항상 동일한 것은 아니다.

교차탄력성

한 재화의 가격변화가 다른 재화의 수요량의 변화에 영향을 미치는 경우, 이를 수요의 교차탄력성이 존재한다고 표현한다. 한 재화의 가격변화가 어떻게 다른 재화의 수요를 변화시키는가? 이는 다양한 예로 설명이 가능하다.

대체재를 살펴보자. 대체재의 정의상, 한 재화의 가격이 올라가면 소비자는 그 재화의 대체재를 대신 소비한다. 라면의 대체재를 빵이라 가정했을 때, 라면의 가격이 1% 증가하면, 소비자는 라면의 소비를 줄이고, 대체재인 빵의 소비를 늘린다. 즉, 라면의 가격이 올라가면, 대체재인 빵의 수요가 늘어남을 확인할 수 있다. 이와 같이 대체재의 경우, 교차탄력성은 양수로 나타난다. 반대로 보완재의 경우, 교차탄력성은 음수로 나타난다. 교차탄력성은 재화의 성격에 따라, 그 값이 양수 혹은 음수가 되기도 한다.

소득탄력성

가격 이외의 요소에 의한 수요량의 변화를 측정하는 탄력성도 존재한다. 소득탄력성은, 가격이 변화에 따른 계측이 아니라, 소득의 변화에 따른 수요량의 변화를 계측한다. 즉 소득이 1% 변화하였을 때, 수요량이 몇 % 변화하는지를 보여주는 값이 소득 탄력성이다. 수요량의 변화율을 소득의 변화율로 나누어 계측한다.

일반적으로 소득이 증가하면, 수요량도 자연스럽게 증가할 것이라 생각하기 쉽다. 이렇게 소득이 증가할 때 수요량도 함께 증가하는 재화를 정상재라고 부른다. 하지만 소비자들이 주로 기피하는 식품이나 상표의 경우는 어떻게 될까? 예를 들어 라면이나 소주, 막걸리 같은 대중 술의 수요는 소득이 증가할수록 감소하는 경향을 보인다. 이렇게 소득이 증가할수록 수요가 오히려 감소하는 재화를 열등재라고 부른다.

소득이 증가하면 수요량도 증가하는 정상재의 경우, 수요의 소득탄력성이 양수이다. 하지만 열등재의 경우 그 반대이다. 소득탄력성이 음수이며, 소득이 증가하면 오히려 수요량이 감소한다. 우리 일상 속 열등재의 예로는 어떠한 것이 있을까? 전통적으로 제시되는 열등재의 예로는 버터와 비교되는 마가린이 있다. 또한 스테이크와 스팸, 두 개의 재화를 비교할 때, 어떠한 재화가 열등재이겠는가? 소득이 증가할수록 대부분의 소비자가 마가린보다는 버터, 스팸보다는 스테이크의 소비를 늘릴 것이라 예상할 수 있다. 이와 같이 우리 주변에는 개개인의 선호, 소득, 취향에 따라 다양한 종류의 열등재가 존재한다. 대학생 때 자주 즐겨먹던 음식들을 졸업 후 월급을 받는 샐러리맨이 되어서는 먹지 않는 경우가 있다. 이러한 변화가 모두 수요의 소득탄력성 때문에 일어나는 현상이다. 대학생의 기준으로 보면, 대학시절 먹던 음식들이 열등재로 판단되어, 소득이 높아지면 그것들을 수요하지 않게 되는 것이다.

필수품과 사치품의 특성도 소득탄력성으로 설명이 가능하다. 필수품의 경우, 수요의 소득 탄력성이 작다. 즉, 소득 수준의 변화와 관계없이, 소비자들은 일정량의 생활에 필요한 필수품들을 수요하여야 한다. 예를 들면, 밥이나 반찬, 식품들도 필수품에 해당한다. 고급 식품들도 큰 분류로 보면, 비싼 필수품에 포함된다. 반면에 사치품의 경우, 수요의 소득탄력성이 크다. 고급 의류나 화장품을 포함한 사치품의 경우, 소비자는 소득이 올라갈수록 이러한 재화에 대한 소비를 늘린다. 이와 같이 소득에 따라 수요량이 변화하는 것은, 사치품의 수요의 소득 탄력성이 크다는 것을 의미한다.

탄력성과 판매수입

기업의 관점에서도 탄력성은 매우 중요하다. 왜냐하면 탄력성과 기업의 판매수입이 밀접한 관계를 갖고 있기 때문이다. 우선 총수입의 계산 방법을 살펴보자.

▼ 그림 5-3 총수입과 탄력성간의 관계

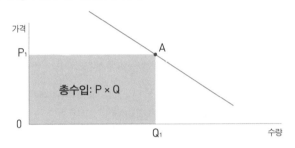

- 비탄력적인 수요: 가격이 상승해도 총수입 증가
- 탄력적인 수요: 가격이 상승하면 총수입은 감소

총수입은 가격과 판매한 수량을 곱한 값이다. Y축이 가격(P), X축이 수량(Q)이다. 만약 A점에서 거래량이 결정된다면, 총수입 사각형의 넓이는 가격과 수량을 곱한 값이 된다.

여기서 만약 수요가 비탄력적이라면, 가격이 상승할 때, 총수입은 어떻게 변화할까? 비탄력적 수요라는 것은, 가격이 올라가도 수요가 크게 줄어들지 않음을 의미한다. 그러므로 비탄력적인 수요를 가정하면, 가격이 1% 증가할 때 수요량은 1%보다 적은 비율로 감소한다. 즉, 총수입은 증가한다. 반면에 수요가 탄력적인 경우에는, 가격이 1% 상승할 때 수요량은 1% 이상의 비율로 줄어든다. 그러므로 가격과 수량의 곱으로 계산되는 기업의 총수입은 감소하게 된다.

그러므로 기업의 입장에서는, 비탄력적인 수요곡선을 갖는 재화의 경우, 가격을 상승시킬 유인이 있다. 가격상승에 따른 수요량 감소가 적어, 총수입의 증대가 보장되기 때문이다. 하지만 수요가 탄력적인 재화의 경우에는, 가격의 상승이 총수입의 증대를 보장하지 않는다. 가격의 상승 비율보다 높은 비율로 수요량이 감소하기 때문에, 총수입이 오히려 하락할 위험이 크기 때문이다.

수요곡선의 기울기와 총수입

▼ 그림 5-4 비탄력적 수요

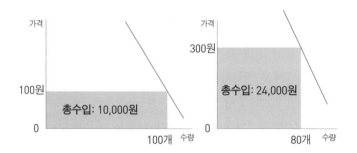

<그림 5-4>는 비탄력적인 수요를 지닌 재화의 가격상승에 따른 총수입 변화를 보여준다. 가격이 100원에서 300원으로 상승할 때, 수량은 100개에서 80개로 상대적으로 작은 비율로 감소함을 확인할 수 있다. 이에 따라 총수입은 10,000원(100원×100개)에서 24,000원(300원×80개)으로 증가하였다. 재화의 수요가 가격에 대해 비탄력적이기 때문에, 가격이 상승할 때 총수입이 증가함을 확인할 수 있다.

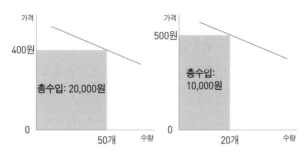

반면에 <그림 5-5>는 수요가 탄력적인 재화의 가격상승에 따른 총수입 변화를 보여준다. 가격이 400원에서 500원으로 변화할 때, 수량은 50개에서 20개로 상대적으로 더 큰 비율로 감소하였다. 총수입은 20,000원(400원×50개)에서 10,000원(500원×20개)으로 감소하였다. 재화의 수요가 가격에 대해 탄력적이기 때문에, 가격이 상승할 때 총수입이 감소함을 확인할 수 있다.

탄력성에 대한 이해와 적용이 없다면, 가격을 올리는 행위가 무조건 기업에게 이득이라고 생각하기 쉽다. 하지만 기업의 입장에서, 가격을 올리는 행위가 총수입을 증대시키는지 여부는 수요의 가격탄력성에 달려 있다. 만약 수요의 가격탄력성이 크다면, 기업의 섣부른 가격 인상 결정은 총수익의 감소를 야기하는 잘못된 전략일 수도 있다. 그러므로 가격을 인상하고 내리는 기업의 의사결정에서 가장 먼저, 가장 중요하게 생각되어야 하는 요소가 바로 수요의 가격탄력성이다. 기업의 입장에서, 자사의 제품이 시장에서 가격탄력적인가, 비탄력적인가 하는 분석이 가격결정보다 선행되어야 한다.

다른 조건들이 모두 동일하다면, 기업의 입장에서는 비탄력적인 재화를 생산하는 것이 바람직하다. 가격의 변동에도 기업의 총수입에 큰 변화를 가져오지 않거나 오히려 긍정적인 변화를 가져올 수도 있기 때문이다. 이와 같이 기업은 자사 제품의 가격 탄력성을 파악함으로써 다양한 전략을 결정할 수 있다.

공급의 탄력성

공급의 탄력성도 수요의 탄력성과 동일한 방식으로 측정된다. 즉, 가격이 1% 변화할 때 공급량이 몇 % 변화하느냐가 바로 공급의 탄력성을 나타낸다. '가격이 100원 올랐을 때 공급이 10개 늘어나느냐, 20개 늘어나느냐'와 같은 절대적인 값의 문제가 아니라 변화율(%)을 보는 것이 바로 탄력성이다.

만화에서 알콩이가 "기업인들은 왜 그렇게 바보 같을까?"라고 힐난하는데, 정답은 탄력성의 개념을 활용하여 찾아야 한다. 예를 들어, 가격이 폭등할 때, 생산자에게는 어떠한 선택이 가장 바람직한가? 공급을 많이 해서 이윤을 늘리는 것이라 생각하기 쉽다. 하지만 여기서도 우리는 탄력성을 고려해야 한다. 가격이 폭등하여 공급을 늘렸을 때, 기업의 이윤은 어떻게 변화하는가는 공급의 가격탄력성에 달려 있다. 재화나 서비스의 탄력성이 얼마나 크고 작은가에 따라서 기업의 수입과 이윤이 결정된다.

공급의 가격탄력성은 가격의 변화율을 분모로 하고, 공급량의 변화율을 분자로 놓고 계산한다. 예를 들어, 똑같은 100원이 올라간다 할지라도, 만 원에서 100원 올라갈 때와 천 원이던 것이 100원 올라갈 때는 변화율(%)이 크게 다르다. 분자에 놓는 '공급량의 변화율'도 마찬가지다. 1천 개를 공급하던 기업이 500개 더 늘린다고 하면, 50%나 늘어난 것이지만, 1만 개를 공급하던 기업이 똑같은 숫자인 500개를 늘리면, 이것은 5%밖에 안 된다. 절대수량으로는 동일한 경우에도 변화율로 계산할 경우에는 큰 차이가 난다.

공급은 가격이 상승하면 증가하므로, 공급곡선은 오른쪽으로 올라가는 형태로 나타난다. 공급곡선의 특징을 살펴보면, 가격이 높은 수준에서 가격이 낮은 수준과 동일한 변화율을 가지려면, 가격이 낮은 수준보다 더 큰 변화가 있어야 한다. 다시 말하면 동일한 공급곡선상에서 절대가격이 100원씩 올라간다 하여도 모든 점에서의 변화율이 동일한 것은 아니다.

현실에는 탄력성이 큰 재화도, 작은 재화도 존재한다. 가격변화에 공급이 전혀 반응하지 않는다면, 탄력성이 0인 완전 비탄력적 재화를 의미한다. 탄력성이 0이라는 것은, 분모가 아무리 변화하여도, 분자는 전혀 변화하지 않고, 고정되어 있는 경우다. 비탄력적인 재화는 탄력성이 1보다 작다. 즉, 가격 변화율보다 공급의 변화율이 더 작다는 의미다. 예를 들어,

가격은 10% 상승했는데 공급의 증가율은 10%보다 작은 경우를 말한다. 또한 '단위 탄력적'인 경우에는 가격의 변화율과 공급의 변화율이 동일한 재화를 말한다. 마지막으로 아주 조금의 가격 변화에도 불구하고, 공급이 무한히 반응할 경우에는 공급의 가격탄력성이 무한대로 커지게 된다. 이런 경우에는 재화의 공급이 완전 탄력적이라고 표현한다.

재화의 공급이 완전 탄력적인 경우에는, 공급곡선의 형태가 수평선이 된다. 왜 완전 탄력적인 공급곡선은 수평이 될까? 반대로 완전 비탄력적인 경우에는 수직선이 된다. 이러한 극단적인 경우의 사례를 현실에서 찾아보자.

주택시장은 비탄력적 공급의 좋은 예이다. 주택 가격이 5%, 10% 올라간다 하여도, 주택은 식품이나 의류 같은 재화처럼 단기적으로 공급을 증가시킬 수 없는 재화이다. 공급을 증가하고 싶다면 시간이 필요하다. 주택시장은 단기적으로는 매우 비탄력적이지만, 중장기적으로는 결국 탄력적으로 변하기도 한다. 땅은 주택보다도 더 비탄력적으로 고려되는 재화이다. 땅의 공급은 가격에 인상에 따라 늘어나기가 매우 어렵다. 하지만 이 또한 아주 장기적인 시각으로 볼 때, 땅값의 상승이 매우 심하다면, 지하 공간, 간척지 등 쓸 수 없던 공간을 개량하여 땅의 공급을 늘리려는 시도가 계속 생겨나게 된다. 이와 같이 몇몇 재화는 단기에는 매우 비탄력적이지만, 장기적으로는 결국 탄력적으로 변화함을 확인할 수 있다.

매우 비탄력적인 재화의 예로, 유명한 연예인 혹은 특출한 운동선수와 같이 우리가 소위 '스타'라고 부르는 사람들을 생각해 보자. 이들을 해당 산업의 재화로 간주하였을 때, 스타의 몸값이 아무리 상승하여도 우리는 쉽게 스타의 수요나 공급을 조절할 수 없다. 스타만이 가지는 특별한 재능이 스타라는 재화를 매우 비탄력적으로 만들기 때문이다.

우리가 일상에서 소비하는 농산물을 수요와 공급의 탄력성 측면에서 생각해보자. 우리가 일정하게 소비하는 일반적인 농산물은 비탄력적인 수요를 가지는 것으로 보인다. 일정하게 가격이 올라가도 우리는 일상에서 소비하는 과일의 수요를 크게 변화시키지 않는다. 하지만 비싼 농산물의 경우, 가격에 따라 수요량이 크게 변하는 탄력적인 수요의 경우가 발견되기도 한다. 공급의 탄력성 측면에서 농산물을 바라보자. 인류가 농산물을 재배하는 좋은 기술을 많이 개발하였지만, 농산물의 생산은 여전히 자연현상에 많이 의존한다. 여전히 기후조건이 중요하며, 생산을 위해 절대적인 시간이 필요하다. 그러므로 농산물의 가격이 폭등하여도, 생산자가 총수입 증대를 위해 공급량을 쉽게 증대시킬 수 없다. 농산물은 비탄력적인 공급을 가지는 재화임을 확인할 수 있다.

이러한 농산물의 비탄력적인 공급은 급격한 가격 파동의 결과를 가져오기도 한다. 예를 들어, 올해 고추 값이 폭등한다 하더라도, 고추농가에서는 비탄력적인 공급을 가지는 고추의 생산을 곧바로 증대시킬 수 없다. 하지만 고추 재화의 높은 가격을 보고, 고추 농가에서는 내년의 고추 공급량을 크게 늘리는 의사결정을 내릴 수 있다. 그런데 이러한 의사결정으로 인해, 내년의 고추 공급이 매우 크게 늘어난다면, 고추 값은 반대로 폭락할 가능성이 크다. 농산물 시장에서는 이렇게 가격이 크게 움직이는

▼ 그림 5-6 곡선 위의 탄력성이 모두 다른 경우

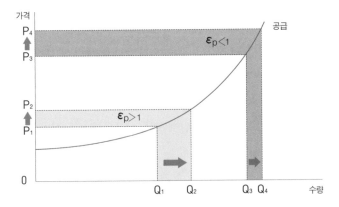

경우를 종종 발견할 수 있다. 이러한 현상을 '거미집 이론'이라고 한다.

<그림 5-6>은 동일한 공급곡선상에서도 측정 위치에 따라 다른 탄력성을 가지는 경우를 보여준다. 탄력성 계측 시, 가격과 공급량의 변화는 모두 각각의 단위가 아닌 변화율로 측정한다. 즉, 탄력성은 "가격이 100원 상승할 때, 1,000개의 공급량이 늘어난다"가 아닌, "가격이 10% 상승할 때, 공급량이 1% 늘어난다"의 개념인 것이다. 그러므로 일정한 가격 변화에 따라, 같은 양의 공급이 변화하였어도, 그 기준점이 그래프의 높은 부분이냐, 낮은 부분이냐에 따라 탄력성은 다를 수 있다. 즉, 이미 많은 공급량이 거래되고 있는 그래프의 윗 부분에서는, 가격의 변화에 따라 더 많은 양이 변화되어야, 낮은 공급량에서의 탄력성과 같은 탄력성을 보장할 수 있다. <그림 5-6>에서는 공급곡선의 아랫부분에서는 탄력성이 1보다 크고(탄력적), 윗부분에서는 탄력성이 1보다 작게(비탄력적) 나타남을 확인할 수 있다.

농부가 풍년을 걱정하는 이유

공급곡선과 수요곡선, 탄력성을 이해하면, 현실 경제의 흥미로운 현상들에 대한 정답을 찾을 수 있다. 농사가 풍년이어도 농민들의 시름이 깊어질 때가 있다. 채소가 풍년일 때, 시장에서 판매하지도 않고 버려지는 경우도 있다. 왜 이런 현상들이 나타날까?

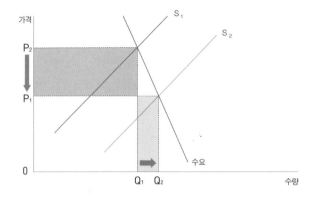
▼ 그림 5-7 비탄력적 수요와 가격의 하락

농산물이 풍작이라는 것은, <그림 5-7>에서 공급곡선이 오른쪽으로 이동을 했음을 의미한다. 공급곡선상에서 움직이는 것이 아니라 공급곡선 자체가 이동하였고, 가격은 자연스럽게 하락한다. 하지만 농민들의 총수입 변화를 확인하기 위해서는 가격의 변화와 수요의 변화를 함께 계산하여 비교해야 한다. 가격이 많이 떨어졌음에도, 수요의 증가폭이 작다면, 농민들의 총수입은 결국 줄어들게 된다. 하지만 실제로 소비자의 입장에서 쌀값이 떨어졌다 하여, 쌀 소비량을 하루 세 끼에서 네 끼로 늘릴 수는 없는 노릇이다. 이와 같이 비탄력적인 수요를 가지는 농산물의 경우, 풍작으로 인해 농민들의 총수입이 오히려 하락하는 결과를 낳기도 한다.

마약거래의 효과적인 억제

마약은 개인적으로, 사회적으로도 많은 해악을 끼치므로, 정부는 마약의 유통을 불법으로 규정하며 통제한다. 마약을 단속하는 방법으로는 구체적으로 어떠한 것들이 있을까? 경제학의 입장에서 바라보면, 수요를 억제하는 방안과 공급을 규제하는 방안, 이렇게 두 가지로 나누어 생각해 볼 수 있다. 예를 들면, 마약을 외국에서 못 들여오게 수입을 단속하거나 (공급규제), 소비자들이 마약사용을 규제하는 방안이(수요억제) 있다. 만약 수입을 못하게 하거나, 마약상인들에 대한 단속을 강화하는 등의 방법으로 공급을 규제하면, 마약시장의 공급곡선은 왼쪽으로 이동한다.

▼ 그림 5-8 균형가격의 상승과 거래량 감소

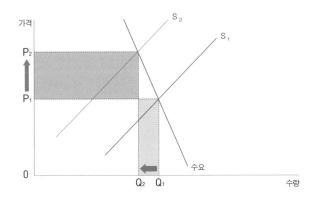

마약에 대한 수요곡선은 어떠한 형태를 가질까? 마약과 같은 재화의 소비는 대부분의 경우 중독성 소비이기 때문에, 그 수요가 매우 비탄력적이며 수요곡선은 수직에 가깝다. 그림에서 공급규제 정책으로 인한 공급곡선의 이동으로 가격이 크게 상승했음에도 불구하고, 수요량은 상대적으로 적게 감소하였다. 강력한 공급규제 정책에 비해, 마약 거래량 감소의 효과가 크지 않음을 확인할 수 있다.

그렇다면 수요의 측면에서 마약을 규제하였을 때 어떠한 결과가 있는지를 확인해보자. 마약의 폐해에 대해서 계몽하고, 피우는 사람을 엄격하게 처벌하는 등 마약 소비자에 대한 정책을 통해 마약 수요의 감소를

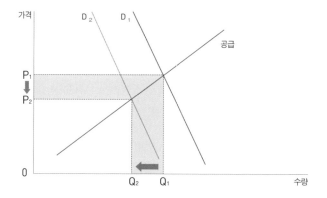

▼ 그림 5-9 균형가격의 하락과 거래량 감소

도모할 수 있다. 그림에서 확인할 수 있듯이, 수요 억제 정책을 통해, 이 번에는 수요곡선이 좌측으로 이동한다. 가격을 폭등시켰던 이전의 공급 규제 정책과는 반대로, 수요억제 정책은 가격을 오히려 하락시키는 것을 확인할 수 있다. 이는 만약 공급자의 총수입에도 부정적인 영향을 미치기 때문에 거래량을 줄이는 데 더 효율적인 정책일 수 있다.

이와 같이, 같은 목적을 가지고도, 시장의 어느 부분을 겨냥하여 정 책을 시행하느냐에 따라 정책의 결과가 다르게 나타남을 확인할 수 있다. 시장의 수요, 공급, 탄력성에 대한 정확한 분석은 사회적으로 더 올바르 고, 효율적인 정책을 시행하는 데 큰 도움이 된다.

Chapter 06

시장과 규제

사회적 규제와 경제적 규제

일반적으로 모든 재화와 서비스는 시장에서 수요와 공급에 의해 균형을 이룬다. 가격이라는 보이지 않는 손에 의해 균형 수급량이 결정되고 자원의 배분이 이루어진다. 그런데 이 과정에 정부가 개입하는 것을 규제라고 한다. 규제는 사회적 규제와 경제적 규제로 구분하여 살펴볼 수 있다. 사회적 규제란 안전, 환경, 보건 등 경제 외적인 여러 요인에 의해 발생하는 변수에 대한 규제를 말한다. 예를 들면, 메르스와 같은 질병의 확산을 방지하기 위해서 정부가 취하는 여러 조치 등이 대표적인 사회적 규제라고 할 수 있다. 사회적 규제는 국민의 건강과 국가의 안보, 환경 등 국민의 생명과 안전 등 가장 기본적인 문제를 효과적으로 해결하기 위해 취해지는 경우가 많다. 따라서 사회적 규제는 경제가 발전할수록, 삶의 질에 대한 국민의 욕구가 다양할수록 더 강해지는 경우가 많다. 일반적으로 후진국보다 선진국에서 사회적 규제가 더 강하게 실시된다.

반면 경제적 규제는 경제활동과 관련된 재화와 서비스가 시장의 수급에만 의존하다가 사회적으로 바람직한 결과를 가져오지 않을 경우에 정부가 개입하는 것을 말한다. 시장의 주어진 경쟁에만 맡겨 놓는 것이 큰 부작용을 유발하게 될 때 정부는 직접 시장에 개입하지 않을 수 없다. 이런 경우를 흔히 시장의 실패를 보정하기 위한 정부의 규제라고 한다. 사회적 규제와 달리 경제적 규제는 선진화될수록 줄어드는 경향이 나타난다. 시장의 실패는 일시적으로 나타나는 경우가 많고, 정부가 직접 규제를 할 경우에는 또 다른 형태의 부작용이 발생하기 때문이다. 물론 구조적으로 시장에 맡겨서는 해결할 수 없는 문제가 존재하는 것은 사실이지만, 생산 활동에 대한 직접적인 규제는 가급적 실시하지 않는 것이 바람직하다. 정부가 시장보다 더 효율적으로 문제를 해결하는 경우가 많지 않기 때문이다.

그렇다면 어떤 경우에 정부의 개입이 필요하고, 어떤 경우에 시장의 자율에 맡기는 것이 더 바람직할까? 어떤 기준으로 평가하고 판단해야 하는가? 경제학에서는 일반적으로 효율성의 기준을 적용해서 어떤 정책이 더 효율적인 자원배분을 가져올 수 있는가로 판단한다. 효율성은 소비자와 생산자가 가장 큰 잉여를 얻게 되어 사회후생이 극대화될 때 가장 이상적인 기준이 달성된다. 이렇게 보면 결국 경제학에서 추구하는 효율성의 목표는 사회후생의 극대화를 위한 것임을 쉽게 알 수 있다.

최고가격의 설정

정부의 시장 개입은 시장을 자유롭게 두었는데 소비자나 생산자에게, 또는 모두에게 크게 왜곡되거나 바람직하지 않은 결과를 초래하는 경우에 이루어진다. 예를 들어 가격을 규제할 경우에는 최고가격으로 상한

선을 설정하거나 최저가격으로 하한선을 설정하는 경우가 많다. 등록금 상한제는 최고가격을 설정하는 것이고, 최저임금제는 하한선을 설정한 것이다. 그 외에도 가격을 특정 수준 내로 허가하는 경우도 발생한다.

이러한 규제는 과연 어떤 형태의 결과를 가져올 것인가? 경제적 영향과 사회에 미치는 영향을 분석하는 데에 가장 유용하게 활용되는 방법이 바로 수요와 공급, 또는 탄력성을 이용하는 것이다. 먼저 가격상한제 price ceiling를 분석해보자. 공급자가 받을 수 있는 법정 최고가격을 설정하는 것이다. 우선 최고가격과 시장가격을 비교하면 어떤 결과를 유추할 수 있을까? 만약 정부가 지정한 최고가격이 시장가격보다 높으면, 실제 시장에서는 균형가격에 의해서 거래가 되므로 최고가격제는 아무런 소용이 없다. 최고가격은 당연히 시장에서 거래된 가격보다 낮은 수준에서 지정되어야만 규제의 효과가 나타난다.

가격상한제가 도입되는 이유는 시장에서 결정되는 가격이 너무 높아서 많은 부작용을 초래하기 때문이다. 등록금 수준이 높다고 인식되고 있기 때문에 등록금 상한제가 도입되는 것이고, 석유파동 등으로 원유공급이 원활하지 못하여 휘발유 가격이 너무 높게 형성되기 때문에 최고가격이 도입되는 것이다. 최고가격이 지정되면 공급자나 수요자나 모두 지정된 가격에서 거래를 해야만 법적인 처벌을 받지 않는다.

수요와 공급의 법칙에 따르면 가격이 낮아지면 당연히 수요가 증가한다. 최고가격을 설정하면 시장의 균형가격보다 낮은 수준에서 설정될 것이므로, 균형가격에서 보다 당연히 수요가 크게 증가한다. 공급은 가격이 낮아졌으므로 감소하게 된다. 이 결과 초과수요가 발생한다. 소비자가 수요하려고 원하는 양보다 생산자가 공급하려고 계획하는 양이 훨씬 더 적게 된다.

이렇게 되면 시장에서는 초과수요로 인한 물량부족 사태가 발생한다. 초과수요가 해소되려면 가격이 상승해야 하는데, 가격은 최고가격에 묶여

있으므로 일부 소비자들은 물량을 구할 수 없게 된다. 이러한 상태가 지속되면 암시장이 형성되어 불법적인 거래가 발생하게 된다. 당연히 최고가격보다 더 높은 수준에서, 그리고 암거래에 따르는 위험 요인이 반영되어 시상의 균형가격보다도 더 높은 가격에서 암시장 가격이 형성된다.

가격상한제의 사례는 우리 주변에서도 많이 찾을 수 있다. 전세와 월세 등의 임대료 규제도 대표적인 사례에 해당한다. 임대료를 규제하면 어떤 영향이 나타나는가? 일차적인 반응은 '서민들을 위해서 정부가 정말 좋은 일 한다. 너무 집값이 올라서 그러는데 임대료를 규제하니까 집값이 못 오르겠구나'라고 생각하는 경우가 많다. 당연히 이러한 정책 목표를 달성하기 위해서 임대료 규제를 실시한다. 그러나 시장원리에 의해 경제적 분석을 해 보면 실제로는 다른 결과를 초래할 수 있다. 모든 법이나 규제가 시장에 적용될 경우에는 항상 입법 취지나 규제의도에 맞게 효과가 나타나는 것은 아니다. 특히 시장원리에 반하는 정책은 오히려 큰 부작용을 유발하는 사례가 많다.

임대료 규제의 효과

<그림 6-1>의 왼쪽 그래프를 먼저 살펴보자. 주택과 부동산의 공급은 단기적으로는 비탄력적이라서 거의 수직에 가까운 선으로 표시된다. 가격이 아무리 변화해도 당장 어떻게 할 수가 없는 것이다. 전세 가격이 폭등하고 임대료가 폭등하는 것에 대응해 지금 당장 공급을 늘릴 수는 없다. 라면처럼 찍어 내는 것이 아니기 때문에 공급은 이렇게 수직선으로 되어 있다. 또한 수요도 상당히 비탄력적이다.

주택이라는 수요가 그렇지 않은가. 비싸든 싸든 가서 살 집은 있어

▼ 그림 6-1 임대료 규제의 효과

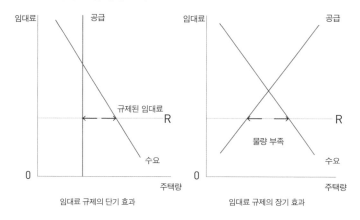

임대료 규제의 단기 효과   임대료 규제의 장기 효과

야 한다. 이렇게 수직인 공급곡선과 비탄력적인 수요곡선을 그대로 두면 공급과 수요가 만나는 점에서 균형가격이 생긴다. 그런데 그 가격이 너무 높다고 정부가 판단하여 임대료를 규제하기로 결정했다고 가정하자. 정부의 규제는 수평선 R로 표시된다. 그렇다면 시장은 이제 어떻게 움직일까? 내려간 가격에서는 수요가 늘어나게 된다. 처음 가격이 높았을 때는 방의 수도 적고 더 작은 집에서 살아야 했다면 규제로 인해 가격이 내려가면서 수요가 늘어나게 된다. 그렇다면 공급은 어떻게 될까? 공급은 가격이 규제되니 줄어들어야 할까? 일반 제조업 제품 같았다면 공급이 더 줄어들 수도 있을 것이다. 하지만 부동산의 경우 공급의 가격탄력성은 비탄력적이고, 따라서 공급은 유지된다. 공급은 그대로 있는데 수요가 늘어났다면 물량 부족이 발생하게 된다. 그래서 그래프상의 화살표 표시만큼 물량 부족이 생긴다.

    이제 장기적인 효과를 살펴보자. 부동산의 경우에도 장기적으로는 탄력성이 있다. 따라서 오른쪽 그래프의 공급곡선 역시 탄력성이 있는 것으로 바뀌었다. 그러나 계속 똑같은 가격에서 규제를 할 경우 물량 부족은 어떻게 변할까? 임대료가 오랫동안 낮은 상태로 규제가 될 경우 공급자들은 떨어지는 수익성에 대응해 주택에 대한 투자를 줄이고 건설 역시 줄이게 된다. 기회비용을 떠올려 보자. 공급업자 입장에서는 같은 투자 금액으로 주택 시장에서 신규 주택 건설에 투자하는 기회비용이 다른 시장에 투자하는 것에 비해 훨씬 더 큰 것이다.

사회적인 관점에서는 주택 공급을 통해 이윤을 획득하는 것이 논란이 될 수도 있다. 하지만 경제학에서는 기업이나 가계, 소비자와 생산자 모두 자신의 이익이 되는 쪽으로 움직이는 동기를 가지고 있다. 그래서 임대료가 오랫동안 규제된다면 공급은 지속적으로 줄어들고 현존하는 임대료 시장 역시 축소될 것이다. 현재 있는 주택들을 유지 보수하는 것 역시 임대료가 너무 낮으면 그 요인이 줄어들게 되고, 낡은 집 역시 빨리 철거하고 다른 투자를 하는 방식으로 바뀔 것이다.

결과적으로 임대료 규제가 장기화되면 물량은 훨씬 더 많이 부족하게 된다. 한 경제학자는 "도시를 파괴시키는 것은 장기적으로 보면 폭탄을 던지는 것보다 임대료를 오랫동안 강력하게 규제하는 것이다"라고 말한 바 있다.

미아 패로의 아파트

미아 패로는 우디 앨런과 명콤비를 이루던 인기스타로 숱한 화제를 남겼다. 별로 미인이 아니라는 평가 속에서도 앨런을 만난 후, 일약 스타로 떠올라 〈범죄와 비행〉, 〈아일랜드의 연풍〉에서 열연하며 한때는 패로의 헤어스타일까지 유행하게 하였다. 그녀의 숱한 남성편력도 유명했다. 프랭크 시나트라, 지휘자 앙드레 프레빈, 우디 앨런 등과 살다가 헤어지며 끝없이 염문을 만들었던 것이다. 그녀의 명성은 여기서 그치지 않는다. 뉴욕에는 '미아 패로의 법(Mia Farrow law)'도 있다. 인기 스타의 이름이 어떻게 법안에까지 붙여졌을까. 임대료를 엄격히 규제하는 법령으로 패로가 큰 혜택을 받았기 때문이다. 그녀는 1997년 당시 센트럴파크 서쪽의 방이 10개나 딸린 호화 아파트에 살고 있었다. 그러나 임대료는 방이 하나뿐인 아파트와 비슷하게 내고 있었다. 미아 패로의 법(임대료 규제법) 때문에 임대료를 올리거나 내보낼 수 없었기 때문이다.

물론 이 법의 취지는 저소득층의 보호였다. 그러나 누구든 일단 입주만 하면 법의 혜택을 누릴 수 있게 되어 있었다. 그래서 유명배우, 의사, 펀드 매니저 등 돈 많은 사람이 호화 아파트를 값싸게 임대한다고 화제에 올랐다. 미아 패로도 그 중의 한 사람이었던 셈이다(이후 법 개정으로 일부 고소득층의 호화 아파트는 규제가 적용되지 않는다고 한다). 규제는 정말 임대료를 안정시키는가?

"3층의 방 3개짜리 아파트에는 노부부만이 살고 있는데 2층에는 두 아이와 젊은 부부가 단칸방에서 살고 있다. 그런데 임대료는 젊은 부부가 사는 작은 아파트가 2.5배나 비싸다. 노부부가 오래 사는 동안 임대료를 제대로 올릴 수 없었기 때문이다. 경제가 효율적으로 움직인다면 당연히 두 부부가 서로 바뀌어야 옳지 않은가. 그러나 규제는 엄격하다. 노부부가 이사하면 자식들이 현재 임대료를 내고 들어올 수 있다. 다른 사람에게 임대를 주려 해도 현재 수준에서 조금밖에 올릴 수 없다."

"이런 상황에서 당신이 주인이라면 친지나 신세를 진 사람에게, 아니면 뇌물이라도 주는 사람에게 방을 내주지 않겠는가. 누가 아무 관계없는 일반인에게 주겠는가? 그래서 시장에 공급되는 임대아파트는 더욱 줄어들고 임대료는 더욱 치솟는다. 누가 임대아파트를 새로 지으려 하겠는가. 당장 임대아파트도 부족하지만 시간이 흐른다고 더 공급된다는 보장도 없다. 오히려 임대료를 규제하면 장기적으로는 공급이 감소하여 값은 더 오르지 않겠는가."

"임대아파트에는 대부분 저소득층이 살고 있다. 만약 규제하지 않는다면 오히려 아파트는 값이 너무 비싸 텅 비게 될 것이다. 임대료 규제로 저소득층을 보호하는 것은 너무나 당연한 것 아닌가?"

"저소득층의 보호를 위해서는 좋은 제도 같지만, 10년 후의 저소득층은 오히려 공급부족으로 임대료를 엄청나게 비싸게 내야 한다."

임대시장이 발달하지 않은 우리에게 아직은 생소한 이야기들이다. 그러나 결코 남의 나라 얘기만은 아니다. 전세에서 월세로 전환할 때 임대료를 규제하는 법안이 통과되지 않았는가. 시장의 반응은 어떠할까? 임대료 규제는 한때 저소득층을 보호해주지만, 시장의 움직임마저 통제할 수는 없다. 아예 전세금을 올리거나 임대업을 포기하는 사람이 서서히 나타난다. 시간이 흐를수록 공급은 줄고 가격은 오히려 더 올라간다. 그래서 어느 경제학자는 "폭격 다음으로 도시를 파괴하는 것이 바로 임대료 규제"라고 혹평한다. 누가 넓은 아파트에 싸게 사는 미아 패로에게 돌을 던질 수 있겠는가. 임대료를 더 받으려는 주인도 패로의 마음과 다를 바 없다.

정갑영, "나무 뒤에 숨은 사람", (21세기북스, 2012), pp. 228-230에서 일부 인용.

최저가격제

이번에는 최저가격을 설정하는 경우를 생각해보자. 시장에 맡겨 두면 가격이 너무 하락하여 사회적으로 문제가 될 수 있으니, 일정한 수준 이하로는 가격이 내려가지 않도록 최저가격을 설정하는 것이다. 시장에서 형성되는 균형가격이 너무 낮을 때 최저가격이 설정되는 것이므로 당연히 공급이 많은 상태에서 실시된다. 대표적인 사례는 농산물의 풍작으로 인해 가격이 폭락할 때 정부가 최저가격을 설정하여 수매하는 경우를 들 수 있다. 실제로 쌀값은 정부가 수매하는 가격을 설정하여 구입하므로 시장에서 더 이상 폭락하지 않도록 방지하는 효과를 기대할 수 있다. 이것은 당연히 농민을 보호하기 위한 정책이고, 가격폭락으로 인한 농민들의 후생손실을 방지하기 위한 정책이다. 최저임금제도 대표적인 가격하한제에 해당된다. 기업이 근로자를 고용할 때는 최소한 일정수준 이상의 임금을 지불하도록 유도하는 것이다.

최저임금제의 효과

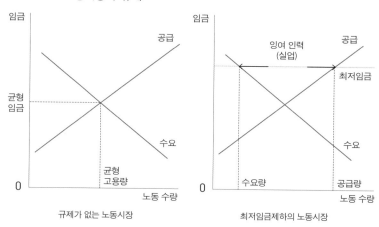

규제가 없는 노동시장　　　　　　최저임금제하의 노동시장

　노동시장에서 수요와 공급의 곡선은 어떻게 생겼을까? 노동의 수요자는 기업이고 공급자는 근로자 자신이다. 이러한 수요와 공급의 곡선이 만났을 때 균형 임금이 결정되고 균형 고용량 역시 생긴다. 이런 균형가격에서 거래가 되면 초과 공급과 초과 수요가 없어진다. 그러나 이 균형 임금을 지불받는 근로자가 사회적인 후생이 심각하게 떨어져 피해를 입는다고 생각해보자. 이런 경우 정부는 균형가격보다 높은 수준에서 법정 최저가격을 설정하게 되고, 이를 최저임금제라고 이야기한다.

　한국에서도 역시 매년 최저임금이 결정된다. 기업이 이러한 최저임금을 지불하지 않고 노동자를 고용하면 처벌받게 된다. 오른쪽 그래프처럼 최저임금을 설정하면 노동시장은 어떻게 변할까?

　최저임금은 균형임금보다 높은 수준에서 결정된다. 균형보다 높은 수준에서 최저임금이 결정됐을 때, 공급자는 가격이 종전보다 높아졌으므로 공급량을 늘리게 된다. 반대로 수요자는 수요를 줄이게 된다. 너무한 처사가 아닌가 싶겠지만, 임대료 규제와 마찬가지로 기업인과 노동자 모두 경제학에서는 자기 이익을 극대화하는 쪽으로 움직인다. 또 균형가격보다 높은 임금을 계속 주게 된다면 기업은 경영을 지속하기 어려워질 수도 있다. 그렇다면 고용 자체가 발생하지 않게 된다. 따라서 최저임금제는 지나치게 낮은 임금으로 부당하게 대우받는 근로자를 보호하는 효과가 있지만, 이에 대한 대가로 불가피하게 실업이 증가하는 부작용이 발생한다. 농산물에 최저가격을 부과할 경우에도 일부 농민들의 후생을 증가시켜주는 효과가 있을 수 있지만, 농산물의 공급 증가에 따른 부작용도 피할 수 없다. 경제에는 항상 공짜 점심이 없다. 어느 한 가지를 개선하려면, 다른 부문의 희생을 감수해야 하는 경우가 많다.

세금은 누가 부담하나?

가격 대신 정부가 세금을 부과하는 것도 규제정책의 주요한 수단이 된다. 정부가 특정 재화나 서비스에 세금을 부과할 때 그 세금은 누가 부담하게 될까? 흔히 공급자에게 부과하는 세금은 당연히 공급자가 부담하고, 소비자에게 부과하는 세금은 소비자가 부담한다고 생각하는 경우가 많다. 그러나 궁극적으로 결국 누가 세금을 부담하는가는 탄력성을 응용하여 쉽게 분석을 할 수 있다.

우선 판매자에게 과세를 하는 경우를 살펴보자. 예를 들면 라면의 공급자에게 세금을 부과하는 경우를 가정하자. 가격을 올리지 않는다면, 라면 가격은 종전과 같이 1,000원으로 동일한데, 그 중 일부(100원)를 세금으로 납부해야 한다. 공급자의 입장에서 보면 가격이 100원 인하된 것과 동일하거나, 생산비가 100원 인상된 것과 동일한 효과가 발생한다.

▼ 그림 6-3 세금이 균형에 미치는 영향

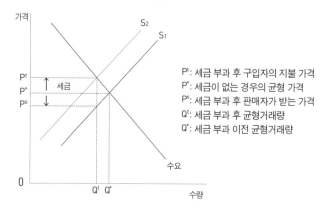

P^t: 세금 부과 후 구입자의 지불 가격
P*: 세금이 없는 경우의 균형 가격
P^s: 세금 부과 후 판매자가 받는 가격
Q^t: 세금 부과 후 균형거래량
Q*: 세금 부과 이전 균형거래량

그래서 공급은 줄어들고, 공급곡선이 S$_1$에서 S$_2$로 이동한다. 이는 가격의 일부를 정부에서 가져가기 때문에 생산비용이 늘어나는 것과 똑같다. 또 이로 인해 균형가격이 세금이 없을 때와 비교해 달라진다. 세금이 없는 상태에서의 균형가격이 천 원이었다면, 이제 공급곡선이 왼쪽으로 이동하였으므로 세금은 S$_1$과 S$_2$가 만나는 부분에서 결정된다. 이제 세금은 누가 부담하는지 생각해보자.

과세 이전의 가격 P*가 있고, 소비자는 그보다 더 높은 가격 P^{t}를 지불한다. 그러나 판매자는 소비자가 지불한 천 원에서 세금을 제한 만큼을 받으므로, 판매자가 받는 가격은 세금이 없는 가격보다 적다. 이 그림에서는 소비자와 판매자가 세금을 각각 분담하는 것처럼 표시되어 있다. 그러나 실제로 가격이 오르지 않았다면, 소비자 입장에서는 이 세금이 공급자의 입장에서 분담한 것처럼 느껴진다.

다시 판매자에게 과세를 하는 경우를 가정해보자. 그러나 백화점 등에서 물건을 살 때 가격이 만 원인데 부가세 천 원이 붙는 경우가 있다. 이 때 그 천 원의 세금은 실제로 누가 부담하는가? 현장에서는 소비자가 부담하는 것만 같을 것이다. 그러나 실제로는 판매자에게 세금이 부과되는 것이기 때문에 실제로는 판매자의 공급곡선이 이동하여 구입자가 지불한 가격과 판매자가 받는 가격에 차이가 나게 되는 것이다.

다른 예를 들어보자. 우리는 급여세나 근로소득세 등을 내고 있다. 이로 인해 고용자가 지불한 임금과 노동사가 받는 임금은 서로 나르다. 흔히 gross income, net income이라고 하는 차이가 여기서 나온다. 이러한 임금의 차이는 실제로 세금을 누가 부담하느냐의 문제에서 발생한다. 이를 알아보기 위해 탄력성과 세금을 분석해 보면, 세금 부담의 비율은 수요와 공급의 탄력성에 따라서 결정이 된다. 세금 부담은 가격 탄력성이 상대적으로 작은 쪽, 즉 비탄력적인 쪽이 더 많이 부담한다. 그리고 가격 탄력성이 더 큰 쪽은 세금을 부과받아도 그에 대한 수량의 대응이 더 수월하기 때문에 실제 분담은 더 적다.

아래 그래프를 보고 탄력성을 적용하여 세금의 부담을 더 논해보자.

▼ 그림 6-4 세금의 귀착

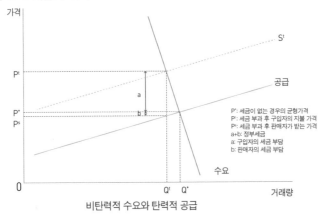

비탄력적 수요와 탄력적 공급

<그림 6-4>에서 수요곡선은 공급곡선에 비해 상대적으로 더 가파르므로 수요가 공급보다 비탄력적임을 알 수 있다. 세금을 부과하기 전에는 수요와 공급이 만나는 지점에서 가격이 결정됐겠지만, 판매자에게 세금

을 부과한다면 공급곡선은 S'로 이동하여 새로운 균형가격이 결정될 것이다. 그러나 가격탄력성이 더 큰 공급자 쪽이 새로운 균형가격에 대응하여 수량을 조절하기가 더 용이하기 때문에, 비탄력적인 수요를 가진 소비자들은 가격의 상승에도 불구하고 수요량을 많이 줄이지 못해 판매자에 비해 상대적으로 세금을 더 많이 부담하게 된다.

⚙️ 커피에 세금을 부과하면…

서울 올림픽이 열렸던 1988년, 에티오피아를 방문했었다. 솔로몬과 만났던 시바 여왕의 후예로 미인이 많은 나라, 한때는 아프리카 최강의 독립국으로 명성을 날렸던 곳이다. 우리에겐 셀라시에 황제와 맨발의 마라톤 선수 아디스 아베베의 나라로 알려져 있다. 한동안 가뭄과 내전으로 수백만 명이 목숨을 잃고, 지금은 국토마저 두 나라로 양분된 최빈국 중 하나다.

그러나 자연은 항상 역사의 한계를 뛰어넘는다. 해발 2,000m의 쾌적한 기후를 가진 이 고원지역에는 다른 곳에서 쉽게 찾을 수 없는 귀한 식물이 자라고 있다. 바로 커피나무다. 커피라는 이름은 이곳 '코페'라는 지명에서 비롯된 것이다.

어느 날 목동 칼디는 '빨간 열매'를 먹은 염소가 낮잠도 자지 않고 뛰어다니는 것을 목격했다. 호기심에 자신도 몇 개 먹어보니 정신이 맑아지고, 잠이 오지 않는 묘약이 아닌가.

그 후 커피는 이슬람 문화권으로 전파됐다. 그러나 금욕을 중시하는 풍토에서 오랫동안 사악한 음료로 엄격히 금지됐다. 커피 한 잔 마시다 들키면 태형에 처하고, 두 번째 적발되면 가죽 백에 넣어 물에 빠뜨려 죽였다니, '커피 한 잔'에 목숨을 걸어야 했던 시절도 있었다. 유럽에서도 커피의 수난은 오래 지속된다. 사치품이라는 이유로, 또는 상류층의 전유물로 많은 애환을 만들어냈다. 터키 상류층에서는 집안에 커피가 없다는 것이 정당한 이혼사유가 되기도 했다 한다. 커피가 대중화된 것은 인도에서 홍차가 널리 보급된 후부터다. 커피에서 사치세가 사라진 것도 불과 얼마 되지 않는다. 커피를 자유롭게 마시는 즐거움을 얻는 데도 많은 수난의 역사가 있었던 셈이다.

커피에 대한 규제가 태형에서 '세금'으로 바뀌면서 더욱 폭넓은 '커피의 자유'

가 허용된 셈이다. 세금만 내면 누구나 커피를 즐길 수 있다. 야만적인 소비규제가 세금을 통한 문명적인 소비억제로 바뀐 셈이다. 그런데 과연 이 세금은 누가 내는 것일까? 무슨 소리인가? 소비자가 내는 것이지. 그러나 문제는 그렇게 간단하지 않다.

우선 커피가 사치품이라 생각해 보자. 세금이 높게 부과되면 소비가 대폭 줄어들 것이다. 커피 시장가격은 떨어지기 마련이다. 커피를 생산하는 농장주인의 수입도 역시 줄어든다. 세금이 없을 때는 1년 수입이 1억 원이었는데, 세금 때문에 수입이 8,000만 원으로 줄어들었다고 하자. 2,000만 원은 정부가 세금으로 거둬간 셈이다. 피상적으로 보면 소비자가 낸 것 같지만 궁극적으로는 농장에서 낸 것 아닌가. 농장의 수입이 줄어들면 인부를 적게 쓰고, 인건비를 줄일 것이다. 세금의 여파는 농장의 인부에게도 전가된다.

이번에는 커피가 사치품이 아니라 필수품이라고 하자. 세금을 부과해도 중독된 사람들 때문에 커피 소비가 줄지 않는다. 정부는 2,000만 원 세수를 올리고, 농장주인에게는 큰 피해가 없다. 소비자가 중독의 대가로 모든 세금을 부담하는 꼴이다.

이것은 다른 재화에도 그대로 적용된다. 벽걸이 TV(PDP)를 사치품으로 분류, 높은 세금을 부과해보자. 벽걸이 TV 소비가 위축되고, 공장 가동률이 떨어지며 고용을 감축할 수밖에 없다. 신규투자도 줄어들 것이다. 세금은 소비자가 내는 것 같지만 궁극적인 세금을 부담하는 피해자는 바로 PDP생산에 관련된 사람들이다.

사치품이냐 필수품이냐에 따라 세금이 미치는 여파가 크게 다르다. 이런 사실을 정확히 이해한다면 사치품에 대한 과세를 한번쯤 더 생각해 봐야 하지 않을까. 그래도 "비싼 물건을 사는 사람이 세금을 더 내고" "내가 세금을 안 내니 괜찮다"면 할 말이 없다. 경제학보다 정서가 앞서기 때문이다.

세금은 태형이나 이혼보다 문명화된 규제지만, 그래도 커피의 독특한 향을 변질시킬 수 있다.

정갑영, 매경 Economy, (2003.3.5.) 일부 인용

시장과 후생

시장의 효율과 후생

시장에서는 재화와 서비스가 서로 교환되고 유통된다. 이 과정에서 과연 시장이 효율적으로 자원을 배분하는지 논란이 제기될 때가 많다. 시장에 맡겨 두니까 실패하는 경우도 많고 그래서 오히려 정부가 직접 배분을 해야 된다는 주장도 제기된다. 그러나 앞 장에서 살펴보았듯이 정부가 시장에 개입하여 규제를 하면 또 다른 부작용을 유발한다. 그렇다면 과연 자원배분의 효율성은 어떤 기준으로 평가되어야 할까? 어떤 기준을 설정해야만 그 기준에 따라 자원배분의 효율성 여부를 판단할 수 있게 된다.

먼저 효율에 대하여 생각해 보자. 흔히 적은 자원을 투입해서 가장 많은 생산을 하면 효율적이라고 한다. 정확한 답변이다. 그런데 효율의 개념을 좀 더 확대하면, 생산뿐만 아니라 소비 면에서도 적게 사용하면서 소비자에게 더 큰 효용을 주는 것도 효율적이라고 할 수 있다. 당연히 소비의 효율성도 매우 중요하다.

공급을 늘리지 않는 기업가?

위의 만화를 한번 보자. 알콩이 아버지는 3년째 자동차 구입을 망설이고 있다. 알콩이네가 자동차 구입을 망설이는 것과 마찬가지로 소비자는 어떤 재화를 구입할 때 중요한 결정을 해야 한다. 주어진 가격에 구입하느냐 마느냐의 결정이다. 망설이는 이유는 그 가격을 주고 샀을 때 내가 얼마나 만족감을 느낄 수 있을까를 생각하기 때문이다. 그 가격에 구입했을 때 나의 욕구가 충분히 채워진다면 당연히 구입을 망설일 필요가 없다. 재화가 꼭 필요한데 반짝 세일을 한다면, 싼 값에 구입할 수 있는 기회가 주어지므로, 세일 때마다 백화점에 사람이 넘쳐난다.

그러나 만약 값이 아직도 너무 비싸거나 아니면 본인이 생각하는 소득 수준이 아직 낮다고 생각하면 구입을 미룰 수도 있다. 문제의 핵심은 결국 그 가격에서 소비자가 얼마나 큰 효용 또는 만족감을 얻을 수 있느냐. 그럼 이제 시장의 균형이 이루어지는 점에서 과연 소비자가 얼마나 큰 효용을 얻을 수 있는가를 살펴보도록 하자. 또한 시장의 균형가격에서 생산자는 얼마나 큰 효용을 얻을 수 있는가를 살펴보자. 소비자의 효용과 생산자의 효용을 합하면 사회전체가 얻을 수 있는 효용이 결정되고, 이것은 곧 사회후생이라고 한다. 생산자의 효용은 생산자가 얻게 되는 이윤과 같은 개념이다. 만약 시장의 균형을 통해서 얻게 되는 소비자의 효용과 생산자의 잉여가 가장 많아진다면 사회후생도 가장 크게 되고, 시장에서의 자원배분이 효율적이라고 할 수 있다.

 ## 뷔페가 좋은 이유

"나는 생선회가 좋겠다." "엄마, 갈비 집에 가요. 그래도 고기가 좋은 것 같아."
"에이, 맥도널드 가면 좋을 텐데……." "아냐, 할머님이 계시니 아무래도 한식
으로 가자." "나는 한식은 싫은데……. 매일 먹잖아요."

어쩌다 가족이 모두 외식 한번 하려면 장소를 선택하기가 무척 힘들다. 모두
다 취향이 제각각이기 때문이다. 한 녀석이라도 틀어지면 아무리 음식이 좋아
도 그날은 날려버리는 셈이다. 그렇다고 한 번 꺼낸 일을 접을 수도 없다. 가장
은 이래저래 힘들기만 하다.

이럴 때 어떤 선택이 가능한가? 가장 편한 결정은 뷔페를 선택하는 것이다. 아니
면 아이를 설득해서 한 번은 큰 녀석의 뜻을 따라 갈비 집에 가고 또 한 번은 맥
도널드를 가기로 하는 것이다. 그러나 이것 역시 결과적으로는 뷔페를 선택하는
것과 같다. 시차를 두고 여러 음식을 먹는 것이니까. 따라서 몇 가지 음식을 골고
루 먹는 것이 가장 현명하다는 결과가 된다. 의사들이 권하는 것처럼.

그런데 오늘은 경제학자도 여러 음식을 골고루 먹으라고 권하고 싶다. 건강 때
문이 아니다. 경제학적 관점에서도 타당한 논리가 있기 때문이다. 뷔페가 더 싸
기 때문이 아니라 음식으로부터 얻는 만족감이 더 크기 때문이다. 생선회 한 가
지만을 많이 먹는 것보다 이것저것 조금씩 맛보는 것이 더 즐겁지 않은가.

뷔페에 가면 사람마다 많이 먹는 음식이 다르다. 자신이 제일 좋아하는 것을
먼저 선택하고 싫어하는 것은 적게 먹는다. 일단 비용은 모두 지불했지만 '소화
능력'의 한계 때문에 제한된 음식을 선택하게 된다. 이것은 만족을 극대화하려
고 노력하는 경제 원리와 같다. 한사람이 5만원을 내고 뷔페에 가서 음식을 선
택하는 경우를 먼저 생각해보자. 갈비, 초밥, 샐러드의 세 가지를 선택했다. 첫
'입'에 얻을 수 있는 만족감의 크기를 숫자로 표시해보자. 갈비 한 '입'으로는
120, 초밥은 100, 샐러드로는 80의 만족을 얻는다면 어떤 음식을 먼저 집어야
할 것인가? 당연히 갈비를 선택해야 한다.

이렇게 소비에서 얻게 되는 만족감, 즉 행복을 경제학에서는 효용이라고 말한

다. 이제 두 번째 먹을 음식의 효용을 측정하자. 한 단위 더 소비할 때마다 얻게 되는 효용의 증가분을 한계효용이라고 부른다. 갈비는 이미 한 번 먹었으니 두 번째에서 얻을 수 있는 만족감은 120보다는 작아지지 않을까. 한계 효용이 점차 줄어들기 때문이다.

소비가 증가할수록 한계효용은 줄어들게 마련이다. 따라서 갈비만 계속 먹으면 추가적인 만족감은 점차 감소하고 어느 수준에서는 갈비보다 초밥을 맛보는 것이 더 좋은 상태가 된다. 초밥을 많이 먹으면 이번에는 초밥의 매력도 떨어지겠지. 그러면 샐러드를 찾는다. 그래서 갈비만 계속 먹는 것보다 초밥과 샐러드를 골고루 먹는 것이 한 끼의 식사를 더 근사하게 한다.

이렇게 한계효용을 좇아서 선택하다 보면 결국은 여러 가지를 골고루 조합하는 것이 가장 현명한 결정이 된다. 처음에는 한계효용이 가장 큰 것을 먼저 선택하고 점차 여러 재화의 한계 효용이 같게 되는 조합을 만들어나가는 것이다. 한 가지를 선택할 때마다 늘어나는 효용을 크게 해야만 전체 효용의 합계도 극대화되지 않겠는가. 결국은 모든 음식의 한계효용이 같도록 먹어야 가장 큰 만족을 얻는다. 이것을 한계효용 균등의 법칙이라고 한다.

정갑영, "나무 뒤에 숨은 사람", (21세기북스, 2012), pp. 120-122 일부 인용

소비자잉여

수요의 정의를 다시 한 번 생각해 보자. 일정한 가격이 주어졌을 때 소비자가 구입할 용의가 있는 양을 수요라고 정의한다. 예를 들어, "라면의 가격이 1,000원이라면 5개를 구입할 용의가 있고, 라면 값이 800원이라면 8개를 구입할 용의가 있을 때" 두 점을 연결하면 수요곡선이 된다. 이 과정에서 라면의 가격 이외 다른 모든 요인은 일정하다고 가정한다. 그런데 만약 가격이 1,000원일 경우에도 구입할 용의가 있었는데, 시장에서의 균형가격이 800원이라면 소비자는 당연히 800원에 구입한다. 그리고 200원만큼의 이익을 보는데, 이것을 소비자잉여consumer surplus라고 부른다. 소

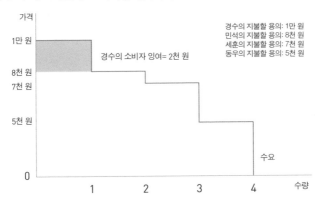

비자잉여는 시장에서의 가격이 낮아질수록 더 많아진다.

　　소비자잉여는 소비자가 지불할 용의가 있는 가격willingness to pay에서 시장가격을 차감한 것이다. 예를 들어, 아주 마음에 드는 볼펜이 있어서 5,000원을 주고 살 용의가 있는데, 실제 문구점에서는 1,000원에 판다면, 소비자잉여는 4,000원이 된다. 혼자 마음속으로 5,000원까지 지불할 용의가 있었는데, 1,000원만 지불했으니까 얼마나 대박인가. 소비자잉여는 소비자의 최대 지불 용의가 있는 금액에서 실제로 지불한 금액을 차감한 것이다. 소비자의 관점에서는 당연히 소비자잉여를 극대화하는 것이 합리적인 소비가 된다.

　　<그림 7-1>은 가장 기초적인 수요곡선이라고 할 수 있다. 수요곡선을 자세히 살펴보면 상품의 가격이 8,000원일 경우 경수, 민석, 세훈, 동우 네 사람 중 경수만 상품을 살 의사가 있음을 확인할 수 있다. 만일 가격이 7,000원으로 떨어진다면 민석이도 상품을 구입하려고 할 것이고 결국 시장에서 상품 두 개가 거래된다. 즉 상품의 가격이 8,000원과 10,000원 사이라면 경수만, 7,000원과 8,000원 사이라면 경수와 민석이가 구입을 하게 된다.

시장의 수요곡선도 이와 같은 연장선상에서 생각할 수 있다. 실제 시장에는 수많은 수요자가 있기 때문에 이를 모두 합하면 시장의 수요곡선이 된다. 각 소비자들의 지불할 용의와 수요곡선이 주어진다면 소비자 잉여를 계산할 수 있다.

다시 위의 예제를 가지고 생각해보자. 시장에서 상품의 가격이 <그림 7-1>처럼 8,000원이라고 해보자. 경수는 상품의 가격이 10,000원이라도 살 생각이 있는데 8,000원이라면 흔쾌히 상품을 구입할 것이다. 그때 경수는 2,000원의 소비자잉여를 누리게 된다.

▼ 그림 7-2 지불용의에 따른 개별 소비자잉여

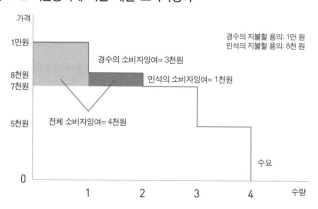

만약 상품의 가격이 <그림 7-2>와 같이 7,000원이라면 민석이도 상품을 구입하게 된다. 민석이는 상품이 8,000원이어도 구매할 의사가 있기 때문에 상품의 가격이 7,000원이라면 1,000원의 소비자잉여를 누리게 된다. 동시에 경수도 3,000원의 소비자잉여를 누리게 된다. 같은 논리로 상품의 가격이 5,000원이라면 경수는 5,000원 민석이는 3,000원의 소비자잉여를 갖게 된다.

이제 일반 시장수요 곡선을 가지고 생각해보자. <그림 7-3>에 따르

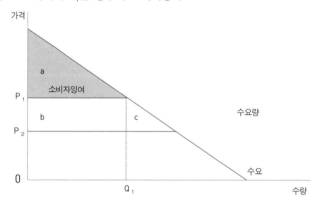

▼ 그림 7-3 가격이 P₁인 경우의 소비자잉여

면 시장에서 상품의 가격은 P_1이고 Q_1만큼 구매된 상태다. 이 때 총 소비자잉여는 개별 소비자들이 누리게 된 소비자잉여를 모두 합하면 되는데 이는 위의 그래프와 같이 삼각형으로 나타나게 된다. 앞선 예제를 다시 생각해보자. 상품의 가격이 7,000원일 때 경수와 민석이가 느낀 소비자잉여는 시장 가격인 7,000원 윗부분인 사각형으로 나타나는데 이는 개인별로 소비자잉여를 계산한 것이다. 다시 시장 전체 이야기로 돌아와서 개인이 느낀 소비자잉여를 시장 전체로 확대한다면 시장가격인 P_1의 윗부분인 삼각형으로 나타나게 된다. 만일 가격이 P_1에서 P_2로 하락한 경우 소비자잉여는 어떻게 변할까? P_1일 때와 마찬가지로 시장가격인 P_2 위의 삼각형으로 변하게 된다. 이때 최초의 소비자잉여가 a로 표기된 삼각형의 넓이만큼이고 b로 표기된 직사각형의 넓이만큼이 기존의 소비자들에게 추가로 돌아가는 소비자잉여이다. 가격이 하락함으로써 새롭게 상품을 구입하는 소비자들이 느끼는 소비자잉여는 c로 표기된 삼각형의 넓이만큼이라고 할 수 있다. 결국 가격이 하락함으로써 최초의 소비자잉여, 최초의 소비자들이 느끼는 추가적 잉여, 새로운 소비자가 느끼는 소비자잉여가 합쳐져 총소비자잉여를 이루게 된다. 가격이 P_1일 때와 비교 했을 때 b

로 표기된 직사각형과 c로 표기된 삼각형의 넓이만큼 소비자잉여가 증가했다고 할 수 있다.

이와 같이 가격이 하락하면 역시 소비자들은 후생이 증가한다. 소비자잉여가 늘어나면 사회후생도 증가한다.

🔧 자비심보다 자비로운 이기심?

"오늘 저녁 식사는 정육업자, 양조업자, 제빵업자들의 자비심 때문이 아니라 그들이 개인이익 추구 때문이다. 사람은 누구나 생산물의 가치를 극대화하는 방향으로 자신이 가진 자원을 활용하려고 노력한다. 개인이 공익을 위해 움직이는 것은 아니며, 자신이 얼마나 공익에 기여하는지도 알지 못한다. 단지 자기이익과 안전을 위하여 행동할 뿐이다. 그러나 사람들이 자신의 이익을 열심히 추구하는 가운데 '보이지 않는 손'에 의해서 원래 의도하지 않았던 사회나 국가 전체의 이익이 증대된다."

스코틀랜드에서 유복자의 아들로 태어난 애덤 스미스는 말이 적고 내성적이며 항상 우울한 편이었다. 어린 시절 유괴를 당한 기억 때문이었을까? 한 번 생각에 빠지면 다른 일은 거들떠보지도 않는 편집광이었다고 한다. 그래서 잠옷 바람으로 산책하러 집을 나가면 저녁 때나 돌아오곤 했다고 한다. 그는 생계 때문에 한때는 철도원으로, 은행원으로, 문학평론가로 전전긍긍하며 힘겨운 생활을 했다. 그러던 그가 언젠가 셰익스피어를 혹평하는 글을 썼다가 평론계에서 '스코틀랜드의 잡초'로 사라져만 했다.

그가 세인의 관심을 끌며 역사를 바꾼 경제학자로 변신하게 된 것은 당대 명문의 철학서 〈도덕정서론〉으로 명성을 날리고 부유한 공작의 개인교수로 프랑스를 여행하며 〈국부론〉을 저술한 후부터였다. 그의 메시지는 매우 간단하다. 모든 개인이 자신의 이익을 좇아 행동한다면 '보이지 않는 손'에 의해 조정이 되면서 공공의 이익은 극대화된다. 우울한 성격과는 달리 매우 낙관적인 경제철학을 제시했던 것이다. 세상에 모든 사람이 자기이익에만 몰두한다면 자연적인 조정을 통해 최대다수의 공익과 후생이 극대화되는 균형이 달성된다니 얼마나 낙천적인가.

이런 자유방임과 시장의 자동조절기능을 믿는 애덤 스미스는 "정부는 법령과 규제로 경제에 도움을 준다고 생각하지 마십시오. 차라리 자유방임 하십시오. 간섭하지 말고 그대로 내버려두십시오. '이기심이라는 기름'이 경제라는 엔진을 잘 돌아가게 할 것입니다"고 말하였다. "교수와 법관의 월급도 학생 수와 판결 횟수에 따라 결정되어야만 열심히 일한다"는 스미스의 논리는 법 제도나 국가보다도 개인의 동기가 훨씬 더 중요한 발전의 원동력이 된다는 것이다. 이해관계의 상충과 갈등은 모두 시장의 보이지 않는 손에 의해 조정되어 균형에 이른다.

물론 균형의 개념은 가격, 국민소득, 이자율, 고용과 임금, 국제수지 등 경제학의 거의 모든 분야에서 활용되고 있다. 역설적으로 모든 경제학의 문제가 균형을 찾는 문제라고도 할 수 있다. 경제학뿐만이 아니다. 다윈의 진화론도 애덤스미스의 영향을 받아 "생존경쟁이 얼핏 보기엔 잔혹하고 무질서하지만 전체적으로는 진화하고 발전해간다"고 말했다고 한다.

물론 모든 경제문제가 시장의 보이지 않는 손에 의해서 균형을 이루는 것은 아니다. 때로는 정부 개입이 불가피한 경우도 있지만, 시장경제의 근본은 보이지 않는 손에서부터 시작된다.

정갑영, "나무뒤에 숨은 사람", (21세기북스, 2012), pp. 234-236에서 일부 인용.

생산자잉여

소비자잉여와 동일한 방법으로 생산자잉여도 분석할 수 있다. 생산자잉여 역시 생산자가 공급할 용의가 있었던 가격에서 시장가격을 차감한 것이다. 공급곡선에서도 수요곡선과 마찬가지로 각 거래량에서 공급자가 받아들일 수 있는 최저가격의 수준이 있다. 공급자의 최저가격은 기회비용이 되고 '판매할 의향이 있는willingness to supply' 공급량을 결정한다. 생산자잉여는 곧 공급자의 총수입에서 기회비용을 뺀 나머지 금액, 즉 경제적 이윤이 된다.

▼ 그림 7-4 공급곡선과 생산자잉여의 예(가격이 6만 원일 경우)

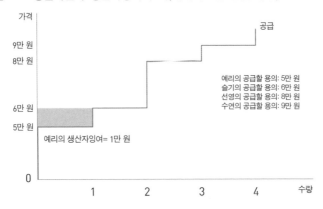

여기에서 경제적 이윤과 기회비용을 다시 한 번 살펴볼 필요가 있다. 회계상의 이윤은 가격에서 생산비를 차감한다. 예를 들어 가격이 1,000원이고 생산비가 500원이라면 이윤은 500원이 된다. 그러나 경제적 이윤은 다른 곳에 투자해서 얻을 수도 있었던 이익을 고려한 기회비용의 개념으로 파악할 수 있다. 경제적인 이윤을 분석할 때는 반드시 기회비용을 고려해야 한다.

<그림 7-4>를 살펴보면 상품의 가격이 50,000원 이하라면 아무도 상품을 공급하지 않고 50,000원이면 예리, 슬기, 선영, 수연 네 사람 중 예리만 시장에 상품을 공급할 용의가 있음을 알 수 있다. 수요곡선 때와 마찬가지 논리로 60,000원일 때는 예리와 슬기가 80,000원일 때는 예리, 슬기, 선영이가 90,000원일 때는 네 명 모두 상품을 공급하게 된다. 생산자잉여도 소비자잉여와 같은 논리로 계산할 수 있다. 만일 시장에서 상품의 가격이 60,000원이라면 예리는 50,000원에도 상품을 공급할 용의가 있었기 때문에 10,000원의 생산자잉여를 누리게 된다.

만일 상품의 가격이 <그림 7-5>처럼 80,000원으로 상승한다면 슬기도 상품을 공급하게 된다. 상품의 가격이 변한다면 소비자잉여일 때와 마

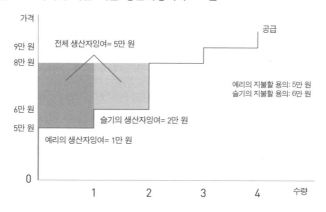

찬가지로 예리의 소비자잉여는 30,000원으로 늘어나게 된다. 결국 공급자의 경우에는 가격이 올라갈수록 효용과 잉여가 늘어나게 된다. 시장공급곡선이 주어진 경우에도 수요곡선이 주어진 경우와 마찬가지로 생각할 수 있다.

그렇다면 사회의 총효용은 무엇일까? 사회 전체는 소비자와 생산자로 구성되어 있으므로 사회 전체의 총효용, 또는 후생은 소비자잉여와 생

▼ 그림 7-6 시장의 균형과 소비자·생산자잉여

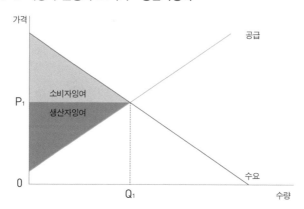

산자잉여를 합한 것이다.

종합하여 보면 소비자잉여는 가격이 하락하면 증가하고 생산자잉여
는 가격이 상승하면 증가하게 된다. 시장곡선이 주어졌을 때 소비자잉여
와 생산자잉여를 생각해보면 주어진 균형가격 위쪽으로 소비자잉여 아래
쪽으로 생산자잉여가 나타난다. 즉 <그림 7-6>과 같이 수요와 공급이 만
나 균형가격이 결정되면 소비자는 위쪽 삼각형만큼의 잉여를, 생산자는
아래쪽 삼각형만큼의 잉여를 누리게 되며 이를 모두 합하면 사회전체의
후생, 효용이 되는 것이다. 한 가지 생각해 볼 것은 생산자잉여와 소비자
잉여의 합이 시장의 균형가격에서 가장 크다는 점인데 각자 한 번 이유
를 생각해보면 큰 도움이 될 것이다.

정부가 시장에 개입하여 규제를 하면 항상 부작용이 나타나며 직접
적으로 시장의 균형가격에서 얻게 되는 소비자잉여와 생산자잉여가 감소
하는 경우가 많다. 최저가격이나 최고가격도 마찬가지다. 다시 말하면 시
장에서 결정되는 균형가격에서의 균형 수급량이 사회 후생을 가장 극대
화시킨다. 이러한 관점에서 시장을 통한 자원배분은 효율적이라고 할 수
있다.

기업과
시장구조

생산비와 한계수입

기업은 경제에서 생산을 담당하며 이윤을 추구한다. 소비자가 자신의 효용을 극대화하기 위해 소비를 하듯이 기업도 이윤을 추구하며 생산 활동을 한다. 일부에서는 기업의 이윤추구를 반사회적인 활동으로 여기는 경우도 있으나, 그것은 극히 예외적인 경우에 해당한다. 실제로 기업이 이윤을 만들어내지 못하고, 적자가 나면 어떻게 될까? 당연히 파산하게 되고, 은행이나 회사채를 매입한 투자자들이 막대한 손실을 입게 된다. 기업이 파산하면 고용을 창출할 수 없을 뿐만 아니라 사회적으로 막대한 비용을 수반한다. 공기업의 경우도 마찬가지다. 손실이 나면 결국 공적자금이 투입되는데, 이것 역시 국민의 부담이 된다.

기업이 이윤을 창출하려면 먼저 생산비와 판매수입을 고려해야 한다. 즉, 이윤은 총수입에서 총비용을 공제한 것이다. 생산비는 낮게 유지할수록 바람직하고, 총수입은 많을수록 이윤 창출에 기여한다. 총수입은 가격과 판매량을 곱하면 된다. 가격이 일정하면 아주 간단히 계산할 수 있고, 가격이 변동할 경우에도 쉽게 파악할 수 있다. 한편 비용은 생산하기 위해 투입된 원자재 등의 생산요소를 구입하기 위해 지불한 비용이다.

이 장에서는 먼저 기업의 생산비가 어떻게 구성되는가를 살펴보자.

기업이 이윤을 극대화하는 과정에서도 한계의 개념이 도입된다. 먼저 한계수입을 생각해보자. 한계수입은 기업이 한 단위 추가적으로 판매할 때마다 추가적으로 더 들어오는 수입을 말한다. "한계"의 개념은 항상 추가적으로 한 단위 변동할 때, 종속변수가 어떻게 변화하는가를 말한다. 즉 한계수입marginal revenue; MR은, 판매량이 한 단위 늘어날 때 총수입이 얼마나 늘어나느냐를 말한다.

생산비를 분석해보면 어떤 점에서 기업이 이윤을 극대화할 수 있는지를 쉽게 알 수 있다. 이것은 뒷장에서 더 자세히 다루겠지만, 한계수입(MR)과 한계비용(MC)이 일치되는 점에서 이윤이 극대화된다. 왜 MR=MC에서 이윤이 극대화될까? 기업이 한 단위 추가적인 판매를 통해 얻게 되는 한계수입(MR)이 추가적으로 소요되는 비용(MC)보다 커야만 판매량 증가에 따른 이윤이 증가할 수 있기 때문이다.

생산함수는 생산요소와 산출량 사이의 관계를 함수로 표기한 것으로 노동 및 자본 단위의 증감에 따라 산출량과 생산량의 변화를 알 수 있다.

이때 증가된 양을 한계생산물marginal product; MP, 또는 한계생산성이라고 한다. 한계생산물은 생산요소의 투입량이 늘어나면 늘어날수록 점차 체감하는 성질을 갖고 있다. 이것을 한계생산물 체감의 법칙이라고 한다. 왜 이런 현상이 나타날까? 실제 모든 조건이 동일한 상태에서 노동량을 한 단위씩 지속적으로 늘려 보는 실험을 한다면 어떻게 될까?

추가적인 노동투입에 따라서 증가되는 산출물(한계생산물)은 일정 구간까지는 증가할 수도 있겠지만, 어떤 점을 넘어서는 불가피하게 체감할 수밖에 없을 것이다. 모든 노동자의 능력이 동일할 수도 없고, 노동자 1인당 주어지는 여러 도구나 시설 등 1인당 자본의 양이 노동투입이 증가할수록 점차 줄어들기 때문이다. 또한 생산기술의 한계 때문에 무조건 생산요소만 투입한다고 해서 생산량이 계속 비례해서 늘어나는 것은 아니다. 그러니까 한계생산물의 체감은 생산요소의 투입량이 증가하면 증가할수록, 절대 생산량은 늘어나는 것이 일반적이지만, 그 늘어나는 증가 폭이 점차 체감하는 것을 말한다. 이런 현상을 한계생산물 체감의 법칙이라고 한다.

실제로 생산함수는 블랙박스와 같다. 그 블랙박스 속에는 기업의 기술, 경영 능력, 여러 가지 노하우가 다 들어 있다. 그것을 모두 반영해서 수학적으로 간단히 표기하는 것이 생산요소의 투입과 산출량 사이에 함수적인 관계이며, 이것을 생산함수라고 말한다.

이제, 비용의 개념에 대해서 살펴보자. 먼저 고정비용fixed cost; FC은 생산량에 상관없이 지속적으로 지불해야 하는 일정한 비용이다. 대표적인 고정비용은 건물의 임대료이다. 임대료는 생산량이 적다고 해서 부담을 줄일 수 없고, 생산을 전혀 하지 않아도 지불해야만 한다. 경우에 따라서는 폐업을 해도 계약이 만기될 때까지 지불해야 한다. 이렇게 생산량에 관계없이 일정하게 정해진 비용을 고정비용이라고 한다. 반면 생산량의 변화와 함께 변동하는 비용을 가변비용variable cost; VC이라고 한다. 생산량을 증가시키려면 노동이나 다른 생산요소의 투입을 함께 증대시켜야만 한다. 생산요소 투입을 늘리면 비용도 당연히 변화하게 되는데 이러한 종류의 비용을 가변비용이라고 한다. 생산요소에는 노동과 자본, 토지 등이 있는데 대체로 고정비용은 토지나 건물에 관련된 비용이고, 임금이나 이자 등 다른 생산요소의 비용은 가변비용에 해당된다.

총비용은 고정비용과 가변비용을 모두 합한 것이다. 따라서 총고정비용은 total fixed cost, TFC, 총가변비용은 total variable cost, TVC, 총 비용은 TC라고 한다면 TC = TFC+TVC가 된다. 한편 평균비용average cost; AC은 산출량 한 단위를 생산하는 데 소요되는 비용을 말하므로 총비용을 생산량을 나눈 값이 평균비용이 된다. 또한 총고정비용을 산출량으로 나누면 평균 고정비용(AFC)이 되고, 총가변비용을 산출량으로 나누면 평균 가변비용(AVC)이 된다.

▼ 표 8-1 생산비용의 예시

(단위: 만 원)

산출량 (Q)	고정비용 (FC)	가변비용 (VC)	총비용 (TC)	평균 고정비용 (AFC)	평균 가변비용 (AVC)	평균 총비용 (AC)	한계비용 (MC)
0	100	0	100	–	–	–	–
5	100	20	120	20.00	4.00	24.0	4.0
15	100	40	140	6.67	2.67	9.3	2.0
23	100	60	160	4.35	2.61	7.0	2.5
27	100	80	180	3.70	2.96	6.7	5.0
29	100	100	200	3.45	3.45	6.9	10.0
30	100	120	220	3.33	4.00	7.3	20.0

정보재와 네트워크 효과

정보통신과 방송의 융합이 빠른 속도로 이루어지고 있다. 스마트폰의 보급과 트위터, 페이스북 등 사회적 네트워크가 심화 · 발전되면서 네트워킹 전략이 또다시 주목을 받고 있는 것 같다. 원자재뿐 아니라 완제품까지 네트워크를 탈 수 있는 정보재(information goods)의 확산도 이를 뒷받침하고 있다.

정보재는 디지털로 전환이 가능한 모든 재화와 용역을 말한다. 최근 IT 기술의 발달로 정보재로 전환될 수 있는 상품의 범위가 급속도로 확산되고 있다. 간단한 문자에서부터 시작된 정보재는 CD, USB, DVD 등 각종 저장기기의 발달과 네트워크 서비스의 개발로 영화에서 책과 신문 등에 이르기까지 영역이 끝없이 확장되고 있다.

나아가 3차원 영상의 구현으로 네트워크의 입체효과도 크게 향상되고 있다. 또한, 제품 자체가 정보화되지 않으면 웹스토어와 같은 유통 채널을 개발하면서 네트워크 효과를 누릴 수 있게 되었다. 전체 산업의 흐름에서 보면 원자재, 완제품, 유통, 사후관리에 이르기까지 모든 단계에서 정보화와 네트워크 효과가 폭발적으로 일어나는 것이다.

이러한 변화를 경제학적 측면에서 분석해보면 정보재와 네트워크의 힘은 역시 비용에 있다. 재화나 서비스를 디지털화 하면 추가적인 생산비가 의미가 없게 된다. 즉, 한계 생산비가 거의 0에 가깝게 된다. 예를 들어 디지털을 활용하여 첫 작품을 만드는 비용은 많이 들어갈 수 있지만, 그 재화를 복사하여 추가적으로 만드는 한계비용은 엄청나게 저렴하다. 영화는 물론 컴퓨터로 보고, 듣고, 즐길 수 있는 거의 모든 재화의 한계비용이 0에 가까운 것이다. 따라서 정보재의 영역에서는 공짜로 공급되는 게 수없이 많아지고 있다. 요즘 인터넷이나 스마트폰, 아니면 다른 네트워크에서 공짜로 구할 수 있는 게 수없이 많지 않은가. 물론 이런 변화로 매출원이 줄어들어 곤경에 처하거나 머지않아 문을 닫아야 할 비즈니스도 엄청나게 증가할 것이다.

그러나 다른 한편으로 네트워킹이 주는 장점도 무한히 많다. 공짜는 공짜대로 즐기면서 자본, 기술, 세계적인 유통망이 없어도 손쉽게 네트워킹을 활용해 뛰어들 수 있는 영역도 엄청나게 많아졌다. 경쟁은 치열해졌지만, 동시에 시장진입의 장벽도 많이 줄어든 셈이다. 다만 누가 효율적으로 네트워크를 이용하느냐에 따라 성패가 좌우된다. 특히 기술이나 유통에서 시장 지배력을 갖고 있지 않은 경쟁기업들에는 더욱 그러할 것이다. 닷컴 거품 붕괴 이후 10년 만에 다시 한 번 정보재와 네트워킹의 르네상스가 도래한 셈이다.

정갑영. "열보다 더 큰 아홉", (21세기북스, 2012), pp. 243-245에서 일부 인용.

이제 비용에도 한계의 개념을 적용해보자. 산출량을 한 단위 증가시킬 때마다 늘어나는 비용을 한계비용이라고 한다. 한계비용은 간단한 수식으로 표시하면 분모가 산출량의 변화, $\triangle Q$가 되고, 분자는 총비용의 변화, $\triangle TC$가 된다. 한계비용은 생산량이 일정한 점을 지나가면 점차 체증하게 된다. 그런데 최근 IT 기술이나 네트워크 기술이 많이 발달됨에 따라서 한계비용이 반드시 체증하지 않고, 오히려 감소하는 경우도 나타난다. 예를 들어, 음악이나 영화를 녹화할 경우를 생각해보면 처음 만들 때는 비용이 많이 들어가지만, 두 편, 세 편, 여러 편을 만들 때에 추가적으로 소요되는 한계비용은 점차 감소한다. USB나 CD로 복사를 하면 생산량이 증가할수록 오히려 한계비용이 감소할 수 있다. 결국 이런 산업에서는 많이 생산할수록 비용에 우위에 있기 때문에 생산량이 많은 대기업이 시장을 많이 점유하는 사례가 발생할 수 있다.

그러나 전통적인 제조업에서는 대체로 비용곡선이 <그림 8-1>과 같이 표시된다. 한계비용(MC)은 생산량이 늘어남에 따라서 점차 체증하고, 평균 고정비용은 생산량이 증가함에 따라 지속적으로 감소한다. 생산량이 아주 적을 때에는 평균고정비용이 크지만, 총고정비용인 분자는 정해져 있고 분모가 계속 늘어나니까 평균고정비용은 점차 우하향 하는 곡선이 된다.

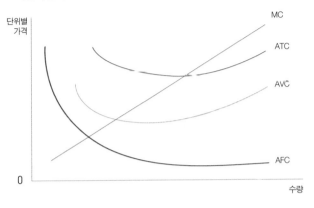

평균비용과 한계비용

평균총비용average total cost; ATC 또는 AC은 평균가변비용(AVC)과 평균고정비용(AFC)의 합계이므로 U자 형태로 그릴 수 있다. 여기에서 한계비용(MC)과 평균비용(AC)의 관계를 유의해서 살펴볼 필요가 있다.

한계비용은 생산량이 증가함에 따라서 증가한다. 예외적인 경우도 있지만, 생산량이 증가하면 대체로 한계비용은 증가한다. AC는 U자형인데, 이것은 증가하면 증가할수록 일정 구간까지 AC가 감소하다가, 그 점을 지나서는 다시 증가하는 현상을 나타낸다. 초기에는 생산량이 증가하면 평균 총비용이 내려오다가, 생산량 규모가 일전수준보다 많아지면 U자의 오른쪽처럼 올라가게 된다.

한계비용(MC)과 평균비용(AC)은 여러 가지 유기적인 관계가 있는데, 한계비용이 평균비용보다 작을 때, 즉 MC < AC는 생산량이 증가할수록 평균비용이 내려간다. 반대로 한계비용이 평균비용보다 클 때, 즉 MC > AC일 경우에는 생산량이 증가할수록 평균비용이 증가한다. 이 결과 한계비용(MC)은 항상 평균비용(AC)의 최소점을 지나게 된다.

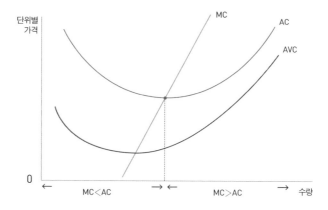

<그림 8-2>에서 먼저 한계비용이 평균비용보다 작은 경우를 살펴보자. 하나 더 생산하는 데 만 원이 들어가는데, 현재의 평균비용은 한계비용보다 큰 경우이다. 즉, 하나 더 생산하면 만 원이 들어가는데, 현재 평균비용은 만 원보다 더 비싼 이만 원이 드는 상태다. 이 상태에서는 생산량이 한 단위 늘어나는 데 추가되는 소요비용이 평균비용보다 작으므로 당연히 이런 구간에서는 생산을 증가시키면 평균비용이 떨어진다.

반대로 한계비용이 평균비용보다 클 때를 생각해보자. 하나 더 생산하는 데 이만 원이 들고, 현재 생산의 평균비용은 만 원이라고 하자. 한 단위 더 생산하면 한계비용만큼 비용이 추가되고, 결과적으로 한 단위 더 생산한 후의 평균비용은 상승하게 된다.

평균비용이 가장 최소화되는 점에서의 생산량을 효율적 생산규모 efficient scale라고 한다. 기업의 관점에서는 평균비용이 가장 최소화되는 점에서 생산해야 가장 효율적이고, 사회적으로도 비효율이 발생하지 않는다. 어느 기업이 그 비용보다 더 낮게 생산할 수 있는데도 불구하고 높은 비용에서 생산한다면, 사회적으로 비효율이 발생하고 그 기업의 이윤에도 긍정적인 영향을 미치지 않는다. 더 비용을 낮출 수 있는데도 높은 비용에서 생산하기 때문이다. 따라서 평균비용이 최소화되는 생산 규모, 즉, 효율적 생산규모의 개념이 여러 관점에서 매우 중요하다.

비용은 기간에 따라 단기와 장기로 구분할 수 있다. 장기에는 모든 것이 변동할 수 있으므로 고정비용이 존재하지 않는다. 생산시설이나 규모가 단기에 일정하다고 가정하면 고정비용이 발생하지만, 시간이 지나면 생산시설 자체도 변화하기 때문에 모든 비용이 가변비용으로 분류되고, 장기에는 고정비용이 존재하지 않는다. 모든 생산요소는 장기에는 가변적이다.

한편 규모의 경제economies of scale는 생산 시설을 늘리면 늘릴수록, 평균 비용이 떨어지는 현상을 말한다. 예를 들어, 자동차나 전화 통신 서비스 등이 여기에 해당된다. 대규모 투자가 필요한 산업으로 대량으로 많이 공급할수록 평균비용이 감소한다. 반면 규모의 비경제는 생산시설을 늘리면 늘릴수록, 평균비용이 증가하는 경우를 말한다. 이런 경우는 규모를 증가시키는 것이 오히려 비용을 상승시키게 된다. 규모의 경제가 없다면 생산규모를 늘려도 평균 생산 비용은 변화가 없는 경우를 말한다.

Chapter 09 경쟁시장

 ## 커피 씨를 두 개 심는 이유

기후 조건이 좋은 지역에는 항상 귀한 나무가 자라게 마련이다. 푸른 초원이 가득한 에티오피아에서도 가장 흔하게 볼 수 있었던 작물이 바로 커피나무다. '에티오피아 커피'는 들어보긴 했다. 하지만 이곳이 바로 커피의 원산지라는 사실은 처음 알게 되었다. '카파(Kaffa)'라는 지역이 바로 자연산 커피의 원조가 자랐던 곳이라고 한다. 아프리카 원산지의 커피가 세계 전역으로 퍼져 나간 것이다.

고작해야 간 커피나 끓인 커피를 먹는 우리에게는 커피나무를 보는 것도 빨간 버찌나 체리처럼 익은 커피 열매를 보는 것도 모두 신기하기만 했다. 커피나무의 종묘를 길러내는 과정도 매우 인상적이었다. 종이컵 크기의 작은 모래주머니에 커피 씨를 두 개씩 심고 있는 주민에게 그 이유를 물으니 "몇 달 뒤 잘 자란 묘목만 고르고 다른 하나는 버린다"는 것이다. 그렇다면 하나만 심으면 충분할 텐데 왜 하필 두 개를 심는 것일까?

이 의문은 몇 년 후 브라질의 한 커피 농장을 방문하면서 풀리게 되었다. 에티오피아보다는 훨씬 전문적으로 현지에 정착한 일본인이 경영하는 대규모 커피 단지라서 자동차를 타고 돌아다녀야만 했다. 커피의 상태에 대해 접해본 일이 없는 터라 생소한 것들이 하나둘이 아니었다. 하지만 이곳에서도 커피나무의 종묘 과정은 매우 특이했다. 역시 작은 용기에 커피 씨를 두 개씩 심고 일정 기간이 지난 뒤 잘 자란 것 하나만을 선택하는 것이었다.

"왜 하필이면 두 개의 씨앗을 심습니까?"

그 답변은 전혀 뜻밖이었다.

"경쟁해야 하니까요."

수십 년간의 경험을 통해 한 개보다는 두 개를 심어야 잘 자란 종묘 하나를 얻을 수 있다는 것이다. 하나는 절대 크게 자라지 않고 세 개 이상도 좋은 결과를 얻지 못했다는 것이다. 그 작은 주머니는 두 개의 씨앗이 서로 경쟁하며 자라기에 적합한 공간이기 때문이라는 것이다.

동식물의 생태를 사회현상에 적용하는 경우가 많지만 선뜻 믿어지지 않았다. 아마도 생물학적으로는 또 다른 이유가 있을지 모르겠다. 그러나 농장 주인으로서는 경쟁의 결과 우량한 종묘를 얻을 수 있다니 두 개의 씨를 뿌리는 것이 너무나 당연한 선택이다. 이런 현상이 어디 커피뿐이랴. 소비자에게도 독점보다는 경쟁이 좋은 것 아니겠는가.

구멍가게도 하나보다는 둘이 있을 때 더 좋은 서비스를 받는다. 항공사도 통신 서비스 역시 경쟁을 해야 무언가 달라지지 않는가. 가격과 품질과 서비스가 역시 하나보다는 둘이서 경쟁을 할 때 더 좋아지는 것이다. 이것은 경제학의 또하나의 십계명이다. 우리나라에서도 통신 서비스는 물론 항공 운송 서비스도 경쟁 체제로 바뀌면서 달라졌다. 자동차나 가전제품도 경쟁하기 때문에 좋아진 것 아니겠는가.

거대한 공기업의 민영화에도 똑같은 논리가 적용된다. 전력과 통신 등 거대한 공기업의 독점체제를 경쟁할 수 있는 체제로 바꾸어 주자는 것이다. 경쟁을 통해 경영의 효율성이 증가하고 그 혜택은 소비자인 국민과 종업원인 근로자에게 돌아간다는 당위성을 어떻게 반박할 수 있겠는가. 역설적으로 독점화된 공기업의 비효율성은 국민경제에 그대로 전가되어 국민이 부담하게 된다.

시장에서는 기업만 경쟁하는 것이 아니다. 기업 역시 소비자의 경쟁을 유도하여 가장 좋은 선택을 유도한다.

정갑영, "나무 뒤에 숨은 사람", (21세기북스, 2012), pp. 25~27에서 일부 인용

경쟁시장의 조건

우리가 일상적으로 사용하는 휴대전화는 소수의 생산자에 의해 공급되고 있다. 반면 식탁에 오르는 대부분의 농산물은 수없이 많은 농부가 생산을 담당한다. 생산자의 수가 많고 적음에 따라 가격은 물론 시장의 균형 수급량이 달라진다. 건물도 모두 구조가 다르듯이 시장도 서로 다른 구조적인 특성을 갖고 있다. 생산자와 구매자의 수, 대체재의 유무, 재화의 특성 등에 따라 시장의 구조가 달라진다.

경제학에서 가장 널리 분석되는 시장구조가 바로 완전경쟁시장이다. 완전경쟁시장이 되려면 우선 공급자와 수요자가 엄청나게 많아야 한다. 대부분의 농산물은 여기에 해당된다. 그러나 담배의 원료가 되는 엽연초처럼 공급자는 무수히 많은데, 수요자는 담배 생산업자로 한정되어 독점이거나 소수의 업체로 구성된 과점인 경우도 있다. 즉, 공급은 경쟁적이지만 수요는 독점적인 경우도 존재한다. 완전경쟁시장은 수요자와 공급자가 모두 많아야 한다.

둘째, 완전경쟁시장에서는 공급자가 모두 동질적인 재화를 생산하고 공급해야 한다. 또 서로 완전히 대체될 수 있는 수준의 동질성을 갖고 있어야 한다. 제품의 특성은 같지만 위치나 시간에 따라 동질적이지 않은 재화도 많다. 예를 들어, 명동의 땅 한 평과 제주도의 땅 한 평은 물리적 특성이 같다 할지라도 위치가 다르기 때문에 엄청난 가격 차이가 있다. 돈 역시 동일한 액수라 하더라도 시간에 따라 차이가 나고, 이것이 바로 이자율이 존재하는 근본적인 이유가 된다.

셋째, 완전경쟁시장에서는 기업의 진입과 퇴출이 자유로워야 한다. 그 사업에 참여하여 공급하려고 하는 기업은 언제든지 들어올 수 있고, 손실이 발생하면 아무런 제약 없이 퇴출할 수 있어야 한다. 즉, 진입과 퇴출의 자유가 있어야 한다. 이 밖에도 완전경쟁시장에서는 공급자와 소비자가 재화에 대한 완전한 정보를 갖고 있어야 한다.

완전경쟁시장의 조건이 이처럼 엄격하기 때문에 현실세계에서 이 조건을 다 갖춘 완전경쟁시장의 사례를 찾기가 쉽지 않다. 완전경쟁시장에서는 공급자와 수요자가 많기 때문에, 어느 특정한 개인이나 기업이 영향을 미칠 수가 없다. 따라서 기업이나 소비자 모두 시장에서 주어진 가격을 그대로 받아들일 뿐 개별기업이나 소비자가 시장가격을 직접 결정하거나 영향을 줄 만큼 많이 공급하지 못한다. 이런 의미에서 완전경쟁시장에서는 기업은 가격순응자가 된다. 그러나 독점시장에서는 공급자가 유일하므로 독점기업이 가격결정자가 된다.

완전경쟁시장에서 개별기업은 전체 시장수요에 비해 아주 작은 생산규모를 갖고 있으므로 시장에서 주어진 가격을 그대로 수용하면서 판매를 하게 된다. 만약 시장가격보다 조금이라도 낮추어 판매하면, 그 기업의 재화에 대한 수요는 무한히 커지게 된다. 물론 공급능력이 너무 작기 때문에 시장가격보다 낮게 판매한다고 해도, 시장가격이 변동되는 것은 아니다. 따라서 개별기업이 직면하게 되는 수요곡선은 무한히 탄력적인 수평선이 된다. 여기에서 주의할 점은 시장전체의 수요는 수평선이 아니고, 당연히 우하향하는 일반적인 수요곡선이 된다. 다만 개별기업의 경우에는 그 많은 시장수요 중에 극히 일부만 충족시킬 수 있으므로, 아주 작은 구간에서 무한히 탄력적인 수평의 수요곡선에 직면하게 된다.

기업의 이윤극대화

완전경쟁시장에서 기업의 이윤은 어떻게 결정될까? 우선 이윤은 총수입에서 총비용을 차감한 것이다. 총수입total revenue; TR은 가격(P)에 판매

수량(Q)을 곱하면 된다. 총수입은 많을수록, 총비용은 적을수록 이윤이 극대화된다. 그런데 판매량이 변화함에 따라 총수입과 총비용도 변동하기 때문에 어떤 점에서 생산하는 것이 가장 이윤을 극대화시킬 수 있는가를 찾아야 한다.

이윤극대화의 조건은 한계의 개념으로 찾아야 한다. 앞에서 살펴 본대로 한 단위 더 판매할 때 얻게 되는 추가적인 수입증대를 한계수입이라고 하고, 한 단위 더 생산하기 위해서 추가되는 비용을 한계비용(MC)이라고 한다. MR>MC인 구간에서는 한 단위 추가할 때의 수입이 비용보다 크므로, 한 단위 추가생산에 따라 당연히 이윤이 증가한다.

반대로 MR<MC인 경우에는 추가적인 수입이 추가적인 비용보다 더 작으므로, 추가적인 생산은 오히려 이윤을 감소시킨다. 따라서 MR>MC에서는 생산을 늘려야 이윤이 증대하고, MR<MC인 경우에는 생산을 줄여야 이윤이 증가한다. 이윤이 극대화되는 점은 바로 MR=MC가 된다. 이것은 모든 시장에서 어떤 기업에게도 적용되는 일반적인 이윤극대화 조건이다. 따라서 경쟁시장은 물론 독점과 과점 등 모든 시장에서도 이 조건은 동일하게 적용된다.

이제 완전경쟁시장에서 구체적으로 MR을 계산해 보자. 기업은 가격 순응자이기 때문에 10개를 판매할 때나, 11개, 12개를 판매할 때 모두 시장에서 주어진 가격(P)에 판매한다. 그러나 추가적으로 한 단위 더 팔면 가격만큼 수입이 증가하고, 그것이 바로 한계수입이 되므로, 완전경쟁시장에서는 P=MR이 된다.

완전경쟁시장에서 기업의 이윤극대화 과정을 표로 설명해 보자.

맨 왼쪽의 수량은 한 개 단위로 늘어나고 있다. 물론 이것은 제품의 품질과 특성에 따라 단위를 다르게 할 수 있다. 또 한 단위를 팔았을 때 총 수입이 600원이기 때문에, 단위당 가격이 600원임을 알 수 있고, 이때의 총 비용은 500원이므로 이윤은 100원이 된다.

▼ 표 9-1 비용곡선의 예시

▼ 표 9-1 비용곡선의 예시

(단위: 원)

수량 (Q)	총수입 (TR)	총비용 (TC)	이윤 (TR-TC)	한계수입 (MR= △TR/△Q)	한계비용 (MC= △TC/△Q)	이윤의 변화 (MR-MC)
0	0	300	−300			
1	600	500	100	600	200	400
2	1,200	800	400	600	300	300
3	1,800	1,200	600	600	400	200
4	2,400	1,700	700	600	500	100
5	3,000	2,300	700	600	600	0
6	3,600	3,000	600	600	700	−100
7	4,200	3,800	400	600	800	−200
8	4,800	4,700	100	600	900	−300

이제 한계수입을 생각해보자. 한계수입은 한 단위를 더 팔았을 때의 변화이다. 그런데 <표 9-1>의 경우에는 매 단위를 더 팔 때마다 수입이 600원씩 증가하고 있기 때문에 한계수입은 600원이다. 왜 한계수입이 매 단위마다 동일할까? 앞에서 이야기했던 것처럼 완전경쟁시장에서는 기업이 가격의 수용자라서 가격과 한계수입이 일치하기 때문이다.

다음으로 한계비용을 보자. 생산을 하지 않고 수량이 0일 때의 총비용이 300원으로 나타나 있다. 8장에서 다뤘던 생산비용을 떠올려보자. 고정비용은 산출량이 없고 수입이 없을지라도 항상 들어가는 비용, 예컨대 건물의 임대료 등을 일컫는다. 따라서 우리는 위의 생산표에서 고정 비용이 300원임을 유추할 수 있고, 산출량이 0일 때에는 그만큼의 적자가 난다는 것 역시 알 수 있다. 또 이후 한 단위를 생산하게 됐을 때 총 비용은 500원이고, 이때 한계비용은 200원일 것이다. 이후에도 한 단위를 더 생산할 때마다 총비용이 얼마나 늘어났는지를 보고 한계비용을 차례로 계산할 수 있다.

조금 더 나아가 생산량이 증가할 때 이윤이 어떻게 변할지 생각해

보자. 한계수입은 한 개 더 팔았을 때 늘어나는 수입, 한계비용은 이를 위해 한 개 더 생산했을 때 늘어나는 비용이다. 그렇다면 이때 이윤의 차이는 추가적으로 늘어나는 수입에서 추가적으로 소요되는 비용을 뺀 것과 같을 것이고, 이를 위에서 배운 용어를 사용해 MR–MC로 표현할 수 있다. 이러한 이윤의 변화는 표의 맨 오른쪽 항목에서 확인할 수 있다. 5개를 생산할 때까지는 추가적으로 이윤이 늘어나기 때문에 계속 생산하지만, 6개를 생산할 때부터는 오히려 손해가 나는, 즉 한계비용이 한계수입보다 크기 때문에, 생산을 더 하지 않을 것이다. 이러한 생산비용의 분석을 논리적으로 잘 이해하면, 완전경쟁시장뿐만 아니라 앞으로 배울 독점과 과점 시장 역시 쉽게 이해할 수 있다.

다시 한 번 이윤극대화 조건을 정리하면, 한계수입과 한계비용이 일치하는 수량에서 극대화된다. MR이 MC보다 크다면 추가적으로 들어오는 수입이 추가적인 비용보다 크므로 이윤이 증가한다. 따라서 판매량 (Q)을 당연히 늘려야 한다. 반대로 MC가 MR보다 크다면, 손실이 늘어나기 때문에 생산량을 줄여야만 이윤이 증가하게 된다. 따라서 기업은 MR=MC가 되는 점에서 판매량을 결정하게 된다.

경쟁시장의 균형

이제 지금까지 설명한 내용을 그림으로 표시해보자. Y축은 가격과 비용이 되고 X축은 수량이 된다. 완전경쟁시장에서는 한 기업이 직면하는 가격(P)은 시장에서 주어지므로 수평선으로 표시된다. 시장 전체에서 수요 공급 여건이 변화하면 물론 가격은 변동할 수 있다.

한계비용(MC)을 생산량이 증가하면 추가적인 생산비가 증가하는 것

▼ 그림 9-1 완전경쟁시장에서의 이윤극대화

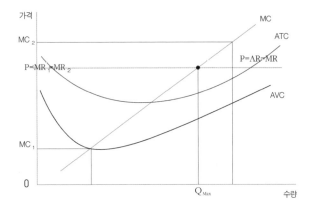

으로 가정하자. 평균가변비용(AVC)과 평균총비용(ATC)을 표시하면 <그림 9-1>과 같다. 여기에서 평균고정비용(AFC)은 표시되지 않았는데, 간단히 추론할 수 있다. 즉, 총비용(TC)은 고정비용(FC)과 가변비용(VC)의 합이고, ATC는 이것을 Q로 나눈 것이기 때문에 ATC=AVC+AFC가 된다. 따라서 AFC=ATC-AVC가 된다.

평균비용(ATC 또는 AC)은 일반적으로 U자 형태로 표시가 되고, 한계비

▼ 그림 9-2 완전경쟁시장의 단기공급곡선

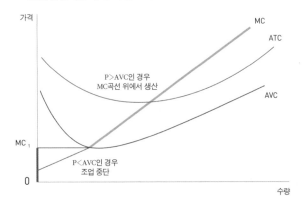

▼ 그림 9-3 완전경쟁시장의 장기공급곡선

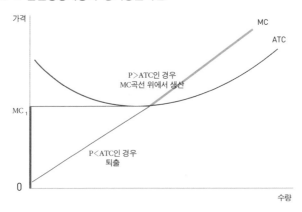

용은 반드시 AVC와 ATC의 최소점을 지난다. 왜 그럴까? 원리를 잘 생각해보면 아주 간단하다. MC>AC일 경우에는 생산량이 증가할 때마다 AC가 감소하는가, 아니면 증가하는가를 생각해보면 된다. 반대로 MC<AC인 경우에는 생산량을 증가할 때마다 AC는 어떻게 될까? 이 논리를 응용하면 MC가 AC의 최소점을 지날 수밖에 없다.

완전경쟁시장에서 기업의 균형을 찾아보자. 먼저 가격이 낮아 기업의 총수입이 가변비용보다 작을 때는 어떻게 될까? 생산, 혹은 조업을 중단하는 것이 바람직하다. 왜냐하면 생산하기 위해 노동과 원재료를 투입해야 하는데, 그렇게 해서 벌어들이는 수입이 가변비용보다 적으면 손실이 커서 감당할 수 없기 때문이다. 오히려 조업을 중단하고 고정비용만 부담하는 게 손실을 줄일 수 있다. 총수입(TR)과 가변비용(VC)을 모두 Q로 나누면, P와 AVC가 된다. 즉, P < AVC인 경우에는 조업을 중단해야 된다.

단기 조업 중단은 시장가격이 평균비용보다 낮지만, 평균가변비용을 보상할 수 있느냐의 여부에 따라 결정된다. 만약 P>AVC라면 기업은 단기에 손실을 감수하고라도 MR=MC에서 생산을 지속하는 것이 바람직하다. 그나마 손실을 조금이라도 줄일 수 있기 때문이다. <그림 9-2>에 이

를 반영해 보면 AVC보다는 가격이 높은 MC의 구간이 바로 공급곡선이
된다. P=MC=MR이 성립하므로 P가 변동할 때 기업은 MC 곡선을 따라
공급하면 이윤극대화 조건을 만족하기 때문이다. 가격이 낮아 P<AVC가
되면, 생산을 할수록 가변비용의 부담으로 손실이 늘어나므로 조업을 중
단하게 된다. AC >P >AVC 구간에서는 단기에는 손실을 감수하면서 조
업을 할 수 있지만, 장기적으로는 당연히 손실이 누적되어 기업이 존재할
수 없게 된다(<그림 9-3>). 기업은 장기적으로 일정한 이윤을 창출하지 않고
서는 존재하기 어렵다. 이윤은 TR-TC가 되고, 이 값을 Q로 나누면 P-AC
가 된다. 따라서 P가 AC보다 작은 상태에서는 기업이 이윤을 창출할 수
없다.

▼ 그림 9-4 완전경쟁시장의 장기공급곡선

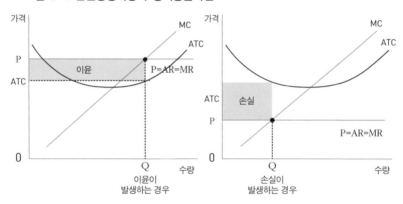

완전경쟁시장에서는 P=MR이 되므로, MR=MC가 P=MC에서 이루어
진다. 경쟁기업은 P=MC인 점에서 생산해야 이윤이 극대화된다. 또한 이
균형점에서는 P=AC가 되어 초과이윤은 발생하지 않는다. 경쟁시장에서
는 기업의 진입과 퇴출이 자유로우므로 P>AC가 되어 초과이윤이 발생하
면 신규기업의 진입이 증가하고, 공급이 늘어 가격이 하락한다(그림 9-4의

왼쪽). 반대로 P<AC인 경우에는 손실이 발생하여 기존기업의 퇴출이 발생하고, 공급량이 줄어 가격을 상승시키게 된다(그림 9-4의 오른쪽). 이 결과 완전경쟁시장의 균형은 P=MC=AC에서 이루어진다. 이 상태에서는 P=AC가 되어 이윤이 없는 상태이지만, 비용에 포함된 정상적인 생산요소의 가격(이자, 이윤 등)이 포함되어 있으므로 정상이윤은 발생한다.

이윤은 가격(P)과 수량(Q)을 곱한 총수입에서 총비용을 뺀 것과 같다. <그림 9-4>에서는, P의 아래쪽과 Q의 왼쪽으로 구분되는 큰 사각형의 전체 면적이 총수입이 되는데, 여기서 평균총비용(AC)을 제한 사각형 부분을 이윤으로 보면 되겠다. 이를 다르게 생각해보면, 위의 오른쪽 그림처럼 가격이 평균총비용보다 낮을 경우 그 차이와 수량을 곱한 사각형의 면적이 손실로 측정되는 것이다.

이렇게 완전경쟁시장의 공급곡선은 단기에는 한계비용곡선 중 평균가변비용의 위쪽, 장기에는 평균총비용곡선의 위쪽이 되는 것이고, 이러한 각 개별 기업이 결정한 공급곡선을 수평적으로 합하여 시장 전체의 공급곡선이 결정된다고 볼 수 있다.

지금까지 살펴본 대로 완전경쟁시장에서는 균형이 P=MC에서 이루어진다. 가격 P는 소비자가 재화를 구입하기 위해 지불하는 액수이다. MC는 생산자가 한 단위를 추가적으로 생산하기 위해 소요되는 비용이다. P=MC에서 균형이 이뤄진다는 것은 소비자가 지불하는 가격과 기업의 생산비가 동일하다는 의미가 된다. 어느 경제주체도 추가적인 초과이윤을 가져가지 않는다. 생산자가 소비자의 후생을 가져가지도 않는다. 이런 의미에서 공평하고fair, AC의 최소점에서 생산하므로 생산의 효율도 보장된다. 따라서 완전경쟁시장의 모형은 경제학에서 가장 이상적이고, 모든 시장분석의 기초가 된다.

Chapter 10 독점시장

독점시장의 특징

독점은 공급자가 하나밖에 없는 경우를 말한다. 물론 수요가 독점인 경우도 있지만, 일반적으로 공급이 독점인 시장을 분석한다. 독점시장에서는 생산자가 하나뿐이며 대체재도 존재하지 않아야 한다. 대체재가 많으면 독점기업이 시장에 미칠 수 있는 영향력이 크게 저하한다.

독점시장이 경쟁시장과 가장 크게 구별되는 것은 가격의 결정과정이다. 완전경쟁시장에서는 시장에서 가격이 결정되므로 개별 기업은 가격순응자이지만, 독점시장에서는 기업이 가격설정자가 된다. 독점 기업은 유일한 생산자이기 때문에, 그 기업이 얼마를 생산하느냐가 시장 전체의 공급량이 되고, 시장 수요와 만나서 가격이 결정된다. 즉 독점기업 하나가 생산량을 늘리면 시장의 공급량이 늘고, 가격을 결정하게 된다.

독점이 발생하는 근본적인 이유는 진입장벽entry barrier이다. 경쟁시장과 달리 독점시장에서는 신규 기업이 자유롭게 진입하지 못한다. 기술적인 특허를 독점하고 있거나, 인허가가 엄격하여 기존 기업 이외에는 신규

기업의 진입장벽이 매우 높기 때문이다. 자동차나 조선, 통신 등 고정투자가 많이 필요한 산업은 자본소요량 자체가 진입장벽이 된다. 경쟁시장에서는 진입장벽이 없어 누구나 원하면 자유로운 진입과 퇴출이 가능하다고 가정했지만, 독점시장에서는 진입장벽이 높아 신규 진입이 어려운 경우가 많다.

진입장벽의 유형에는 여러 가지가 있다. 독특한 생산 요소를 독점하고 있는 경우도 있고, 제도적인 진입장벽이 존재하는 경우도 있다. 특허, 저작, 지적 소유권, 그리고 특정 산업에 대해서 정부가 독점적인 공급권을 부여하는 것이 모두 여기에 해당된다. 예를 들어, 전기, 수도, 도시가스 등은 네트워크로 연결되어 있어서 수요자가 공급자를 쉽게 바꿀 수 없다. 전국적으로 공급자가 다수인 경우에도 개별 수요자의 입장에서는 공급독점이 된다.

시장에서 자연스럽게 독점이 발생할 수도 있다. 이것은 생산량이 증가할수록 평균비용이 지속적으로 하락하는 경우를 말한다. 이러한 경우에는 생산자가 아무리 많아도 결국은 생산량이 많은 규모의 경제를 갖춘 기업이 낮은 생산비를 바탕으로 시장을 확대한다. 생산량이 많은 기업이 절대적인 비용우위를 갖고 있으므로, 점차 시장을 독점하게 된다. 이런 경우를 자연독점이라고 한다. 자연독점의 경우에는 평균비용이 Q가 증가함에 따라 지속적으로 하락하고, MC 역시 AC보다 낮은 상태에서 지속적으로 하락한다(MC는 AC의 최소점을 지나야 하므로 AC가 지속적으로 하락하면 어떤 모양이 되는지 살펴보라). 자연 독점은 비용 면에서 대량 공급에 따른 절대 우위가 있어서 규모가 작은 공급자와는 경쟁이 되지 않는 상태에서 나타난다.

독점기업의 수요곡선은 경쟁기업이 직면하는 수요곡선과 전혀 다르다. 시장 전체의 수요가 모두 독점기업의 차지가 된다. 따라서 일반적으로 우하향하는 수요선이 된다. 경쟁시장에서는 개별 기업의 수요곡선이 수평이라서 가격에 어떤 영향을 줄 수 없었다. 그러나 독점시장에서는 기업이 생산량을 늘리면, 그것이 바로 시장 전체의 공급량을 늘리게 되고, 생산량이 결정되면 수요곡선과 만나서 시장가격이 결정된다. 즉 독점기업이 생산량을 늘리면, 시장가격을 하락시키게 된다.

완전경쟁시장에서는 수없이 많은 기업이 공급하기 때문에 한 기업의 생산량 증가가 시장가격에 영향을 줄 수 없었지만, 독점시장에서는 독점기업이 생산량을 늘리면 시장의 수요곡선을 따라서 가격이 하락하는 것이다. 시장에서 유일한 공급자가 판매하기 때문에, 생산량을 늘리면 자연히 가격이 하락한다.

독점기업의 이윤극대화도 한계원리를 적용하여 분석한다. 모든 기업은 이윤극대화를 위하여 MR=MC의 조건을 찾는다. 경쟁시장의 균형에서는 평균수입과 한계수입을 우리가 구별할 필요가 없다. 또한, AR=P= MR이 모두 같다. 이윤 극대화 점에서는 P=MC가 성립된다.

▼ 표 10-1 독점기업의 수요곡선

(단위: 원)

수량 (Q)	가격 (P)	총수입 (TR=QXP)	평균수입 (AR=TR/Q)	한계수입 (MR=△TR/△Q)
0	1,100	0		
1	1,000	1,000	1,000	1,000
2	900	1,800	900	800
3	800	2,400	800	600
4	700	2,800	700	400
5	600	3,000	600	200
6	500	3,000	500	0
7	400	2,800	400	−200
8	300	2,400	300	−400

독점시장에서는 공급자가 한 명이기 때문에 생산량을 늘릴수록 가격은 하락하게 된다. 위의 표를 살펴보면 공급 수량이 늘어날수록 가격이 떨어지고 있는 것을 확인 할 수 있다. 주어진 수량과 가격에서 각각 총수입과 평균수입을 구할 수 있다. 이제 한 단위를 더 생산함으로써 얻는 수

입인 한계수입을 살펴보자. 처음 생산할 때는 1,000원을 새롭게 얻을 수 있었고 2개를 생산할 때는 800원을, 3개를 생산할 때는 600원을 추가로 얻을 수 있음을 확인할 수 있다. 수량 증가에 따른 한계수입의 변화를 자세히 살펴보면 여섯 단위를 생산할 때는 추가로 얻는 수입이 0임을 알 수 있고 일곱 단위를 생산할 때는 한계수입이 마이너스임을 확인할 수 있다. 한계수입이 마이너스라는 것은 한 단위를 더 생산함으로써 오히려 수입이 감소했다는 것이므로 일곱 단위까지 생산하는 것은 비효율적인 것임을 알 수 있다. 흔히들 무조건적으로 판매 수량을 증가시키면 수입도 증가할 것이라고 생각하기 쉽다. 그러나 경제학적으로 한계수입의 측면에서 접근한다면 이는 옳지 못한 생각임을 쉽게 알 수 있다.

<표 10-1>을 그래프로 나타내면 다음과 같다.

▼ 그림 10-1 독점곡선의 수요곡선

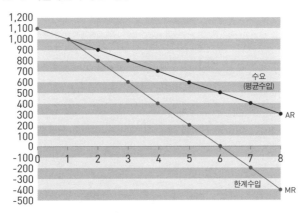

MR선으로 나타난 것은 한계수입이며 AR선으로 나타난 것은 평균수입이다. 그래프를 보면 생산 단위를 늘릴수록 한계수입이 평균수입보다 더 가파르게 떨어지고 있음을 알 수 있다. 이를 이해하기 위해 다시 평균수입과 한계수입의 정의를 떠올려보자. 평균수입이란 전체 수입을 생산량으로 나눈 것이며 한계수입은 생산을 추가적으로 할 때 늘어나는 수입이다. 결국 한계수입이 줄어드는 것의 결과가 평균수입의 감소로 나타나는데 평균수입은 생산량으로 나눈 값이기 때문에 한계수입이 줄어드는 것보디 덜 줄어들게 된다.

독점기업의 공급곡선은 어떻게 될까? 독점 기업의 가격이 주어지면 얼마를 공급하려고 할까? 이것이 바로 공급곡선이다. 그런데 정답은 독점기업의 공급곡선은 존재할 수 없다. 다시 생각해 보자. 공급곡선은 "주어진 가격하에서, 기업이 얼마를 판매하고 얼마를 생산하고 얼마를 공급하려고 하느냐, 계획하느냐, 의도하느냐?"를 나타낸다. 그런데, 독점기업은 가격이 주어진 상태가 아니라 독점기업이 스스로 가격을 설정해 나가기 때문이다. 따라서 독점기업의 공급 곡선은 존재하지 않는다.

작은 규모의 효율성

그리스 사람 탈레스는 어느 날 호박을 가지고 장난을 하다 우연히 신기한 사실을 발견하였다. 장식용로 많이 활용되던 호박을 모피에 비벼대자 이상한 기운이 나타나며 옷과 종이 등 가벼운 물건을 끌어당기는 것이었다. 죽은 광물로만 보였던 호박이 마치 살아있는 생명체처럼 어떤 힘을 만들어 주변을 끌어들였던 것이다. 이것이 전기에 대한 최초의 발견이라고 한다. 무려 BC 600년경의 일이다. 당시 호박은 그리스어로 '엘레트론(elektron)'이었다. 오늘날 전기(electricity)의 어원이 되었다.

당시에 탈레스는 물론 전기와 자기의 차이도 구별하지 못했다. 16세기에 엘리자베스 여왕의 시의였던 길버트가 마찰전기와 자기를 본격적으로 연구하였다. 프랑스 학자 뒤페가 전기에도 음과 양이 있다는 중요한 사실을 발견했다고 한다. 전기현상이 점차 신비의 베일을 벗으면서 에디슨은 1879년 전구를 개발했다. 이때부터 전기는 인류에 가장 필수적인 문명의 이기로 자리 잡았다. 오늘 하루 전기 없는 생활을 생각해보자. 당장 세상이 얼마나 깜깜하겠는가.

우리나라는 한국전력공사가 독점적으로 전 가구에 전기를 공급하고 있다. 이제 한국전력이 새롭게 신축된 가구에 전력을 추가적으로 공급한다면, 소요되는 추가적 비용, 즉 한계비용이 얼마나 될까? 거의 4천 가구에 공급하는데 한 가구에 추가적으로 공급하는 것은 전체 비용에 비하면 극히 작은 비용에 불과할 것이다.

고정비용은 큰데 전체 공급량이 늘어나면 한계비용은 점차 감소한다. 한계비용이 지속해서 낮아지면 기업은 많이 공급할수록 유리한 입장에 놓이게 된다. 간단한 사례를 생각해보자. 100가구에 공급하는 데 드는 총비용이 1,000만 원이라고 하자. 이렇게 되면 한 가구당 소요되는 평균비용은 10만 원이 된다. 이제 한 가구에 추가로 공급하는 데 들어가는 한계비용이 평균비용 10만 원보다 작은 9만 원이라고 하자. 그러면 101가구에 공급하는 총비용은 1,000만 원+9만 원이 되며, 평균비용은 1,009/101=9.99만 원이 된다. 100가구에 공급할 때보다 낮아진다. 한 가구 더 공급하여 경쟁력이 향상된 셈이다. 다시 말하면 공급량을 늘려서 규모의 경제가 발생한 것이다.

이런 현상이 지속되면 많이 공급할수록 더 유리한 상황이 전개된다. 400만 호에 공급하는 기업보다 1,000만 호에 공급하는 대기업의 평균 비용이 훨씬 더 낮아지는 것이다. 이런 상태를 그대로 놓아두면, 시장에서는 작은 규모의 기업이 살아남기 어려워진다. 따라서 많이 공급하는 대기업이 시장을 전부 차지하는 결과가 나타난다. 이를 '자연독점(natural monopoly)'이라고 한다.

자연독점은 전국적인 망이나 대규모의 설비투자가 필요한 전력, 통신, 철도 서비스 등에서 나타날 수 있다. 규모의 경제가 나타나서 공급을 늘릴수록 평균비용이 지속해서 떨어져야 하기 때문이다. 이것은 하나를 추가로 공급하는 한계비용이 평균비용보다 항상 낮아야만 가능하다.

그러나 작은 규모로 더 효율적인 공급을 할 수 있다면, 이런 현상은 나타나지 않는다. 최근 전력과 통신에서 자연독점이 무너지고 있는 것도 기술발전이 작은 규모의 효율성을 보장하기 때문이다. 그래서 작은 고추가 더 맵다고 하지 않았는가?

정갑영, "나무 뒤에 숨은 사람", (21세기북스, 2012), pp. 185-187 일부 인용

독점시장의 균형

독점기업의 이윤극대화도 경쟁시장의 기업과 동일하게 MR=MC에서 이루어진다. 이 조건은 시장구조와 관계없이 모든 기업에게 적용되는 일반적인 준칙이다. 한계수입과 한계비용이 일치하는 수준에서 생산량을 정해야 이윤이 극대화된다.

그런데 독점기업의 경우에는 MR이 경쟁기업과 다르다. 경쟁시장의 기업은 시장의 가격을 주어진 것으로 받아들이기 때문에 어떤 공급량에서도 P=MR이 된다. 즉, 한 기업이 아무리 생산량을 늘려도 시장가격에 영향을 줄 수 없으므로 시장가격은 변하지 않고, 기업의 MR도 가격(P)과 동일한 상태를 유지한다.

그러나 독점시장에서는 기업이 하나뿐이므로 독점기업이 공급량을 증대시키면 시장가격이 하락하게 된다. 다시 말하면 독점시장에서는 가격이 상수로 주어지는 것이 아니라 공급량(Q)에 따라 변화하는 변수가 된다. 공급량이 증가하면 당연히 하락하게 된다. 따라서 총수입(TR)은 가격과 공급량을 곱한 것으로, 경쟁시장에서는 P×Q가 되지만, 독점시장에서는 P(Q)×Q가 된다. 더 이상 가격 (P)가 상수가 아니라 공급량(Q)의 함수이기 때문에 P(Q)로 표기된다.

이 관계는 수학적으로 표기하면 더욱 명확해진다. 한계수입(MR)은 공급량(Q)의 변화에 따른 총수입의 변화로 1차 미분 값이므로 P가 된다. 반면 독점의 경우 총수입은 P(Q)×Q가 되는데, 이것을 Q에 대해 미분하면 P'(Q)×Q + P(Q) 가 된다. Q가 증가하면 P는 하락하므로 P'(Q) 값은 당연히 마이너스가 된다. 따라서 독점기업의 MR은 공급량이 0일 경우에는 가격(P)와 같지만, 공급량이 0보다 클 경우, P보다 작고, 공급량이 커지면 점차 P보다 더 작아지는 속성을 갖고 있다. 그림에서도 Q=0이면 MR은 가격과 같게 되어 수요곡선의 절편과 같지만, 공급량이 증가함에 따라

▼ 그림 10-2 독점기업의 이윤극대화

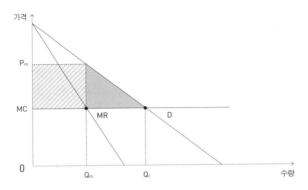

점차 가격보다 더 작은 값으로 결정된다.

독점기업의 MR 곡선을 그래프로 표시하면 위와 같다. MR이 명확해지면 이제 MC=MR이 되는 점을 찾는다. 그림에서와 같이 독점 기업은 MR=MC가 되는 Q_m 점에서 생산하는 것이 이윤을 극대화한다. Q_m에서 공급량이 결정되면 수직으로 올라가 수요와 만나는 점에서 시장가격이 결정된다. 이것이 바로 독점기업의 이윤극대화를 위한 생산량이다. 즉 독점의 경우에는 먼저 이윤 극대화를 위한 생산량을 결정하고, 이 공급량과 수요곡선이 만나는 점에서 독점 가격이 결정된다. 완전경쟁시장에서는 P= MR=MC가 모두 같지만, 독점기업에서는 MR은 MC와 같지만, 가격은 한계수입(MR)이나 한계비용(MC) 보다 높은 점에서 결정된다.

독점기업의 이윤은 얼마나 될까? 이윤은 총수입에서 총비용을 차감한 것이므로, 그림에서 빗금으로 표시된 사각형이 된다. 단위당 P_m의 가격을 받을 수 있고 MC만큼의 생산비용이 들어가므로 단위당 P_m-MC만큼의 수입을 얻을 수 있고 총 Q_m만큼의 상품을 판매할 수 있기 때문에 이를 곱한 것이 독점기업의 이윤임을 쉽게 알 수 있다.

만일 이 시장이 경쟁시장이었다면 수요곡선과 MR곡선이 일치하므로 공급량이 Q_c에서 결정되고 가격이 MC와 같음을 알 수 있다.

독점시장 • Chapter 10　129

즉, 독점시장에서는 더 높은 가격에 더 적은 생산이 이루어진다. 이에 따라 소비자의 후생도 감소하며 독점시장에서 나타나던 기업의 초과이윤은 경쟁시장에서는 나타나지 않게 된다. 결국 독점시장에서는 소비자 후생의 일부를 독점기업이 초과이윤으로 가져가게 된다. 그럼에도 불구하고, 소비자 후생을 모두 가져가지 못하고, 삼각형으로 표시된 부분과 같이 소비자도 공급자도 가져가지 못하는 후생의 손실이 생긴다. 이것은 다중적 후생손실deadweight loss이라고 한다. 시장이 독점화되면 사회가 잃어버리게 되는 후생의 손실이라고 할 수 있다.

이것은 독점이 사회적으로 바람직하지 않다는 중요한 이론적 근거가 되며, 각국 정부는 독점에 따른 폐해를 줄이기 위해 여러 정책으로 규제를 한다. 우리나라에도 독점을 규제하고, 경쟁을 촉진하기 위한 법률이 시행되고 있고, 공정거래위원회가 업무를 담당하고 있다.

Chapter 11 과점과 독점적 경쟁

 조조할인의 비밀

10여 년 전 여름 LA 공항에서의 일이다. 시카고로 가는 국내선을 타기 위해 출발 30분 전에 겨우 도착했다. 휴가철인데다 미국 경제의 호황으로 주요 항공편은 연일 만원을 이루었다. 여러 차례 예약을 재확인했지만 늦게 도착하여 노심초사하고 있었다. 그런데 아니나 다를까 체크인 카운터의 직원이 초과 예약 때문에 탑승권을 내주지 않고 기다리라고 한다. 드디어 출발 15분 전에 안내방송이 나왔다.

"유감스럽게도 예약이 초과하였습니다. 몇 분의 승객께 다음 편으로 양보를 부탁합니다. 먼저 2시간 뒤에 떠나는 항공편으로 가실 수 있는 분에게는 80달러의 보상권을 드리겠습니다."

가방을 멘 두 학생이 달려나갔다. 그래도 좌석이 모자랐던지 다시 안내방송이 나왔다.

"오늘 밤에 떠나실 수 있는 승객에게는 150달러를……."

그렇게 해서 다음 날 떠날 수 있는 사람에게 200달러를 제공하는 선에서 초과 예약은 쉽게 정리되었다. 멱살을 잡을 수 있는 험악한 상황을 돈으로 해결한 셈이다. 양보한 사람은 조금 늦긴 했어도 기분 좋게 절반 가격으로 시카고를

갈 수 있게 되었다. 나도 최종 순간에 마음이 약간 흔들렸지만, 이런 일에 익숙한 재빠른 사람을 당해낼 수 없었다. 계획된 일정을 바꿀 수 없는 사람은 비싼 여행을 할 수밖에 없다. 그야말로 시간이 돈 아닌가.

항공사는 대개 10퍼센트 내외의 초과 예약을 받는다. 확률적으로 나타나지 않는 비율을 계산한 결과이다. 그러다 예약한 사람이 모두 나타나면 항공사마다 좌석을 양보한 사람을 보상하는 BDC(Boarding Denied Compensation)를 실시한다. BDC는 결국 시간에 따라 차별화된 가격을 통해 제한된 자원을 서로 만족스럽게 배분하는 기구인 셈이다.

실제로 비행기 요금은 천차만별이다. 서비스가 서로 다른 일등석, 비즈니스석, 이코노미석의 요금이 크게 차이 나는 것은 당연하다. 하지만 같은 이코노미석에서도 언제 어디서 샀느냐에 따라 제각각이다. 가장 비싼 요금을 내는 사람은 아마도 공항에서 긴급하게 산 경우이겠지만, 어떤 때는 출발 직전의 공석이 가장 쌀 때도 있다.

여행사마다 요금이 다른 것은 물론이고 인터넷 구매도 각양각색이다. 출발시각, 체류 기간, 여행 구간 등 몇 가지 조건에 따라 요금은 상당히 차이가 난다. 9시와 10시에 출발하는 비행기가 각각 요금이 다를 때도 있다. 그래서 '보잉 747은 350여 명의 승객이 모두 다른 요금을 낸다'고 한다. 그렇다고 비싼 요금을 낸 승객이 안전하게 더 빨리 가는 것도 아니다. 같은 서비스를 받으면서도 서로 다른 요금을 내고 있다.

시간에 따른 가격 차이가 어디 비행기 요금뿐인가. 극장에는 오전 관객을 위한 조조할인이 있고 심야 전력 사용에 대해서는 할인 제도가 있다. 통신 서비스도 시간대에 따라 다르다. 기차 요금도 주말에는 비싸며 휴가철에는 호텔과 유원지의 요금이 껑충 뛰게 된다. 한여름에는 전기 요금에 한밤중에는 택시와 버스 요금에 할증이 붙는다. 꼭 필요한 시간의 서비스일수록 더 높은 요금을 내게 된다.

이와 같은 재화나 서비스에 서로 다른 가격을 부과하는 것을 경제학에서는 '가격 차별화'라고 부른다. 물론 서로 다른 시간에 제공되는 서비스는 완전히 같은 서비스라고 할 수는 없을 것이다. 한밤중의 전기와 한낮의 전기는 물리적 특성은 같을지라도 소비자의 측면에서는 완전히 다른 서비스나 다름없기 때문이다. 즉,

한밤과 한낮의 전기는 서로 대체될 수 없기 때문이다. 공급 비용과 판매가격의 비율도 정확히 계산해보면 당연히 큰 차이가 난다. 전력 회사는 수요가 많은 낮에 공급하는 전기에서 더 많은 이익을 얻으려 할 것이다.

영화도 마찬가지다. 극장 측에서 보면 오전이나 골든타임이나 영화 한 편을 상영하는 데 드는 비용은 같다. 그러나 아침 시간대에는 관객이 적기 때문에 값을 싸게 해서라도 비어 있는 자리를 메우는 것이 바람직하다. 이처럼 분주한 절정과 한가한 시간을 구별하여 요금을 다르게 책정하는 것이 이윤을 극대화할 수 있다. 물론 요금을 달리 책정해도 수요에 큰 변화가 없다면 가격을 차별화해야 할 이유가 없다. 가격을 달리할 때 얼마나 많은 수요가 움직일 것인가에 따라서 차별화 전략이 결정되어야 한다.

똑같은 서비스를 서로 다른 가격에 받게 되니 불공평하다고 할 수도 있다. 과연 그러할까? 아니다. 오히려 경제적 효율성이 높아진다. 자, 가격 차별화의 비밀을 열어보자. 기업은 이익을 증대시킬 수 있고, 소비자는 저렴하게 인생을 즐길 수 있다.

정갑영, "열보다 더 큰 아홉", (21세기북스, 2012), pp. 81–84에서 인용

과점

현실 세계에는 경쟁도 아니고 독점도 아닌 시장이 많이 존재한다. 예를 들어, 승용차와 가전, 정유, 이동 통신 서비스 등은 모두 독점도 완전경쟁시장도 아니다. 이러한 시장은 과점이나 독점적 경쟁시장으로 분류된다. 과점은 소수의 공급자가 존재하는 시장이고, 독점적 경쟁은 공급자는 많지만, 서로 동질적이지 않은 유사한 상품을 공급하는 경우다. 예를 들어, 맥주는 과점시장이라 할 수 있고, 화장품이나 치약은 공급자가 무수히 많지만, 각 제품마다 서로 다른 특징이 있어 차별화되어 있다. 이런 경우는 전형적인 독점적 경쟁시장에 속한다.

과점시장은 소수의 기업이 지배를 한다. 공급자의 숫자가 적기 때문

에 때로는 서로 협조적일 수도 있지만, 서로 갈등을 겪는 경우도 많다. 마치 '둘은 너무 적고 셋은 너무 많다'는 말처럼 과점시장에서는 시장에 참여하는 소수 기업 간의 담합이 가능하고, 반대로 서로 의견이 달라 사업자 간의 대립과 갈등을 겪는 경우도 많다. 따라서 과점에서는 서로 담합을 하거나, 또는 갈등을 빚으며 경쟁을 하는 등 참여 기업이 상대 기업의 행동에 어떻게 반응하여 가격과 수량을 결정할 것인지, 상호작용interaction이 매우 중요하다.

이것은 독점이나 경쟁시장에서는 존재하지 않는 현상이다. 상대방의 행동에 내가 이렇게 반응할 것인가가 바로 기업 간 상호작용에 해당된다. 경쟁시장과 달리 과점시장에서는 상대방의 행동이 나의 행동에 어떤 영향을 미칠 것인가가 매우 중요하다. 경쟁시장에서는 기업이 무수히 많기 때문에 한 기업의 행동이 다른 기업에게 전혀 영향을 주지 못한다. 독점시장에서는 기업이 하나뿐이므로 다른 기업이 존재하지 않는다.

그러나 과점시장에서는 A가 생산량을 늘리면, 경쟁 관계에 있는 B는 생산량을 늘릴 수도 있고, 종전과 동일한 생산량을 유지할 수도 있다. A와 B는 서로 담합하여 협조할 수도 있고, 서로 배타적으로 경쟁할 수도 있다. 상대기업이 어떻게 반응하느냐에 따라 과점시장의 균형이 달라진다. 물론 기업의 수가 무수히 많아지면, 과점시장은 경쟁시장으로 수렴하고, 반대로 기업이 하나밖에 남지 않으면, 독점시장으로 수렴한다. 과점기업들은 담합하여 독점 기업처럼 공동 행위를 할 수도 있고, 서로 반목하며 치열한 경쟁을 할 수도 있다. 공동 행위에 참여하기 위해 담합 행위에 참여한 기업들의 모임을 '카르텔'이라고 한다.

🔧 카르텔은 영원할 수 없다

같은 길을 가는 동업자들은 경쟁보다는 협력을 갈망할 때가 많다. 그러나 어디 그게 쉬운 일인가. 어렵게 협력에 합의해도 대부분 오래가지 못한다. 경제에서도 두 선은 엇갈릴 수밖에 없는 운명을 안고 있는 모양이다. 동업자들이 만나서 협력을 다짐하는 대표적인 형태가 바로 카르텔이다. 상호 간 담합을 통해 협조적인 균형을 유지하자는 것이다. 그런데 경제에서도 카르텔과 같은 두 선의 협조적 균형은 결코 오래갈 수 없다. 왜 카르텔을 통한 협조적 균형은 오래가기 어려운 것인가?

중동 산유국을 중심으로 1960년 9월 출범한 석유수출국기구(OPEC)는 1973년 중동 전쟁을 치르면서 카르텔의 위력을 발휘하기 시작했다. 동업자끼리 협력하여 공급량을 통제하고 높은 가격을 유지했던 것이다. 그러나 OPEC처럼 카르텔이 오래 가는 것도 매우 드문 사례다. 실제로 OPEC 역시 지금껏 명맥을 유지하고 있지만 그 위력은 예전 같지 않다. 카르텔에는 어떤 속성이 내재된 것일까?

카르텔 회원들의 생산여건은 모두 다르게 마련이다. A는 생산원가가 10달러인데 100만만큼 생산할 수 있다. B는 원가 15달러에 20만의 생산능력을 보유한다고 하자. 담합하여 카르텔을 형성하면 가격과 생산량은 어떻게 결정되겠는가. 가격은 당연히 시장의 경쟁가격보다 높아질 것이고 공급량은 줄어들어야 한다. 예를 들어, 18달러에서 60을 생산하기로 합의했다고 하자. 생산능력을 고려하여 배분한다면 A에게 50, B에게 10을 할당할 것이다. 카르텔이 잘 유지되어 협조적 균형이 지속되려면 A, B 모두 이 생산량을 엄격히 준수해야 한다. 그러나 시장은 항상 자기에게 이익이 되는 방향으로 움직이게 마련이다. 카르텔 가격이 18달러로 고정되어 있으므로 두 회원 모두 생산량보다 더 많이 생산하는 것이 이롭다. 한 단위 더 생산할 때의 비용(한계비용)이 추가로 들어오는 수입(한계수입)보다 작기 때문에 더 생산할수록 이윤이 늘어나는 것이다. 따라서 모든 회원이 협정을 위반하려는 유혹을 받게 된다. 그러나 역설적으로 모두가 협정을 위반하면 어떻게 되는가. 시장에서 공급량은 늘어나고 가격은 내려간다. 협조적 균형이 무너지고 서로가 자신의 이익을 좇아 움직이는 비협조적 균형이 나타나는 것이다.

협조적 균형이 오래갈 수 없는 또 다른 이유가 있다. 카르텔에 가입하지 않는 C가 덩달아 반사이익을 챙길 수 있기 때문이다. OPEC이 유가를 인상하니 북해유전과 대체연료 등 여러 형태의 C가 등장하지 않는가. 카르텔이 오래 작동할수록 C의 영향도 더욱 커진다. 따라서 협정에 가입한 A와 B의 노력만으로는 시장가격이 제대로 유지되지 않는다.

두 선이 협력하면 모두가 행복을 누릴 수 있다. 그러나 일단 만나면 헤어지고 싶은 유혹이 등장하는 것이 바로 카르텔이다. 누군가 24시간 감시하고 새로운 경쟁자가 등장하는 것을 막지 못하면 엇갈릴 수밖에 없다. 그럼에도 아직 OPEC이 위력을 갖는 것을 보면, 경제의 균형은 역시 먼 날을 내다보는 것인가?

정갑영, "나무 뒤에 숨은 사람", (21세기북스, 2012), pp. 205-207 일부 인용

과점시장의 균형에서 가장 고전적인 것 중 하나가 바로 '내쉬 균형 Nash equilibrium'이다. 또한 과점시장은 소수의 경기자가 참여하는 운동경기와 유사하기 때문에 참여기업의 행태를 게임이론으로 분석하기도 한다. 내쉬 균형은 게임의 참여자들이 상대방의 전략을 주어진 것으로 전제하고, 이에 반응하여 최선의 전략을 선택한 결과 이루어진 균형이다.

'내쉬 균형'에서는 상대방의 전략이 항상 주어진 것으로 전제한다.

예를 들어, 다섯 사람이 과점을 형성하고 있을 때, A가 어떤 전략을 선택할 때 이윤이 극대화될 수 있을 것인가? 다른 사람들은 전략이 이미 정해져 있다고 가정하면, 주어진 그 상황에서 A가 최선의 전략을 선택해서 만들어진 균형이 바로 내쉬 균형이다.

과점시장의 균형 가격은 완전경쟁과 독점시장의 균형 중간에 있고, 수량도 마찬가지다. 또한 과점기업들의 이윤의 총합계는 독점기업의 이윤보다는 작다. 혼자서 시장을 독점하여 얻은 이윤이 과점기업들이 수요를 분산해서 가져가는 것을 모두 합한 것보다 크다는 의미다. 왜 이런 현상이 나타날까? 물론 독점시장과 같은 가격결정을 못하기 때문에 이런

결과가 나온다. 독점시장에서는 가격이 한계비용보다 크다. 과점시장에서도 가격이 한계비용보다 크다. 따라서 과점기업으로서는 한 단위 추가적으로 더 팔면 팔수록 이윤이 증가한다. 담합을 통해 수량이나 가격을 정해 놓았다 할지라도, 생산을 증가시키면 이윤도 늘어나는 구조를 갖게 된다.

그래서 과점시장에서는 담합을 해서 가격을 어떻게 받고 수량을 어느 정도로 할지 서로 담합했어도, 항상 속임수cheating를 써서 이윤을 늘리려는 인센티브가 존재한다. 조금만 생산량을 늘리면 이윤이 증가하기 때문이다. 이런 이유로 카르텔이 오래 지속하는 것은 현실적으로 어렵다. 일종의 도덕적 해이와 협정을 위반하여 이윤을 증대시키려는 인센티브가 존재하기 때문이다.

물론 카르텔에 있는 기업 중에 하나라도 생산을 증대시키면 시장의 가격은 하락한다. 한 기업 A에게는 가격이 카르텔가격으로 동결된 상태에서 자신만 생산량을 늘리면 최고의 이윤이 되는데, 생산량을 늘리면 가격이 하락하기 때문에 이윤이 감소할 수 있다. 개별 기업의 선택과 전체 카르텔 멤버들의 이해관계가 일치하지 않는다.

'게임 이론'과 관련해서 경제학에서 널리 인용되는 학자가 바로 존 내쉬J. Nash이다. 내쉬의 일생은 러셀 크로우가 주연했던 '뷰티풀 마인드'로도 상영된 바 있다.

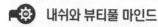 **내쉬와 뷰티풀 마인드**

영화 〈뷰티풀 마인드〉의 상영을 계기로 '내쉬의 균형'이 화제를 모은 적이 있다. 수십 년 동안 성신분열증으로 광인과 같은 고통을 겪은 천재 수학자 존 내쉬(John Nash). 그가 노벨 경제학상을 받게 되는 감동적인 전기가 영화로 만들어진 것이다.

영화에는 노벨상으로 이어지는 내쉬의 업적은 물론 한 천재가 겪는 정신분열증의 참담한 모습과 제자 알리시아의 사랑과 결혼, 냉전시대의 덫에 걸려 고통을 겪는 천재의 영혼이 생생하게 그려져 있다. 광기의 천재와 알리시아의 순수한 사랑과 헌신도 때로는 안타깝고 처절하게 느껴져서 관객들의 가슴을 뭉클하게 만든다. 과연 '사랑은 그를 만들었고, 그는 세상을 만든 것일까.' 게다가 〈글래디에이터〉의 영웅 러셀 크로우(내쉬 역)와 제니퍼 코널리(알리시아 역)가 벌이는 명연기와 매력이 〈뷰티풀 마인드〉의 영혼을 더욱 아름답게 한다.

경제학자의 일생이 영화화되어 흥행에 성공하는 것은 흔치 않은 일이다. 아마도 '합리성'을 추구하는 경제학자의 속성상 내쉬와 같은 감동적인 삶을 찾아보기 어려운 까닭이 아닐까? 아니면 경제학의 어려운 개념을 영화 속에 담기가 어렵기 때문이리라. 〈뷰티풀 마인드〉에서도 내쉬의 가장 큰 업적인 '내쉬 균형'을 관객에게 설명하는 데 상당히 고심한 흔적이 보인다.

괴짜 천재인 내쉬는 기숙사 유리창을 노트 삼아 독창적인 아이디어를 찾으려 한다. 그러던 어느 날 내쉬는 네 명의 짓궂은 친구들과 함께 바에 가게 된다. 그곳에서 친구들과 함께 온 금발미녀를 보게 되고 그녀를 둘러싼 친구들의 '경쟁'을 보며 직관적으로 '균형이론'의 핵심을 파악한다. 금발 미녀에게 매료된 한 친구가 이렇게 외친다.

"우리의 애덤 스미스 선생이 말했지. 각 개인이 이기적으로 자신의 이익을 추구하면 그게 곧 공공의 이익을 극대화하는 결과를 가져온다. 자, 서로 고민하지 말고 각자 미인을 차지하기 위해 노력하자고. 그렇다면 승자는 결국 한 명뿐이겠지만 그게 곧 최선의 결과가 될 거야."

친구들은 모두 고개를 끄덕인다. 그러나 내쉬가 갑자기 외쳐댄다.

"아니 그럴 필요 없어. 우리가 모두 승자가 되는 길이 있다고. 만일 우리가 모두 그녀를 원한다면 승자는 한 명뿐이겠지. 그렇지만 모두가 한 사람에게만 관심을 두지 말고 그녀와 같이 다른 네 친구에게도 고개를 돌려 대시한다면 우리 모두가 동시에 행복해질 수 있어. 한 사람만 행복해지는 결과에서 다섯 명 모두 행복해지는 상태가 되는 거지. 서로 조정만 잘하면 모두가 행복해질 수 있는 거라고."

내쉬는 그 길로 나가 '내쉬의 균형'을 세상에 등장시킨다. 그의 논문을 읽은 교수는 다음과 같이 묻는다.

"자네가 150년이란 역사를 지닌 경제학을 부정하고 있다는 사실을 알기나 하나?"

내쉬는 고개를 끄덕거린다. 교수는 말을 잇는다.

"훌륭하군!"

그의 이론을 요약하면 이렇다. 그가 생각하는 걸 나도 생각하며 행동한다면, 경쟁자와 나 자신 '모두'가 만족할 수 있는 '균형'에 도달할 수 있다! 따라서 경쟁자가 지금과 같은 행동을 지속한다면 나 자신도 현재의 선택을 바꿀 필요가 없는 '내쉬의 균형'이 존재하는 것이다.

과연 스미스 이래로 내려온 '150년 균형'과 '내쉬의 균형'은 어떻게 다른가? 커피 한 잔을 선택하는 데 15분이나 걸린다는 실존의 주인공 존 내쉬와 영화 속 배역 러셀 크로우가 촬영장에서 만났을 때, 두 천재의 만남은 과연 어떤 균형을 이룰 수 있을까. 두 사람 모두 그 상태에서 역할을 바꾸고 싶지 않아 한다면 그것 역시 '내쉬의 균형'의 하나였으리라.

정갑영, "나무뒤에 숨은 사람", (21세기북스, 2012), pp. 198-200 일부 인용

죄수의 딜레마

농구 경기처럼 과점기업이 5개 있다고 가정하자. '전략적 행동'이란 A가 어떤 행동을 하기 위해서 상대방이 A의 행동에 어떻게 대응할 것인가를 미리 고려해야 한다. 운동경기와 마찬가지다. 이것을 전략적 행동이라고 한다. 게임 이론을 많이 알면 알수록 시장에서의 상대방의 행동을 감안한 전략적인 선택을 쉽게 할 수 있다. 경제학에서 '전략적 행동' 또는

'전략적 선택'을 하는 원리를 배우는 것이다.

노벨 경제학상을 받은 내쉬의 유명한 개념이 바로 죄수의 딜레마prisoner's dilemma이다. 과점시장에서 협조적인 관계를 유지하는 것이 얼마나 어려운가를 나타낼 때 널리 인용되는 자료가 바로 '죄수의 딜레마'다.

'전략적 행동'을 하려면 어떤 선택을 해야 하는가? 즉 상대방이 어떤 전략을 선택해도 나한테 유리한 전략이 있는데, 이것을 우월전략superior strategy이라고 부른다. 경쟁자가 어떤 선택을 해도 나한테 유리한 우월전략을 선택하여야 한다. 물론 협조관계를 유지하는 것이 반드시 개별 참여자들에게 가장 유리한 우월전략이 아니기 때문에 협조관계를 유지하기가 어렵다. 이 상황을 죄수의 사례를 쉽게 설명할 수 있다.

<그림 11-1>을 살펴보자. 연희와 종현이가 범죄를 저질렀다. 두 사람은 독방에 따로 갇혀 있어서 서로 연락을 주고받을 수 없는 상태다. 만약 두 사람이 모두 '침묵' 한다면 각각 징역 1년을 선고받고 두 사람이 모두 '자백' 한다면 각각 징역 8년을 선고받는다. 만약 한 사람이 '자백'을 하고 나머지 사람이 '침묵'을 한다면 '자백'한 사람은 무죄, '침묵'한 사람은 징역 20년을 선고 받는다. 이때 연희와 종현이의 '우월전략'은 '자백'

▼ 그림 11-1 죄수의 딜레마

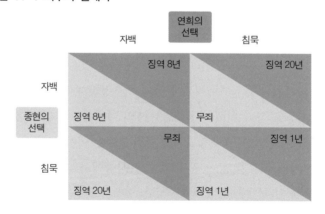

이다. 종현 입장에서 생각해보면 연희가 '자백'을 선택할 경우에 자신도 '자백'을 선택하는 것이 유리하고 연희가 '침묵'을 선택할 경우에도 '자백'을 선택하는 것이 더 유리하기 때문에 '자백'을 우월전략으로 선택하고 같은 논리로 연희 또한 '자백'을 우월전략으로 선택하게 된다.

⚙ 내쉬 균형과 최선의 전략

"그가 생각하는 걸 나도 생각한다고 그가 생각하리라는 걸 나는 생각한다."
어디 한군데 쉼표라도 있으면 좋으련만, 보통사람은 이 추론의 연속을 이해하기 쉽지 않다. 이것은 수학자 존 내쉬가 21세에 쓴 27쪽짜리 박사학위 논문의 일부이다. 이 논문으로 50년 뒤 노벨경제학상까지 받았으니 천재성이 한결 더 돋보인다. 그가 프린스턴으로 진학할 때 그의 추천서에는 단 한 줄의 문장밖에 없었다고 한다.
"그는 천재입니다(He is a genius)."
그러나 그 천재가 명성을 막 날리기 시작할 무렵, 비극적인 사건이 터졌다. 천재는 항상 기이하고, 고독하며, 광인(狂人)의 소인(素因)을 갖고 있는 것인가. 내쉬는 어느 날 〈뉴욕타임스〉를 들고 교수실로 뛰어들며 "오늘 신문에 나만 해독할 수 있는 은하계에서 보낸 암호가 실려 있다"고 외쳐댄다. 원인불명의 편집증적 정신분열증이 서른 살의 내쉬에게 몰아닥친 것이다.
"이성과 논리적인 증명에 몸 바친 자네가 어떻게 외계인이 자네에게 은밀한 메시지를 보내고 있다고 믿는가?"
하버드 대학의 조지 매키 교수가 물었다.
"초자연적인 존재에 대한 착상이든, 수학적 착상이든, 내게 떠오를 때는 똑같은 길을 오기 때문이지."
그 후 내쉬는 남루한 옷차림으로 대학 구내를 배회하면서 남들은 알 수 없는 낙서를 칠판에 쓰고 심각한 망상과 환상 등으로 비극적인 광인의 생활을 했다. 20여 년이 지나서야 겨우 광기에서 약간 회복된 그에게는 게임이론을 창시한 업적으로 노벨상이 기다리고 있었다. 생애 동안 단 3편의 논문을 남겼지만 수

▼ 내쉬균형

| | | B의 전략에 따른 이윤 | |
		가격 15,000원	가격 10,000원
A의 전략에 따른 이윤	가격 15,000원	150만 원 150만 원	200만 원 80만 원
	가격 10,000원	80만 원 200만 원	100만 원 100만 원

학, 경제학, 정치학, 생물학 등에 '내쉬 균형(Nash equilibrium)'이라는 새로운 개념을 제시했던 것이다(일부 내용은 실비아 네이사 〈아름다운 정신〉에서 인용). 내쉬는 게임이론을 창안했다. 경쟁자의 대응에 따라 최선의 선택을 하면 서로가 자신의 선택을 바꾸지 않는 균형이 있다는 사실을 밝혀낸 것이다. 죄수의 딜레마와 같은 개념이다. 서로가 협력하여 자백하지 않으면 자신의 형벌을 줄일 수 있다. 그러나 서로 의심하고 협력하지 않으면, 차라리 말해버리는 편이 낫다. 이런 균형을 '내쉬 균형'이라고 한다. "상대방이 현재의 전략을 유지한다는 전제하에서 나 자신도 현재의 전략을 바꿀 유인이 없는 상태"이다.

물론 서로가 협조적일 경우와 비협조적일 경우의 균형은 크게 달라진다. 그래서 협조적 게임과 비협조적 게임으로 나누어서 살펴볼 수 있다. 그림에서와 같이 두 기업 A와 B가 가격을 각각 1만 5,000원과 1만 원에 설정했을 때 이윤을 생각해보자. A와 B가 동시에 협조하여 가격을 1만 5,000원으로 유지하면 A, B 모두 150만 원으로 이윤을 얻는다. 그러나 서로 협조하지 않고, A가 먼저 1만 원으로 내린다면, A의 이윤은 200만 원으로 늘어나고 가격이 비싼 B의 이윤은 80만원으로 줄어든다. 따라서 A는 가격을 인하하려는 인센티브를 갖는다. 그러나 A가 가격을 인하하면 B도 당연히 가격을 인하하려는 인센티브가 주어진다. 그림에서와 같이 결국은 A, B 모두 100만 원의 이익을 얻게 되는 균형으로 가게 된다.

즉, A의 전략(가격 1만 원)이 주어진 상황에서 B의 최선의 전략은 가격을 인하하는 것이다. 또한 가격을 인하한 A로서는 B의 가격인하 전략이 주어진 상태에서 더 이상의 가격변화가 오히려 이익을 더 작게 만들게 되므로 움직이려는 유인은 사라진다. 따라서 모두가 가격을 인하한 점에서 비협조적인 내쉬 균형이 성립한다. 물론 서로 협조한다면 더 많은 이익을 실현할 수도 있다.

내쉬 균형의 개념은 협상전략으로도 널리 활용된다. "상대방이 생각하는 걸 나도 생각한다고 그가 생각하리라는 걸 나는 생각한다면" 결과는 항상 서로 행동에 의존적이 된다.

정갑영, "나무 뒤에 숨은 사람", (21세기북스, 2012), pp. 201-203 인용

독점적 경쟁

독점적 경쟁은 독점과 완전경쟁의 속성을 동시에 지니고 있는 시장이다. 독점적 경쟁에서는 우선 공급자가 많아야 하고, 다수의 공급자가 유사한 소비자 집단을 대상으로 경쟁하면서 차별화된 제품을 공급한다. 제품이나 서비스가 특성화되어 있어, 소비자의 충성심loyalty이 강하다. 가격이 조금 높아도 소비자가 그 제품을 쉽게 포기하고, 다른 제품을 선택하려고 하지 않는다.

화장품이나 탄산음료, 패션의류 등이 모두 '독점적 경쟁'의 성격을 갖고 있다. 소비자가 그 제품을 포기하지 않는 집착을 보이면, 가격에 대해서 수요가 비탄력적이다. 이런 이유로 독점적 경쟁에서는 독점기업처럼 어느 정도 가격을 설정할 수 있는 시장 지배력을 가진다. 시장지배력market power은 기업이 시장에서 가격에 영향을 미치는 정도를 말한다.

완전경쟁시장에서는 기업이 시장 지배력을 전혀 갖고 있지 않고, 독점시장에서는 시장 지배력이 대단하고, 독점적 경쟁은 약간 존재한다. 과점기업도 담합하면 더욱 큰 시장 지배력이 생긴다. 그러나 독점적 경쟁은 담합이 어렵다. 제품이 차별화되어 있기 때문이다. 따라서 완전경쟁기업과는 달리 독점적 경쟁에서는 우하향하는 수요곡선을 갖고 있다. 수요곡선이 우하향한다는 것은 비탄력적이라는 것이고, 시장 지배력이 어느 정

도 존재한다는 의미다. 수요곡선이 수평선이면 전혀 시장 지배력을 행사할 수 없다.

독점적 경쟁은 우하향하는 정도가 과점보나도 적고 독점보다는 더 적다. 독점에서 과점, 독점적 경쟁, 완전경쟁으로 갈수록 개별기업이 직면하는 수요곡선은 수평에 가깝게 변동한다. 점차 시장 지배력을 상실한다는 의미도 된다. 그리고 독점적 경쟁에서는 다수의 공급자가 있고, 다수의 소비자가 있기 때문에 자유로운 진입과 퇴출이 가능하다. 기업의 수는 기업의 이윤이 0이 될 때까지 증가하거나, 감소한다. 그리고 제품과 서비스의 차별화를 통해서 경쟁을 한다.

독점적 경쟁에서는 단기적으로 초과이윤이 발생하면, 자유로운 진입이 가능하기 때문에 기업의 진입이 이루어진다. 이렇게 되면 새롭게 차별화된 제품이 시장에 출현해서 시장의 수요를 일부 가져간다. 기존 기업들은 수요곡선은 좌측으로 이동하며 줄어들고, 이윤도 당연히 감소한다. 이것이 독점적 경쟁이 균형을 이루어가는 과정이다. 장기적으로는 기업의 시장 진입과 퇴출이 자유롭기 때문에 기업들의 이윤이 0에 수렴한다. 그리고 시장 지배력을 갖고 있기 때문에 P>MC, 즉 가격이 한계비용을 초

▼ 그림 11-2 독점적 경쟁시장에서의 이윤극대화

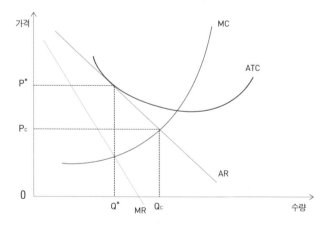

과한다. MC=MR이 성립하여 이윤극대화가 되는 점에서는 P>MR, 가격이 한계수입보다는 높다.

독점적 경쟁에서는 이윤이 장기적으로 0에 수렴하게 되는데, 완전경쟁과는 다른 특징이 있다. 평균비용의 최소점이 되는 점에서 생산하지 못하고, 최소점 이전에서 균형이 된다. 최소점에서 생산하면 효율을 달성하게 되는데, 초과설비를 보유하는 셈이다. 그림에서 보면 독점적 경쟁에서는 P^*의 가격에서 Q^*의 균형 생산량이 결정된다. 그러나 완전경쟁시장에서는 P_c의 가격에서 Q_c의 생산량이 결정된다. 이 결과 독점적 경쟁시장에서의 사회적인 효율은 경쟁시장보다는 낮다. 이런 균형이 달성되는 근본적인 원인은 개별 기업이 직면하는 수요곡선이 수평이 아니고 우하향하고 있기 때문이다. 기업은 어느 정도 시장 지배력을 갖고 있지만, 사회 전체적으로 바람직하지 않는 균형이 달성되는 것이다.

공공부문과
거시경제

외부효과

외부성

주변에 좋은 친구가 있으면 도움을 받을 때가 많다. 좋은 대학을 가려고 하는 가장 큰 이유 중의 하나도 좋은 네트워크를 만들 수 있기 때문이다. 《순자(荀子)》〈권학(勸學)〉편에 이런 의미로 쓰이는 한자성어가 있다. "봉생마중 불부이직(蓬生麻中不扶而直)"인데, 쑥은 보통 곧게 자라지 않지만, 똑바로 자라는 삼과 함께 있으면 붙잡아 주지 않더라도 삼을 닮고 어울려가며 곧게 자란다는 뜻이다. 흔히 봉생마중(蓬生麻中) 또는 마중지봉(麻中之蓬)이라고 한다. 하찮은 쑥도 삼과 함께 있으면 삼이 될 수 있다는 의미로 쓰이고 있으니, 사람도 좋은 이와 함께 지내면 어질게 되고, 악한 이들과 함께 하면 악하게 된다는 의미로 쓰여 진다.

경제 현상에서도 이런 경우가 나타난다. 한 사람이나 기업 등 경제 주체의 행동이 다른 주체에 큰 영향을 주는 현상이다. 예를 들어, 자동차의 매연이 일반 국민들에게 건강문제를 야기할 수도 있다. 공장의 굴뚝에서 나오는 연기도 대기를 오염시켜, 그 공장의 제품과는 전혀 관계가 없는 일반사람들한테 피해를 줄 수도 있다. 이런 현상을 경제학에서는 '외부효과'라고 한다.

마중지봉은 좋은 외부효과를 말할 때 많이 인용되지만, 타인에게 나쁜 영향을 미치는 경우도 많다. 주변에 좋은 사람이 있으면, 자신도 잘 자라서 훌륭한 사람이 되고 반대로 안 좋은 친구들이 있으면 친구와 어울려서 좋지 않은 결과를 가져올 때가 있다. 친구의 외부효과가 영향을 미치기 때문이다.

경제학에서 외부효과란 "서로가 서로에게 도움을 주면서, 경제적 비용을 낮추는 경우"를 말한다. 반면 외부효과로 경제적 비용이 더 높아지는 경우도 있다. 공장의 굴뚝, 연기, 담배 피우는 사람 등은 마이너스의 외부효과라고 한다. 즉, 어떤 경제주체의 행동이 제3자의 경제적 후생에 영향을 미치고, 그에 대한 보상이 이루어지지 않는 경우를 말한다.

예를 들어서, 어떤 재화를 구입하면 정당한 비용을 지불하고 구입을 한다. 그런데 일상생활에서는 그렇지 못할 경우가 있다. 양봉업자와 과수원을 생각해보자. 양봉은 옆에 좋은 과수원이 있어야만 한다. 양봉업자와 과수원은 서로 외부효과의 영향을 주고받는다. 좋은 과수원이 있어야 꿀벌이 좋은 꿀을 딸 수 있다. 또, 과수원 업자의 관점에서도 꿀벌들이 많이 날아와야 좋은 열매를 맺을 수 있게 꽃들을 수정시켜 준다. 그러다 보니 서로 좋은 관계가 성립되는데, 만약 양봉업자가 과수원에게 이 꿀벌들의 대가를 지불했다면 외부효과가 성립하지 않는다.

외부효과란 한 사람의 행위가 제3자에게 경제적 후생에 영향을 미치지만, 보상이 이루어지지 않는 경우를 말하는데, 이 경우에도 시장에서 정산, 보상, 결제가 안 되기 때문에 시장에 맡겨서는 효율적으로 이 문제가 해결이 되지 않는다. 그래서 어떤 형태로든 정부가 개입하거나 또는 시장을 통해 조정할 수 있는 메커니즘이 존재해야만 한다.

외부효과는 긍정적인 경우와 부정적인 경우가 있다. 담배 피는 사람,

공장의 연기, 차량의 배기가스 등은 부정적인 외부효과를 유발한다. 부정적 외부효과는 제3자의 경제적 후생수준을 낮춘다. 따라서 정부는 부정적인 외부효과를 최소화하기 위해서 여러 정책을 실시한다. 반대로 긍정적인 외부효과는 적극적인 상녀 세도를 도입한다.

⚙ 당신은 좋은 이웃인가?

'때와 장소를 가리지 않고 걸면 걸리는' 두루누리(유비쿼터스) 시대라고 하지만 이웃의 휴대전화 때문에 짜증날 때가 잦다. 당사자에게는 기다리던 즐거운 전화였겠지만, 이웃에게는 그렇지 않다. 만원 버스에서도 아랑곳하지 않고 시시콜콜한(?) 얘기를 떠들어대고 강의실에서도 각종 전화벨 소리가 끊이지 않는다.

오죽하면 어느 대학에서는 감점까지 고려하고, 공연장은 전파 차단 장치를 설치한다고 하겠는가. 피임약과 더불어 금세기 최고의 문명의 이기라는 정보 통신을 만끽하기 위해 내야 하는 비용일 것이리라.

이웃 때문에 시달리는 경우가 어디 전화뿐이랴. 수다스러운 커플 옆에 앉아 연극을 보는 것이나, 더운 여름날 매연과 소음을 내뿜는 트럭을 따라가게 되는 상황이나, 오염된 물과 공기 등 이루 헤아릴 수 없이 많다. 나를 슬프게 하는 이런 일들을 '머피의 법칙'이라 해도 좋다. 그러나 핵심은 내 이웃 때문에 보는 피해가 나의 선택과는 무관하다는 데 있다.

이처럼 내 이웃의 행동이 나의 의도와는 상관없이 내게 영향을 주는 현상을 경제학에서는 '외부성(外部性)'이라고 한다. 외부성은 긍정적 영향을 미치는 '외부경제'와 부정적인 효과가 있는 '외부비경제'로 구별된다. 외부성은 물론 기업의 운명을 좌우할 때가 잦다. 화학 공장의 입주로 주변의 과수원이나 연안의 양식업이 타격을 받는 사례가 대표적이다. 하필이면 그 공장이 내 이웃에 있기 때문에 발생하는 부정적 영향이다.

공단에서 흘러나오는 공해 물질을 정화하려면 엄청난 비용이 들어갈 것이다. 그 비용은 당연히 공해를 배출하는 기업이 부담해야 한다. 그러나 환경 규제가 엄격하지 않은 후진국에서는 그냥 내버려둬 버리는 경우가 많다. 그 기업은 오

염 물질을 정화하는 데는 관심이 없다. 자신의 이익만 극대화한다. 결국, 공해
를 제거하기 위해 사회가 부담해야 할 비용이 증가하게 된다.

기업이 부담해야 할 사적 비용이 사회적 비용으로 변하는 것이다. 오염된 물을
정수시키고 공해가 유발한 각종 질환을 치료하기 위한 비용이 모두 여기에 해
당한다. 그러면 사회가 부담해야 할 비용이 많이 증가하게 된다. 그 비용은 결
국 누가 부담하는가. 바로 이웃 때문에 내가 부담해야 하는 비용이다.

반대로 화학 공장은 자신이 부담해야 하는 사적 비용이 줄어들기 때문에 오히
려 대외 경쟁력을 확보할 수도 있다. 만약 공해 처리 시설을 갖추어야 한다면
당연히 비용은 상승하고 경쟁력은 약화한다. 그 기업은 이웃의 희생을 바탕으
로 경쟁력을 확보한 셈이다. 이런 이유로 공해 산업은 후진국으로 이전되고, 주
민은 영문도 모르고 외부비경제의 희생양이 되는 것이다. 1984년 유니언카바
이드사의 인도 공장에 수만 명의 목숨을 앗아가는 보팔 참사가 발생했는데, 대
표적인 외부비경제 사례이다.

외부비경제는 이웃에 미친 피해를 서로 정산하여 처리될 수도 있다. 그러나 실
제로는 그렇지 못하다. 자동차의 매연 피해나 만원 버스 안에서 전화 때문에 받
은 정신상, 건강상의 피해를 어떻게 모두 보상받을 수 있겠는가. 이들은 피해를
주면서도 비용은 물지 않는다. 그러나 경제에는 역시 '공짜 점심'이 없다. 즉 공
해는 더욱 심각해지고 이로 말미암은 사회적 비용 또한 계속 증가한다.

공해를 만들어내는 내 이웃이 부담을 느낄 엄격한 공해 방지 제도가 도입되지
않는 한 외부비경제는 자꾸 늘어만 갈 것이다.

정갑영, "열보다 더 큰 아홉", (21세기북스, 2012), pp. 268-270에서 인용

부정적 외부효과와 사회적 비용

부정적인 외부효과가 나타날 경우에는, 일반적으로 사회적 비용social
cost이 사적비용private cost보다 크다. 사회적 비용은 사회전체가 부담해야
할 비용이고, 사적비용은 개인이 부담해야 하는 경비다. 담배를 사례로
들어 사적비용과 사회적 비용의 개념을 생각해 보자. 담배를 생산하는 기

업의 관점에서는 담배 생산에 따른 직접적인 생산비만 부담하면 된다. 이것이 바로 기업이 부담하는 사적비용이다. 그러나 사회전체로 보면 담배가 유통되어 국민들에게 많은 건강문제를 야기하고, 사회적으로 많은 부담을 가져온다.

따라서 사회전체적인 관점에서 담배 생산의 비용은 공급자가 부담하는 직접적인 사적비용 이외에도 담배로 인해서 발생하는 부대비용 incidental cost을 모두 포함해야 한다. 따라서 사회적 비용은 사적비용과 부대비용을 합한 값이다. 부정적인 외부효과를 유발하는 재화는 대체로 부대비용이 크게 되므로, 사회적 비용이 사적비용보다 더 크다.

만약 외부효과가 존재하지 않는다면 부대비용도 당연히 0이 되어 사회적 비용과 사적비용이 동일하게 된다. 부정적인 외부효과가 있을 경우에는 "한 주체의 경제적 행위로 인해서 사회가 지불해야 될 비용이 너무나 많다"는 의미가 된다. 담배광고에 "당신은 폐암 한 갑을 삽니다"라고 무섭게 만드는 것도 경제학적 의미에서는 담배수요를 억제하여 제3자가 부담하는 사회적 비용을 감소시키려는 의도가 담겨 있다. "내가 돈 내고 피우는 데 왜 저렇게 흉측한 광고를 하느냐?"고 힐난할 수도 있지만, 그것은 외부효과로 인하여 다른 사람에게 영향을 준다는 사실을 간과했기 때문이다.

외부효과가 나타나는 경우에는 생산자의 사적비용을 높게 만들어 공급을 줄이는 정책을 도입할 수 있다. 즉, 공급당사자에게 높은 세금을 부과하면, 부대비용이 사적비용으로 전가되어 공급자의 부담이 많아지게 된다. 이렇게 되면 생산자는 자신에게 부담이 되므로, 공급을 줄이려 할 것이다. 이런 정책을 외부효과의 내부화라고 한다.

오염물질을 배출하는 부정적인 외부효과가 있는 사례를 <그림 12-1>로 살펴보자. 오염물질의 배출 역시 흡연과 비슷하다고 볼 수 있을 것이다. 이 경우에도 수요와 공급곡선을 활용할 수 있다.

▼ 그림 12-1 부정적 외부효과의 예시: 오염물질의 배출

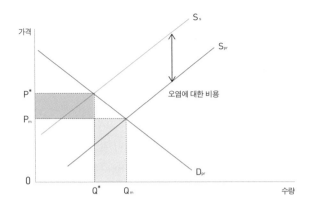

수요곡선은 이전 장들에서, 주어진 가격이 있을 때 지불하려고 할, 그 금액을 지불하고 살 의도가 있는 양이라고 했다. 이때 "나는 10,000원 짜리 물건을 10개 사겠다" 혹은 "같은 물건을 20개 사겠다"라는 의견을 밝히게 하는 원인은 무엇인가? 바로 그 돈을 지불하고서라도 얻는 편익이 있기 때문이다. 소비자잉여의 개념을 떠올려보자. "가격이 1,000원인데 나는 그 가격을 지불함으로 인해서 편익이 훨씬 더 많이 나타나고, 그래서 잉여가 생긴다"라고 8장에서 이야기한 바 있다. 다르게 말하자면, 수요곡선의 이면에는 항상 편익이 들어있다.

공급곡선도 마찬가지이다. 공급자가 소비자가 지불하는 비용과 가격을 맞추어 "나는 이 가격에서 몇 개의 물건을 공급할 생각, 혹은 의도가 있다"라고 밝히는 것을 우리는 공급곡선이라고 부른다. 따라서 공급곡선의 이면에는 항상 사적인 비용의 개념이 포함되어 있다.

시장을 나타난 위의 그래프에서는 S_{pr}과 D_{pr}로 표시된 수요와 공급, 사적 편익과 사적비용이 만나는 점에 일치하는 가격하에서 균형 생산량이 결정된다.

그러나 만약 외부효과가 발생하는 경우에는, 그 외부효과로 인해 제

3자가 부담해야하는 비용이 발생한다. 따라서 이 경우에는 오염물질의 배출에 대한 비용이 생긴 것이다. 이러한 사회적 비용을 감안하면 공급곡선이(혹은 생산비나 비용곡선이) 왼쪽으로 올라가게 되고, 따라서 사회적 비용을 반영한 공급곡신은 그래프상에서 S_s으로 표시된다. 이때 전체 사회적 관점에서는 어디서 균형이 이루어질까?

그것은 바로 사회적 비용과 수요곡선이 만나는 "Q^*" 점이다. 이 점에서 사회적으로 가장 바람직한 최적생산량이 발생한다. 그러나 이것을 시장에 맡겨 두면 최적량보다 더 큰 "Q_m"에서 생산된다. 시장이 자율적으로 생산할 경우 공급량이 사회적으로 바람직한 수준보다 더 많이 생산하게 되는 것이다. 따라서 매연, 이산화탄소, 흡연으로 인한 영향 등의 부정적 외부효과는 자율적으로 둘 경우 사회적으로 기준보다 더 많이 공급되기 때문에 적절한 규제가 필요하다.

긍정적 외부효과

이제 긍정적인 외부효과를 한 번 살펴보자. 양봉업자와 과수원처럼 긍정적인 외부효과가 나타나면 제3자의 경제적인 후생을 높이는 것이므로, 이번에는 부대비용 대신에 편익benefit이 발생한다. 이것은 비용을 감소시켜주는 것이므로 마이너스의 부대비용이라고도 한다. 사회적 비용은 사적비용과 부대비용을 합한 것인데, 부대비용이 마이너스이면 긍정적인 외부효과가 발생할 때에 사회적 비용이 오히려 사적인 비용보다 적게 된다. 제3자의 후생수준을 높여 주었기 때문에, 사회 전체적으로 제3자가 받은 혜택을 모두 1차 생산자에게 돌려준다면 사적비용이 오히려 크게 줄어든다.

그런데 실제 시장에서는 이러한 혜택을 지불하지 않는다. 양봉업자와 과수원 주인이 서로 비용과 혜택을 주고받지 않는다. 역사적인 문화재나 공원, 공원의 분수, 가로수, 아름다운 꽃들의 경우에도 관람자가 그 대가를 충분히 내지 않는다. 예방접종이나 공교육 역시 모두 긍정적인 외부효과를 유발한다. 모든 사람들이 좋은 교육을 받으면 사회에 큰 기여를 할 수 있고, 개인적인 성과도 달성할 수 있다. 유명한 학자가 이런 역할을 하면서 많은 사람들에 영향을 주고, 사회 후생을 높이지만, 제3자가 자신이 받은 혜택을 비용으로 정산하지 않는다.

물론 제3자가 "아, 이것이 아름답고 너무나 나한테 좋으니 비용을 지불하겠다"고 하면 그 비용을 모아서 꽃을 심고 공원을 조성하면 긍정적 외부효과가 나타나는 공공재를 공급할 수 있다. 이것이 시장을 통한 해결방안이다. 그러나 사람들은 그것을 즐길 뿐이지, 비용을 감당하려 하지 않는 경우가 많아 공원이 만들어지지 않는다. 그래서 긍정적인 외부효과가 있는 경우에는 사회적인 가치가 사적인 가치보다 훨씬 크지만, 이 생산을 시장에 맡겨두면 사회적으로 필요한 양보다 적게 공급된다.

따라서 긍정적인 외부효과가 발생하는 경우에는 정부가 공급을 증가시켜 사회적으로 바람직한 생산량을 유도하는 정책을 실시해야 한다.

▼ 그림 12-2 긍정적 외부효과의 예시

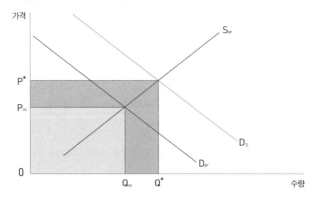

<그림 12-2>를 보면 부정적인 외부효과와는 달리, 긍정적인 외부효과의 경우는 수요곡선이 움직여서 사회적 가치가 훨씬 더 올라가 있다. 이 경우에는 시장에서 생산되는 "Q_m"보다 사회적으로 바람직한 수준의 생산량인 "Q^*"이 더 많다. 이를 시상에 맡겨둘 경우 시장에 놔두면 직질한 만큼의 공급보다 부족하기 때문에 정부는 추가 생산을 유도할 수 있는 여러 정책을 시행하게 된다.

외부효과와 정부규제

외부효과에 대한 정부의 정책은 여러 가지가 있다. 부정적인 외부효과나 나타나면 정부가 경제주체의 행태를 금지하여 직접적인 통제를 하거나, 세금을 부과하여 간접적인 규제를 하는 경우도 있다. 규제를 통해 부정적인 외부효과를 최소화시켜 사회적으로 가장 바람직한 상태로 유도하는 것이다.

가장 널리 활용되는 정책은 교정적인 세금을 부과하는 것인데, 이것을 흔히 피구세금Pigouvian tax이라고 한다. 개별의사결정자들이 부정적인 외부효과에서 나타나는 사회적 비용을 세금을 통해 먼저 부담하도록 하는 정책이다. 우리 일상생활에서 이용하는 쓰레기 종량제도 여기에 해당한다. 쓰레기가 많이 배출되면 사회적으로 부담이 되므로 가급적 적게 버리도록 유도해야 한다. 쓰레기 종량제가 바로 비용을 버리는 사람이 부담케 하는 일종의 교정적 세금에 해당된다. 세금을 통해 쓰레기를 적게 버리도록 유도하고, 환경오염을 줄이는 것이다. 공해물질을 배출하는 기업에게 환경오염 부담금을 부과하는 것도 여기에 해당된다.

쓰레기 종량제의 사례를 그림으로 살펴보자. 쓰레기 종량제의 시행

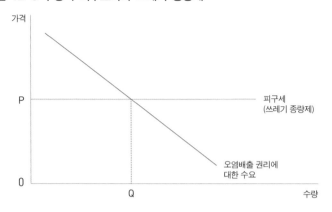

으로 정해진 수준에 가격이 묶여있다. 이 경우 가격이 낮아지면 오염 배출의 권리에 대한 수요인 Q, 혹은 쓰레기의 배출이 늘어난다. 그러나 세금을 높일수록 이 그림에서 표시되는 P, 혹은 가격이 올라가면서, 수요와 공급이 만나는 지점의 Q는 점점 왼쪽으로 이동할 것이고, 쓰레기 배출량은 줄어들게 된다. 세금이 만능 해결책은 아니지만, 시장의 원리와 잘 응용하여 설계한 세금은 사회적으로 바람직한 결과를 유도할 수 있다.

　　환경오염배출권에 대한 거래제도도 동일한 방법으로 분석할 수 있다. 정부가 오염 배출가격을 기업이 배출량을 결정할 수 있도록 유도하고 오염배출권을 거래하는 제도인데 배출량을 초과하는 기업과 미달하는 기업이 배출권을 거래 할 수도 있다. 현재 우리나라에서는 CO_2, 이산화탄소의 배출권 거래제를 실시하고 있다. 기업에게 부과되는 1년 탄소배출량 기준이 정해져 있고, 이 기준량을 초과하면 다른 기관에서 배출권을 구입해야 한다. 이렇게 함으로써 오염물질의 배출량을 제한하는 제도다.

　　이 제도 역시 간단하게 <그림 12-4>로 해석할 수 있다. 각 기업마다 탄소 배출권이 빨간 수직선으로 고정된 만큼 공급받고 있는데, 기업들의 수요가 이 선의 어느 한 지점에서 만나 가격이 결정되는 것이다. 만약 배

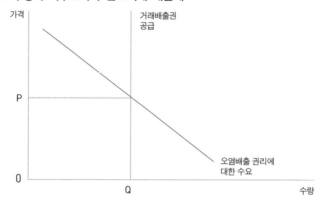

출권의 공급을 줄인다면 가격은 더 상승할 것이다. 배출권의 가격이 올라가더라도 기업 활동 중 일정량의 탄소 배출은 불가피하기 때문이다. 따라서 이를 이용해 사회적으로 바람직한 배출 총량을 이룰 때까지 배출량을 기업들 간의 거래를 통해 줄여나가게 된다.

한편 긍정적인 외부효과가 발생하는 경우에는 일정 수준의 이익을 보장해서 사회적으로 바람직한 수준으로 공급이 증가하도록 유도해야 한다. 세금 대신 인센티브를 부여하는 것이다. 에너지를 절약하는 새로운 자동차, 전기제품 등에 대해 세금을 환원해 주는 것이 대표적인 사례다.

코즈의 정리

외부효과가 발생하는 경우에 정부가 개입하여 해결하는 방법도 있지만, 정부가 개입하지 않고 민간에서 이해당사자들끼리 해결하는 방안도 고려할 수 있다. 이것은 노벨경제학상을 받은 코즈R.Coase가 제시한 방법인데 흔히 '코즈의 정리'라고 한다. 민간 경제주체들이 자원배분과정에서 아무런 조정비용이나 중개비용을 치르지 않고 협상할 수 있다면, 외부효과로 인해 초래되는 비효율성을 시장에서 스스로 해결할 수 있다는 이론이다. 담배를 피우는 사람하고 옆에 있는 사람이 정부 개입 없이 둘이 서로 만나서 피해를 서로 해결하는 방식이다. 서로 타협하는 과정에 별다른 비용이 수반되지 않는다면, 외부효과는 시장에서 민간끼리 해결하는 것이 효율적이라는 내용이다.

거래하는 과정에서 발생되는 여러 가지 비용을 거래비용이라고 한다. 코즈의 정리는 거래비용과 밀접한 관련이 있다. 소송을 통해 외부효과를 해결하는 것은 많은 거래비용을 수반할 수도 있다. 시장의 특성이나 경제주체에 따라 거래비용은 모두 달라진다. 경제학에서는 거래비용을 최소화하는 것이 효율적인 자원배분에 도움이 된다. 외부효과의 해결방안도 어떤 경우에 거래비용이 가장 적게 소요되느냐에 따라 해결방안이 결정되어야 한다.

Chapter 13

공공재와 공유자원

사유재와 공공재

봄철이면 여의도 강변에 벚꽃 놀이가 장관을 이룬다. 한강 변에 세계적인 불꽃 축제가 열리는 계절도 있다. 공원에 가면 아름다운 꽃과 분수, 낙엽이 있다. 매일 매일 이렇게 아름다운 것들만 보고 살아간다면 아마도 주민들의 기대수명이 훨씬 더 늘어날 것이다.

벚꽃이나 불꽃놀이, 분수 등을 경제학적인 관점에서 생각해보자. 지금까지 수요와 공급을 분석해 왔고, 시장에서 수요자와 공급자가 만나서 균형이 이루어지면 가장 효율적이라고 설명해 왔다. 실제로 소비자는 시장에서 자신의 효용을 극대화하기 위한 선택을 하고, 기업은 자신의 이윤이 극대화되는 선택을 한다. 그럼에도 불구하고 완전경쟁시장에서는 가격과 한계비용이 일치되는 점에서 균형이 이루어지고, 이것은 자원배분이 가장 효율적으로 이루어지는 상태라고 분석했다.

과연 누가 벚꽃이나 불꽃놀이의 비용을 부담하는가? 여의도에 사는 사람이 가장 많이 볼 테니까, 주민들이 가장 많이 부담해야 할까? 실제로는 어디에 사느냐에 관계없이 모든 사람이 가서 즐길 수 있다. 그럼 누가 어떤 목적으로 그 많은 비용을 부담하는 것일까? 실제로는 대부분 정부가 부담한다. 그럼 얼마만큼 정부가 부담하는 것이 가장 바람직할까? 만약 시장 원리에 맡긴다면, 관람을 하는 소비자가 당연히 비용을 부담해야 한다. 그러나 실제로는 그렇지 않지 않은가.

시장이 맡겨둔다고 모든 경제 문제가 해결되는 것은 아니다. 대부분 시장에 의해서 가장 효율적인 방안이 도출될 수 있지만, 일부 재화나 서비스는 구조적인 특성으로 인하여 시장에서는 해결되지 않는 것들이 있다. 대표적인 사례가 바로 공공재와 공유자원이다. 경우에 따라서는 시장이 형성되지도 않고, 또 제대로 운영되지 않는 영역이 있다. 시장이 운용되는 경우에도 그 결과가 비효율적인 자원배분을 가져오는 사례도 있다. 이것을 시장의 실패market failure라고 부른다.

먼저 공공재와 사유재를 구별해보자. 거리의 가로등은 당연히 공공재이고, 집안의 전등은 사유재다. 무엇이 가장 큰 차이일까? 설치비용을 누가 부담하고, 실제로 누가 가장 큰 편익을 보느냐를 생각해 보면 금방 구별할 수 있다. 사유재는 자신이 구입하기 위해서 돈을 지불하고, 공공재는 비용을 부담하는 사람과 혜택을 보는 사람이 특별한 관계를 가질 수 없다. 경비를 부담하든, 안 하든 모든 사람이 혜택을 볼 수 있는 것이 바로 공공재다. 도로, 교량, 공원 등이 모두 여기에 속한다.

정부가 세금을 투입해서 공공재를 공급하는 것이 일반적이다. 그러나 최근에는 공공재의 건설도 민간의 자본을 유치해서 이루어지는 경우가 많다. 민자를 유치해서 공공재를 건설하는 것은 민간의 자본을 활용하여 공공재를 시장을 통해 해결하려는 것이다. 공공재는 건설비용을 부담하는 사람과 혜택을 보는 사람이 다르기 때문에, 정부가 계속해서 공공재를 지으려면 막대한 재정 투자가 필요하다. 민자를 활용하면 정부의 재정 투입이 줄어들고, 대신 민간자본이 어느 정도 수준의 이윤을 얻도록 하여, 공공재를 더 많이 공급할 수 있도록 유도하는 것이다.

공공재의 특성은 다음 두 가지가 있다. 첫째는 배제성excludability이다. 사유재는 자신만이 자신이 갖고 있는 사유재를 사용할 수 있다. 타인이 자신의 사유재를 사용하는 것을 원칙적으로 허용하지 않는다. 따라서 타인은 자신이 소유한 사유재의 소비로부터 배제되어 있다. 물론 일시적인 임대도 가능하지만, 기본적으로 사유재는 소비의 배제성이 확연히 드러난다. 그러나 공공재의 경우에는 소비의 배제성을 제도적으로 막기 힘들다. 다른 사람이 꽃을 보고, 분수를 즐기는 것을 어떻게 막을 수 있는가.

둘째는 소비의 경합성rivalrousness이다. 누군가 어떤 재화를 소비하면, 다른 사람의 소비는 제한되느냐의 여부다. 가로등의 서비스는 동시에 여러 사람이 받을 수 있으므로 경합성이 없다. 마을에 있는 큰 공용 어장은 다른 사람이 물고기를 잡아가면 자신에게는 기회가 없기 때문에 사유재처럼 경합성이 있다.

사유재는 자신이 사용하는 동안에는 남이 쓸 수 없기 때문에 소비의 배제성이 있고, 내가 사용하면 남들은 쓸 수 없으므로 경합성도 있다. 반면 가로등과 같은 순수한 공공재는 소비의 배제성도 없고, 모든 사람이

▼ 그림 13-1 경합성과 배제성에 따른 재화와 서비스의 구분

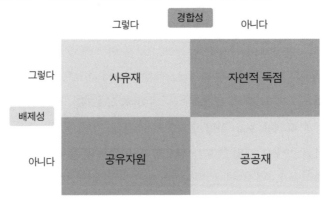

공동으로 사용할 수 있으므로 경합성도 없다. 경합성은 있지만, 남들을 소비에서 배제할 수 없는 경우에는 공유자원이 된다.

　마을이 공유하고 있는 연못이나 목초지 같은 것이 대표적인 공유자원이다. 내가 그 연못에서 물고기를 먼저 잡지 않는다면 어떻게 될까? 남들이 먼저 잡아가면 모든 게 사라져 버릴 수 있다. 따라서 공유지의 물고기는 서로 먼저, 많이 잡으려 하기 때문에 남획될 수밖에 없는 특성을 갖고 있다. 공유지의 푸른 초원도 주인이 없는 공유자원이기 때문에 남용될 수밖에 없다. 이것을 공유지의 비극tragedy of the commons이라고 부른다.

무임승차

　소비의 배제성이 있어 혼자만이 가질 수 있는데, 경합성이 없어 소비의 라이벌도 없다면 그것은 자연스럽게 독점이 되어버린다. 배제성과 경합성을 모두 갖고 있는 경우에는 공공재가 된다. 공공재에서는 재화나 서비스를 이용해서 이득을 봤음에도 불구하고 대가를 지불하지 않는 경우가 발생하는데, 이런 혜택을 받는 사람을 흔히 무임승차자free rider라고 한다. 가로등을 설치하는 데 단 1원도 부담하지 않는 사람이 가로등의 혜택을 받는 경우를 말한다.

　어떤 골목길에 가로등을 설치하려고 각 가구별로 조사를 한다고 하자. 이 가로등이 정말 필요한가? 모두 다 필요하다고 한다. "그럼 각 가구의 필요의 정도에 따라 설치비를 분담하려 하는데, 비용을 얼마나 부담할 용의가 있느냐?" 이 질문에는 대체로 부담할 용의가 있는 금액은 설치비보다 훨씬 적게 나온다. 무임승차가 항상 존재하기 때문이다.

　무임승차가 존재하면 시장은 실패한다. 공공재는 소비의 배제성이 없기 때문에 개인이 부담을 회피할 수 있다. 예를 들어 10만 원의 가격을 내야 제대로 시장에 공급될 수 있는데, 실제로는 10만 원의 혜택을 보면서도 전혀 비용을 부담하지 않고 공공재를 이용하는 현상이 나타난다. 이런 상태에서는 공급자가 항상 손실을 보기 때문에 시장에 맡겨 두면 공공재가 공급되지 않는다.

무임승차에 대비되는 개념은 당연히 수익자 부담의 원칙이다. 경쟁시장과 독점시장을 분석할 때, 가격은 당연히 소비자가 지불한다. 무임승차가 존재하는 시장은 실패할 수밖에 없다.

실제 우리 주변에는 수많은 공공재가 있다. 보건, 의료, 국방노 중요한 공공재다. 기초과학에 대한 연구, 국방, 빈곤의 퇴치 등도 공공재에 해당된다. 기초과학에 대한 연구결과는 누구에게나 응용이 되어 사회발전에 기여한다. 따라서 기초과학도 민간부문에서는 투자가 이루어지지 않는다. 기초과학의 연구 결과가 모든 사람에게 적용되고, 무임승차가 존재하기 때문이다.

공공재의 공급은 비용과 편익의 분석을 통해서 결정한다. 어떤 공공재를 설치할 경우 소요되는 비용과 설치 후에 사회가 얻을 수 있는 편익을 분석한다. 공급여부, 적정 수량 등을 결정하기 이전에 공급으로 얻어지는 사회적인 효용과 공급 이후의 편익, 유지비용 등을 비교 분석한다. 공공개가 건설되려면 당연히 사회적인 효용이 설치비용보다 커야 한다. 이것을 경제학에서 비용과 편익 분석cost-benefit analysis이라고 하고, 일반적으로는 타당성 분석이라고 한다.

예를 들어, GTX(지하 고속 철도)를 건설할 경우, 모든 비용과 편익을 분석해서 건설의 타당성 여부를 결정한다. 오랜 기간에 걸쳐 소요되는 비용과 미래의 편익 등은 현재가치로 환산하여 건설의 타당성 여부를 결정한다. 사회 전체의 효용과 사회적 비용 등 많은 요인들을 분석해서 공공재의 공급 여부를 결정한다. 공급의 타당성이 입증되면 자금의 조달방식 등을 결정한다. 정부재원으로 건설하는 경우도 있지만, 민간자본을 유치하기도 한다. 이 경우 민자에 대한 대가로 일정기간 최소한의 이윤을 보장해주기도 한다.

물론 공공재의 가치를 측정하는 것은 많은 어려움이 있다. 우선 제조업 제품과 달리 공공재의 가치를 측정할 수 있는 가격이 존재하지 않는다. 또한 사람들의 응답 역시 수치화하거나 계량화하기 쉬운 작업이 아니다. 주관적인 평가를 객관화하는 작업이 만만치 않다. 어떤 사람에게는 절대적으로 중요하고, 다른 사람에게는 그렇지 않은 경우도 많다. 예를 들어, 사회 안전이나, 국방, 보건 등의 가치를 어떻게 측정하는 것이 바람직하겠는가? 가로등이나 안전시설 등은 평소에는 그 가치가 낮게 나타날 수도 있지만, 사고가 발생하면 공공재의 가치가 엄청나게 중요해진다. 그렇기 때문에 이것을 수치화하고 계량화하는 것이 쉬운 작업이 아니다.

공유지의 비극

앞서 설명한 대로 마을 공유지의 큰 연못에 물고기가 많은 공유자원을 생각해 보자. 주인이 없는 공유자원을 어떻게 활용하는 것이 가장 효율적일까? 공유 자원 역시 공공재와 마찬가지로 소비의 배제성이 없다. "내가 쓰니까, 넌 쓰지 말라" 이렇게 할 수 없다. 나만 유일하게 권리가 있는 것도 아니다. 공유 자원은 한 사람의 소비가 다른 사람의 소비를 제한하기 때문에 경합성이 있다. 이 경우를 이제 경제학으로 분석을 해보면 공유지의 비극이 등장하게 된다.

소비의 경합성이 있기 때문에, 서로들 "내가 빨리 이 물고기들을 잡아가지 않으면 남들이 다 잡아가버린다"고 생각하게 된다. 또한 본인이 필요한 양보다 더 많이 잡는다. 실제로 모든 공용시설에는 이런 현상이 공통적으로 적용된다. 공원이나 공중 화장실, 학교 시설, 공공기관 등 이런 시설은 빨리 낡아 버린다. 모두 공유지의 비극이고, 결국은 경합성과 비배제성으로 인하여 등장하는 문제다.

이런 경우에는 자원 이용자들이 공동으로 협력하거나, 정부의 규제, 또는 공유자원의 사유화 등을 통해서 남용을 방지해야 한다. 공유 자원의 사유화는 입장료를 받거나, 또는 민간에게 매각하고, 매각대금을 공공부문에서 활용하는 방안이 있다. 공유지의 비극은 우리 인간이 가지고 있는 어쩔 수 없는 한계일 수도 있다. 세상의 어디에서도 주인이 없는 곳은 항상 공유지의 비극이 존재한다. 시민의식이 선진화되고, 건강한 공동체정신이 있다면, 공유자원의 비극이 나타나지 않을 수도 있지만, 경제학적인 측면에서는 공유지의 비극은 어느 사회에도 나타날 수 있다. 따라서 비극이 발생하지 않게 적절한 정책을 시행하는 것이 중요하다.

바다의 아름다운 돌고래, 공원과 호수, 고속도로 등이 모두 공유자원에 해당된다. 아프리카의 코끼리는 빠르게 멸종되고 있는데, 왜 소는 멸종하지 않는 것일까? 소는 사유화되어 있기 때문이다. 주인이 있으니까 소를 잘 기르고, 그것은 곧 자기 개인의 이익이 된다. 공유자원의 비극에 대해 말해 주는 사례다. 이런 사례는 무수히 많다.

공공재와 공유자원의 문제는 결국 재산권에서 비롯된다. 사유재는 주인이 재산권을 갖고 있지만, 공유자원이나 공공재는 개인의 재산권이 없다. 주인이 있는 개인의 집은 깨끗이 관리된다. 집에 있는 컴퓨터는 조심해서 사용한다. 그런데 공공시설, 공공자원은 그렇지 않은 경우가 많다. 재산권이 부여된 재화나 서비스는 훨씬 더 효율적으로 관리된다. 세상에는 재산권이 분명하게 명시돼 있지 않기 때문에 일어나는 비효율이 너무 많다. 주인이 없는 재화나 서비스는 항상 남용되거나 비효율적으로 관리된다.

주인 없는 세상

공짜라면 양잿물도 마신다는 속담이 있다. 한때는 양잿물로 양념된 '부드러운 소고기'를 자신도 모르게 먹은 사람도 있다. 하지만 알고서야 어떻게 양잿물을 먹겠는가. 그럼에도 세상에 공짜를 싫어하는 사람은 많지 않을 것이다. 남에게 조건 없이 베풀 때 큰 기쁨을 느끼는 것처럼 공짜를 즐길 때도 상당한 쾌감(?)이 있게 마련이다.

그러나 세상에 그런 공짜가 어디 있겠는가. 경제생활에 공짜 점심이 있을 수 없듯이 개인에게는 공짜처럼 보이는 것도 사회적으로는 공짜가 아닌 것이 대부분이리라. 단지 책임소재나 소유권이 명확히 설정되지 않았을 뿐이리라. 예를 들어 호수의 물고기는 누구의 소유이며 지하수와 맑은 공기는 과연 누구의 것인가? 이 경우 소유권은 분명치 않지만, 누군가 사용하게 되면 다른 사람이 쓸 수 있는 가용자원이 줄어드는 것은 분명하다. 마을의 저수지나 목초지처럼 소유권이 공동으로 명확히 규정되어 있는 공유재산도 같은 성격이다.

누구든지 마음대로 물고기를 잡을 수 있는 저수지를 생각해보자. 낚시꾼은 어떻게 행동하겠는가? 공동으로 사용할 수 있는 목초지가 있다면 가축을 기르는 사람은 어떤 행동을 나타내겠는가? 각 개인의 이익추구를 위한 경제행위가 공유자원의 고갈을 촉진하게 될 것이다. 환경오염도 이런 과정을 통해 유발된다. 개인의 사적 재산과 달리 소유관계가 명확히 설정되지 않은 공유재산은 불행히도 효율적으로 관리되지 못하는 속성이 있다. 자신의 소유가 아니어서 공짜처럼 무책임하게 사용하기 때문이다. 공원의 화장실은 왜 항상 지저분한가. 공유재산이나 공공자원은 함부로 남용되어, 쉽게 더러워지고 고갈될 수밖에 없는 운명을 가진 것이다. 이런 현상을 경제학에서는 '공유재산의 비극(Tragedy of the Commons)'이라고 한다.

하딘(G.Hardin)이 제시한 이 비극이 가장 심하게 나타났던 역사는 바로 사회주의의 실험이었다. 공동으로 생산하고 필요에 따라 분배한다는 이상은 누구에게도 공유재산의 창출에 주력할 인센티브를 주지 못했다. 북한에서는 개인이 가꾸는 '텃밭'의 생산성이 가장 높았고 집단농장은 실패를 거듭하지 않았는가. 그렇다고 이 비극이 우리와 멀리 떨어져 있는 것도 아니다. 혈세로 조성된 공적자금이 엉뚱하게 사용되고 공공부문에서 방만한 지출이 이루어지는 것도 모두 이 비극의 일부이다. 각종 기금이 비효율적으로 운영되는 것도 모두 공유재산의 비극에 해당한다. 자신의 돈이라면 어떻게 그렇게 방만하게 사용하겠는가. 주인이 확실치 않은 남의 돈이라서 도덕적으로 해이한 행동을 한 결과이다. 그래서 공적자금은 있는 것보다 없는 것이 더 좋다. 시장경제에서도 소유관계가 명확하지 않은 부문에서는 예외 없이 공유재산의 비극이 나타나고 있는 것이다.

그렇다면 과연 비극을 희극으로 바꿀 수는 없는가. 공짜라면 무조건 좋아하는 행태를 바꿀 수 있다면 문제는 간단하다. 그래서 개미처럼 집단의 이익을 위해 희생할 수 있는 국민성이 길러질 수 있다면 그런 비극은 발생하지 않을 것이다. 그러나 이것은 물론 경제학의 영역이 아니다. 이 비극을 줄일 수 있는 경제학적 처방은 자신의 행위로 유발되는 모든 사회적 비용을 각 개인이 부담하게 하는 것이다. 공유재산이라도 함부로 쓸 수 없는 엄격한 규칙을 만들어야 한다. 그렇게 되면 당연히 세상에는 공짜가 없어지게 된다.

정갑영, "열보다 더 큰 아홉", (21세기북스, 2012), pp. 260-262 일부 인용

Chapter 14

국민소득의 측정

국내총생산과 국민소득

이번 장부터는 거시경제에 관한 내용을 살펴보도록 하자. 거시경제학은 국민경제 전체를 큰 시각으로 분석한다. 따라서 개별 나무 하나 하나를 살펴보는 것은 미시경제이고, 숲 전체를 살펴보는 것은 거시경제라고 설명한 바 있다. 즉 거시경제학에서는 다수의 소비자, 생산자, 시장을 전체적으로 살펴보고, 각 변수가 미치는 여러 가지 경제적 변화를 분석한다. 거시경제학에서는 국민소득이 어떻게 증가하는가, 물가는 얼마나 오르고, 고용은 어떻게 되는가 하는 거시경제의 변수가 주로 다루어진다. 또한 생산과 고용, 금리 등이 주요한 거시경제의 변수들이다.

먼저 국민 소득을 어떻게 추정하고, 국민 소득이 정확히 무엇인지, 모든 기업이 분배한 임금, 이자, 배당금, 임대료 등과 국민소득은 어떤 관계에 있는지 등을 살펴보도록 하자. 이 국민 소득은 여러 방법으로 추정하는데, 가장 널리 알려진 개념이 바로 국민총생산GNP과 국내총생산GDP이다.

국내총생산gross domestic products; GDP은 한 나라에서 1년 동안 생산한 최종생산물의 가치를 말한다. GDP는 한 국가의 경제를 평가하는 가장 기본적인 지표로서, 한 나라의 영토 안에서 이루어진 경제활동을 나타내는 한 척도가 된다. 한편 국민총생산gross national products; GNP은 영토를 기준으로 하지 않고 한 나라 국민이 1년 동안 생산한 최종생산물의 가치를 나타낸다. 국적을 기준으로 경제활동을 평가하는 지표다.

경제는 순환하기 때문에 GDP나 GNP는 모두 생산의 측면에서 경제활동을 평가하는 것이지만, 생산된 것은 결국 임금이나 이자, 지대 등 생산요소의 대가로 분배된 것과 같게 된다. 이것은 또한 지출의 측면에서 파악하면 소비자나 정부, 기업 등에 의해서 지출된 것을 모두 합한 것과 같다. 따라서 국민소득은 생산이나, 분배, 지출의 어떤 관점에서 평가해도 결국은 동일하게 된다. 이것을 국민소득의 3면 등가의 법칙이라고 한다. 경제활동이 이루어진 것을 사후적으로 평가하면, 생산된 것이나 분배된 것, 지출된 것이 모두 동일할 수밖에 없다. 이것은 이미 이 책의 앞부분에서 경제의 순환을 설명할 때 논의되었던 내용이다.

즉, 국민소득을 생산의 측면에서 파악할 때에는 최종 생산물의 시장 가치GDP가 되고, 지출의 측면에서 볼 때는 가계의 소비와 기업의 투자,

▼ 그림 14-1 GDP의 3면 등가

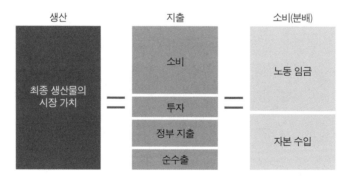

정부 지출, 해외 부문의 순수출을 모두 합한 값이 된다. 또한 소비 면에서는 임금과 이자 등을 모두 합한 것이 국민소득이 된다. 이와 같이 생산, 지출, 분배 또는 소비의 세 가지 측면에서 국민 소득을 계산할 수 있는데, 어떤 측면으로 계산을 해도 결국은 동일하게 된다.

GDP의 개념을 보다 엄격하게 정의하면 다음과 같은 특성이 있다. 먼저, 국내 총생산GDP은 일정 기간에 걸쳐 계측한다. 대체로 1년 주기로 계측하지만, 분기별로 GDP를 추정하기도 한다. 일정 기간에 걸쳐 발생한 경제활동을 측정하는 변수이므로, 유량flow에 속한다. 반면 통화량은 일정 순간의 지표를 계측하는 것이므로 저량stock의 변수다. 현재 이 순간 국내에 풀려 있는 통화량은 당연히 저량에 속한다.

또한 국토 기준으로 국내에서 생산된 최종재만을 포함한다. 따라서 중간재는 제외한다. 중간재는 무엇인가? 자동차를 놓고 생각해보면, 차한 대를 생산하는 과정에 많은 부품이 들어간다. 엔진도 있고, 타이어도 있고, 브레이크 등 수많은 부품이 중간단계에 투입된다. 그런데 타이어 공장에서는 타이어를 생산할 때 이미 국민 총생산의 한 항목으로 포함하고, 자동차 공정에 다시 타이어를 포함한다면 이중계산의 문제가 발생한다. 따라서 최종재 생산과정에 투입되는 중간재는 GDP의 계산에서는 제외해야 한다. 이미 자동차 한 대의 가치에 타이어도 포함되어 있기 때문이다. 그러나 타이어를 교체할 때 소비자에 판매되는 타이어는 중간재가 아니고 최종재이기 때문에 GDP 계산에 포함되어야 한다.

GDP는 일정 기간(대체로 1년 동안) 국내에서 생산된 최종 생산물의 시장가치를 말한다. 시장 가격으로 평가하기 때문에 동일한 재화라 할지라도 가격이 올라가면 명목의 시장가치는 상승하고, GDP도 증가한다. 가격이 올라가면 GDP는 올라간다는 의미이다. 이것은 사실이다. 명목가치만을 구별하기 때문이다. 그러나 경제성장률을 계산할 때는 물가 상승률을 제거해야 하고, 실질가치만을 기준으로 한다.

GDP는 생산의 기준이지만, 생산된 것들이 결국은 누군가에 의해서 지출된 것으로 균형이 된다. 자동차를 생산하면 누군가(기업이나 소비자, 정부 등)이 자동차를 사기 위해 지출을 해야만 균형이 된다. 누군가에 의해서 구매되지 않고 재고로 누적된다면 이것은 GDP에 기여하지 못한다.

GDP는 지출의 주체에 따라 가계의 소비(C), 기업의 투자(I), 정부의 지출(G) 및 순수출(NX)로 구성된다. 생산된 재화는 가계의 소비, 기업의 투자, 정부의 지출로 이루어진다. 그리고 순수출은 수출에서 수입을 공제한 것이다. 예를 들어, 5천억 달러를 수출하고, 4천억 달러를 수입했다면, 순수출은 1천억 달러가 된다. 이 내용을 종합하면 국내총생산GDP 또는 국민소득(Y)은 C + I + G + NX와 같게 된다. 즉 국내총생산은 네 지출요소의 합계와 같다.

GDP는 국내 영토를 기준으로 하기 때문에 기업을 누가 소유하고 있느냐는 관계가 없다. 외국인 투자기업도 당연히 포함되고, 오히려 국내 기업이 해외에 투자한 기업은 포함되지 않는다. 개방경제에서는 소유보다는 한국의 영토에서 경제활동을 하며 고용을 창출하고 소득을 증가시키는 것이 중요하므로 국적기준의 GNP보다 영토기준의 GDP가 더 널리 활용된다. 실제로 증권시장이 개방되어 있으므로 한국의 대표적인 기업도 주식의 상당 부분을 외국인이 소유하고 있다. 한편 국민총소득gross national income; GNI도 자주 인용되는 지표인데, 이것은 생산 활동을 통해서 얼마나 국민이 살 수 있는 능력을 갖고 있는가, 즉 소득의 구매력을 계산한 지표다.

명목 GDP와 실질 GDP

GDP를 시장가격 기준으로 명목가치만 계산하면 물가상승 여부에 따라 값이 크게 달라진다. 예를 들면, 물가가 내려갈 때에는 생산량, 실질 생산량은 똑같아도 명목 GDP는 하락한다. 경제활동의 실질적 변화 여부를 파악하기 위해서는 물가요인을 제거한 실질변수의 파악이 필요하다. 그래야만 경제성장률과 같은 지표를 구할 수 있다. 실질 GDP는 어떻게 계산하면 될까? 주어진 기준연도의 시장가격으로 재화와 서비스의 가치를 계산하면 실질기준이 된다. 여기서 주의할 것은 시장가격은 마찬가지인데 기준연도를 정하여 계산한다. 다시 말하면, 물가가 몇 연도 수준으로 동결되어 있다고 가정해야만 실질적인 경제활동의 변화를 파악할 수 있다.

▼ 표 14-1 명목과 실질 GDP의 계산: ① 재화의 가격과 생산량

연도	치킨 가격	치킨 생산량	콜라 가격	콜라 생산량
2014	10,000원	100	1,000원	50
2015	11,000원	150	1,500원	100
2016	12,000원	200	2,000원	150

표에서 주어진 자료를 토대로 명목과 실질 GDP의 변화를 계산해보자. 아주 단순하게 치킨과 콜라만 생산하는 경우를 가정해보자. 명목 GDP를 계산할 때에는 치킨 가격과 치킨 생산량을 곱하면 되고, 콜라 가격과 콜라 생산량을 곱해서 모두 합하면, 전체 명목 GDP가 되는 셈이다. 물론 실제 경제에서는 한 국가에서 생산되는 모든 재화와 서비스에 대해서 동일한 방식의 시장가치를 합산해야 하므로, 수많은 재화와 용역이 포

함될 것이다. 이 과정에서 보면, 치킨이나 콜라 가격이 상승하면 생산량에 변동이 없어도 명목 GDP도 올라가게 된다. GDP의 계산과정을 표로 나타내면 아래와 같다.

▼ 표 14-2 명목과 실질 GDP의 계산: ② 명목 GDP

연도	명목 GDP
2014	치킨 한 마리 10,000원×100마리+콜라 한 병 1,000원×50병=105만원
2015	치킨 한 마리 11,000원×150마리+콜라 한 병 1,500원×100병=180만원
2016	치킨 한 마리 12,000원×200마리+콜라 한 병 2,000원×150병=270만원

이제 실질 GDP를 계산해 보자. 가격변동을 제외하고 실질적인 생산의 변동을 고려해야 하므로, 일정한 기준연도에 가격을 고정시켜 놓아야 한다. 우선 2014년의 가격을 기준으로 삼아보자. 그 당시에 치킨 한 마리당 가격이 1만 원인데 100마리가 생산되었고, 콜라는 1천 원인데 50병이 생산되었으므로, 기준연도의 경우에는 실질GDP와 명목 GDP가 같게 된다.

▼ 표 14-3 명목과 실질 GDP의 계산: ③ 실질 GDP

연도	명목 GDP
2014	치킨 한 마리 10,000원×100마리+콜라 한 병 1,000원×50병=105만원
2015	치킨 한 마리 10,000원×150마리+콜라 한 병 1,000원×100병=160만원
2016	치킨 한 마리 10,000원×200마리+콜라 한 병 1,000원×150병=215만원

이제 2015년도 가격을 구해보자. 2015년도 현재의 가격과 아무 상관없이 기준연도인 2014년에 고정된 것으로 가정한다. 실제 2015년에 생산한 것이 150마리이므로 1만 원 곱하기 150마리가 된다. 콜라의 경우도 동

일하다. 2014년의 가격인 1천 원에 고정시키고, 100병을 생산한 것이다. 콜라와 치킨을 기준연도인 2014년을 기준으로 모두 합하면 160만 원이 나왔다. 물가 변동요인을 모두 제거하고, 2015년의 실질 GDP를 살펴보니, 2014년의 105만 원에서 2015년의 160만 원으로 증가한 것이다. 이만큼 실질적인 경제규모가 성장한 것이라고 할 수 있다.

명목 GDP로 계산할 경우에는 105만 원에서 180만 원으로 증가했었는데 실질GDP로 파악하니 160만 원으로 20만 원이 감소한 것이다. 이것은 물가상승으로 인해서 나타난 현상이라고 할 수 있다.

이와 같이 경제 성장률이나 실질 GDP를 계산할 때에는 물가 요인을 제거한다. 이 과정에서 경제전반에 나타나는 일반적인 물가상승을 인플레이션이라고 한다. 인플레이션은 개별품목의 물가를 의미하지 않고, 물가가 전반적으로 얼마나 상승했느냐를 나타낸다. GDP를 계산할 때 명목과 실질을 계산해보면, 물가 요인이 반영이 된 GDP 디플레이터GDP deflator를 구할 수 있다. 즉, 명목 GDP를 실질 GDP로 나눈 값이다. 이것이 결국 국민경제 전체에서 물가상승 요인이 얼마인가를 파악하는 지표다. GDP 디플레이터는 명목 GDP 증가분 중에서 순수한 가격 상승으로 인한 변화부분을 말하는 것이다. GDP 디플레이터는 인플레이션과 거의 동일한 개념인데, GDP 디플레이터가 훨씬 더 포괄적 개념의 물가상승을 나타낸다.

▼ 표 14-4 명목과 실질 GDP의 계산: ④ GDP 디플레이터

연도	GDP 디플레이터
2014	(105만 원 / 105만 원)×100＝ 100
2015	(180만 원 / 160만 원)×100 = 112.5
2016	(270만 원 / 215만 원)×100 = 125.6

한편 GDP 디플레이터를 계산해 보면, 표에서 2014년을 100으로 기준연도로 할 경우, 2015년에는 112.5, 2016년에는 125.6이 된다. 즉, 명목하고 실질을 나눈 값이다. 이것은 곧 매년의 전반적인 물가싱승률을 반영하는 지수가 된다.

한편, GDP는 반드시 국민생활의 질적 수준을 나타내는 것은 아니다. 생산을 기준으로 파악하는 것이기 때문에 반드시 국민의 후생수준을 나타내는 지표라고 할 수는 없다. 단지 평균적으로 국민들이 생활수준을 나타내는 지표로 널리 인용된다. 그러나 완벽한 후생의 지표로서는 제약이 있다. 어가는 물론 환경, 분배 등이 고려되어 있지 않으며, 시장에서 거래되지 않는 부분도 GDP에는 포함되지 않는다. 예를 들어, 가사 노동을 아무리 열심히 해도 시장에서 거래되는 것이 아니므로 GDP에는 포함이 되지 않는다. 집에서 담는 김치 역시 포함되지 않는다. 그러나 김치를 구매하면 그것은 GDP에 포함이 된다. 실제로 생활의 질을 나타내는 많은 지표들이 GDP와 양의 상관관계를 가지고 있는 것이 사실이지만, GDP 자체가 완벽한 후생의 척도는 아니다.

 모기와 국민소득

여름철에는 어김없이 모기 때문에 고통을 당한다. 이제는 북쪽에서 내려오는 말라리아모기까지 걱정해야 한다. 더 큰 손해를 입게 될지도 모르겠다. 여름철에 우리를 괴롭히는 것은 모기뿐만이 아니다. 비가 많이 오면 수해를 걱정해야 하고 너무 적게 오면 가뭄피해를 걱정해야 한다. 연료 걱정까지 해야 하는 겨울도 사정은 마찬가지이다. 사계절을 즐길 수 있어서 좋은 때도 있지만, 기후변화가 적은 남태평양에서 사는 〈블루라군〉의 브룩 쉴즈와 같은 생활이 부러울 때도 잦다.

그럼에도 사계절로 바람 잘 날 없는 한국의 국민소득이 평생 모기 걱정 없는 타히티 섬보다 더 높게 평가된다는 사실만은 분명하다. 여름에는 모기 때문에 살충제를 만들어야 하고 겨울에는 추위로 에너지를 더 많이 소비하는 활동이 모두 국민소득을 증가시켜 주기 때문이다. 그림 같은 해변에서 상하(常夏)의 여유를 만끽하는 편이 훨씬 좋을 텐데 통계로 계측되는 소득은 더 낮게 평가된다는 얘기다. 그렇다면 국민소득은 국민의 후생이나 생활의 윤택함을 잘 나타낸다고 할 수 있을까? 왜 이런 괴리가 나타나는지 살펴보자.

국민소득은 국내총생산(GDP)을 인구수로 나눈 것이다. GDP는 일정 기간에 국내에서 거래된 최종생산물의 가치를 경상가격으로 합계한다. 경제학의 모든 '정의'가 그렇듯이 상당히 어려워 보이는 설명이지만 간략히 말하면 세 가지 요소로 설명된다. 즉 일정 기간의 국내 거래와 최종생산물 경상가격이라는 표현이다. 여기에서 '국내'를 '국민'으로 바꾸면 국민총생산GNP이 된다. 하나는 지역중심으로 국내를 대상으로 하고 후자는 국적중심으로 평가하는 개념이다. 최근에는 GDP를 더 많이 사용한다.

'일정 기간 거래'는 통상 1년 동안 시장에서 거래된 재화와 용역을 말한다. 축적된 부와 국민소득이 다른 이유도 여기에 있다. 예를 들어 2011년의 GDP는 그 해의 생산을 포함할 뿐이다. 과거에 축적된 부를 고려하는 것은 아니다. 또한, 시장거래를 대상으로 하므로 시장화가 덜 된 나라의 국민소득은 저평가되게 마련이다. 예를 들면 김치를 담글 줄 모르는 젊은 세대는 시장에서 사기 때문에 국민소득을 증가시킨다. 즉 같은 김치를 먹어도 부모세대보다 더 많은 국민소득을 창출하는 셈이다.

GDP는 경상가격이 기준이 되므로 물가가 올라가면 생활은 어려워져도 소득은 덩달아 올라간다. 달러 가치로 환산할 때 일단 국내가격으로 측정한 다음 환율로 나누기 때문이다. 환율이 내려가면 역시 달러표시 국민소득은 상승한다. 환율 때문에 국민소득에도 인플레현상이 나타나는 셈이다. 한때 1만 달러 소득이 무너질 것을 우려해 환율을 인상하지 못했다는 근거 없는 풍문의 이론적인 근거가 되는 셈이다. 공해를 배출하는 산업을 많이 유치해도, 환경과 관계없이 소득은 상승하게 된다.

이러한 특성 때문에 일부에서는 GDP를 국민총공해(gross domestic pollution)를 나타내는 지표라고 혹평하기도 한다. 따라서 국민후생을 제대로 파악하기 위해서는 생활의 질적 수준을 나타내는 국민후생지표(gross national welfare;

GNW)를 만들어야만 한다. 이런 한계에도 계산과 국제비교의 편의성 때문에 아직도 많은 나라가 GDP를 더 많이 사용하고 있다.

GDP는 국민의 후생과는 거리가 있기 때문에 생활수준을 나타내는 절대 지표로 받아들여서는 안 된다. 어떻게 삶의 질을 시장에서 거래된 생산물의 가치로만 비교할 수 있겠는가. GDP는 단지 국민경제의 총량과 성장추세를 개략적으로 측정하는 지표일 뿐이다. 비록 1인당 소득이 낮게 평가되더라도 윤택한 삶의 질이 보장된다면 누가 선택을 주저하겠는가?

정갑영, "열보다 더 큰 아홉", (21세기북스, 2012), pp. 91–93에서 일부 인용

경제성장

생산요소의 생산성

적은 시간을 공부하고 좋은 점수를 받을 수 있다면 얼마나 좋겠는가? 물론 성적은 반드시 시간에 비례하지 않아, 아무리 많은 시간을 투입해도 성적이 올라가지 않는 경우도 많다. 생산성이 낮기 때문이다. 경제에서도 생산성이 낮으면 노동력이나 원자재의 투입량에 비교하여 상대적으로 생산량이 적게 된다. 생산성을 올리려면 노동의 질적인 수준도 중요하지만, 좋은 기계와 자본, 기술 등이 뒷받침되어야 한다. 이 요인들이 모두 생산성을 결정하는 변수가 된다. 좋은 장비와 기술이 뒷받침된다면 당연히 노동의 생산성이 올라갈 것이다.

한 국가의 경제규모나 국민들의 생활수준을 평가할 때는 일반적으로 GDP가 널리 활용된다. 그런데 GDP는 일정한 기간에 걸쳐 국민경제의 성과를 평가하는 것이지만, 상당한 시간에 걸쳐 어떻게 생활수준이 올라가고 국민경제가 활성화되는가는 생산성이 매우 중요한 역할을 한다. 노동력이나 자본, 토지 등 전통적인 생산요소를 아무리 투입해도 생산성이 높지 않으면 산출량이 쉽게 증가하지 않는다.

한 국가의 경제수준을 향상시키는 요인은 무엇일까? 국가별로 그 나라가 가지고 있는 재화 서비스 생산 능력이 가장 중요하다. 그런데 생산능력은 생산요소의 투입량과 생산성에 의해서 결정된다. 먼저 생산요소가 무엇인지 구체적으로 정리해보자. 생산요소에는 물적 자본physical capital 즉, 공장, 건물, 기계 등이 포함된다. 재화와 서비스 생산에 투입되는 장비와 건축물 등이 모두 여기에 해당되며, 물적 자원이 질이 좋으면 당연히 생산성이 높아진다. 예를 들어, 농업에서도 구석기 시대에는 돌로 만든 유치한 도구가 사용되었지만, 현대에는 트랙터와 같은 장비를 활용하니 생산성에서 엄청나게 차이날 수밖에 없다.

다음에 중요한 것은 인적 자본human capital이다. 근로자들이 교육과 훈련, 경험을 통해서 습득하게 되는 지식과 기술이 생산성을 결정하는 요인이 된다. 인적 자본의 질적 차이는 피상적으로는 쉽게 관찰할 수 없지만, 실제 공정에 투입되면 바로 성과가 나타난다. 인적 자본의 질적인 수준을 높이기 위해서는 전문적인 교육이 필요하며, 직업 훈련이나 근로자의 가치관, 의식 등 문화적 요인도 중요하다. 기업의 조직문화도 인적자본의 생산성에 큰 영향을 미치므로 기업들은 자체적인 교육과 훈련을 실시하여 노동력의 수준을 향상시킨다.

자연 자원도 중요한 요소의 하나다. 흔히 토지나 광물 자원 등을 거론하지만, 부존량이 제한되어 일단 사용하면 회복이 불가능한 자원도 많다. 산림, 수水자원 등도 모두 이 범주에 속한다. 환경보전을 통해 자연자원을 보전하려는 노력도 국민의 생활수준을 높이는 정책이다.

실제로 산업화 이전에는 세계 각국이 주로 농업, 어업, 광업 등 자연자원 중심의 1차 산업에 주로 의존해 왔다. 그러나 제조업 중심의 2차 산업이 주류를 이루고, 지금은 지식과 정보 중심의 사회로 변모하였다. 산업구조도 지식정보화 산업의 비중이 크게 높아졌지만, 자연자원은 여전히 국민생활의 질적 수준을 유지시켜주는 중요한 요소가 되고 있다.

지식정보화 시대에는 정보, 미디어, 과학 기술의 중요성이 더 크게 부각되고 있다. 특히 인간의 연구개발 결과로 창출되는 지적 자산이 결정적인 역할을 하고, 지적 자산은 특허제도를 통해 보호받게 되었다. 특허는 보편적인 지식과 달리 지적 자산을 보유한 특정 주체에만 사용 권한을 부여하는 것이다. 특허제도는 연구개발의 독창성을 인정함으로써 경제발전을 위한 R&D 활동을 적극 장려하는 인센티브가 된다. 일정기간 후에 특허가 만료되면 특허기술도 보편적인 정보로 자유롭게 활용되어 산업발전에 기여하게 된다.

특허제도는 개별 주체의 연구개발을 장려하지만, 너무 엄격하게 운용하면 특허받은 기술의 확산을 제약하는 결과를 가져올 수 있다. 따라서 정부는 기초과학과 같은 보편적인 연구를 촉진하는 정책도 함께 시행하여야 한다. 즉, 정부가 대학이나 학술기관에 많은 연구비를 지원하여 과학적 진리를 발견하게 하고, 그 결과를 사회 전체가 공유할 수 있게 한다. 이것은 특허와 달리 모든 경제주체가 함께 사용할 수 있는 보편적 지적 자산에 해당된다.

이러한 지적 자산이 많이 확산될수록 인적 자본의 생산성은 물론 인적 자본의 질적인 수준이 많이 올라간다. 기술과 지식의 보편화는 많은 주체들이 그 지식을 체화하여 사회 전체의 생산성이 높아지고, 경제적으로도 풍요한 사회를 만드는 지름길이 된다. 이것 역시 교육의 중요성을 일깨워주는 중요한 요소라고 할 수 있다.

생산가능곡선

생산가능곡선production possibility frontier이란 한 나라의 경제가 주어진 자원과 기술, 지식 등을 모두 활용해서 가장 효율적으로 생산할 수 있는 능력을 표시한다. 따라서 생산가능곡선상에 있는 점은 모든 자원을 활용해서 가장 효율적으로 생산하고 있는 상태를 의미한다. 물론 모든 국가의 자원은 한정되어 있고, 생산 품목은 하나만이 아니다. 따라서 각국은 생산의 우선순위를 정하고, 자원을 배분하여 적절한 생산의 조합을 결정해야 한다. 여기에서도 하나를 더 생산하기 위해서는 반드시 다른 것을 포기해야 하는 기회비용이 발생한다.

예를 들어, 국토가 확장되거나 새로운 기술을 개발하였다면, 생산가능곡선이 현재보다 더 확장될 수 있다. 외국인 이민을 받아들여 인구가 증가하면 인적 자원의 공급이 증가하여 생산가능곡선 자체가 더 확장된다. 생산가능곡선을 외연으로 확장시키는 것이며, 이것은 경제성장의 잠재력을 넓혀 나가는 것이다.

▼ 그림 15-1 생산가능곡선

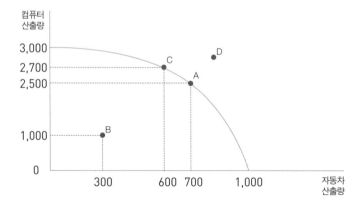

한 나라가 컴퓨터와 자동차 두 가지만 생산한다고 했을 때 생산가능곡선은 위와 같은 형태로 나타난다. 만약 자동차를 생산하지 않고 컴퓨터만 생산할 경우 컴퓨터는 총 3,000대를 생산할 수 있으며 반대로 컴퓨터를 생산하지 않고 자동차만 생산할 경우 자동차는 총 1,000대 생산할 수 있다. 이는 각각 그래프가 Y축, X축과 만나는 점에 표시되어 있다. 이 두 점 사이의 그래프는 생산 가능한 컴퓨터와 자동차의 조합이다. 예를 들어 A 점은 자동차 700대, 컴퓨터 2,500대를 생산할 수 있는 점이며 B점은 300대, 1,000개, C점은 600대, 2,700대를 각각 생산할 수 있는 점이다. 이때 B점은 생산가능곡선 아래에 D점은 생산가능곡선 위에 있는 것을 확인할 수 있다. 생산가능곡선의 정의는 동원할 수 있는 모든 자원을 가장 효율적으로 사용할 때 도달할 수 있는 점을 이은 것이다. 이러한 관점에서 볼 때 D는 도달할 수 없는 점이며 D에 도달하기 위해서는 생산할 수 있는 자원이 더 있거나 효율성이 더 높아야 한다. B는 반대로 효율적으로 생산하지 못하고 있는 점이다. 만일 자원을 효율적으로 사용했다면 컴퓨터와 자동차를 더 많이 생산할 수 있을 것이다. A점과 C점은 둘 다 자원을 효율적으로 사용하고 있는 점이다. 이때 그래프의 기울기가 점차 달라지는 것을 볼 수 있는데 그 이유에 대해 생각해 볼 필요가 있다.

생산가능곡선의 기울기가 달라진다는 무엇을 의미할까? 어떤 점에서는 자동차 한 대와 컴퓨터 한 대를 바꿀 수 있었는데, 이제 어떤 점에서는 자동차를 더 생산하려면 컴퓨터를 더 많이 포기해야 한다. 이렇게 되면 기울기가 달라지는 것이다. 만약 생산가능곡선이 직선이라면 양재화의 대체비율은 동일하다. 실제로는 반드시 이러한 곡선이 되어야 한다. 왜 그럴까?

북한의 선택을 생각해보자. 모든 자원을 동원해서 핵무기와 식량을 놓고 의사결정을 한다고 가정하자. 북한은 모든 역량을 핵무기 생산에 집중하고 있다. 그렇다면 북한의 생산가능곡선을 어떻게 그릴 수 있을까?

▼ 그림 15-2 생산가능곡선: 북한의 선택

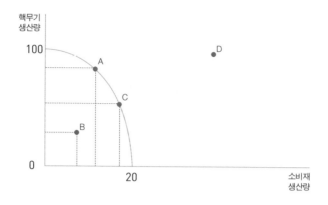

북한의 생산가능곡선은 한 쪽으로 치우쳐서 그릴 수 있다. 만일 식량을 생산하는 기술이 더 발달했다면 일반적인 모습의 생산가능곡선이 나타날 것이다. 그러나 북한은 핵무기 생산에 집중하고 있기 때문에 소비자 생산능력이 부족하므로 위와 같은 생산가능곡선이 나타난다.

그림에서 보면 식량생산을 많이 하고 핵무기를 적게 생산하는 점 C에서는 식량을 적게 포기해도 핵무기를 많이 생산할 수 있다. 그러나 점차 식량을 적게 생산하고 핵무기를 많이 생산하는 점인 A로 이동하면 무리하게 핵무기를 생산하는 것이므로 식량을 많이 포기해야만 한다. 이런 이유로 같은 생산가능곡선상에서도 핵무기와 식량의 대체율이 다를 수밖에 없다. 실제로 어떤 생산요소(예를 들어 노동)는 식량 생산에는 숙련도가 매우 높아 생산성이 높지만, 핵무기 생산에는 생산성이 현저히 떨어지는 경우가 발생할 수밖에 없다. 이런 인력까지 모두 핵무기 생산에 동원한다면 생산성이 떨어질 수밖에 없고, 동일한 생산가능곡선에서도 대체율이 달라진다. 기본적으로 모든 생산요소가 동질적이지 않기 때문이다. 따라서 생산가능곡선은 직선으로 표시되지 않는다.

성장을 위한 정책

경제성장에 영향을 미치는 요인은 수없이 많다. 그 중에서도 가장 중요한 요인이 생산성이므로 정부는 무엇보다도 우선적으로 생산성을 높이는 정책을 시행하여야 한다. 창의적 아이디어와 신기술, 교육훈련 등이 활성화될 수 있는 각종 인센티브를 부여해야 한다. 저축과 투자의 촉진도 미래 성장을 위해 중요한 요인이다. 내체로 많은 나라가 자원이 적기 때문에, 현재 소비보다는 미래를 위한 투자를 축적시켜 나가야 한다. 저축은 미래의 높은 소비 수준을 달성하기 위해서 현재의 소비를 억제하는 것이다. 물론 경제가 생산능력에 비해서 효율성이 낮고, 생산량에 비해서 소비가 적을 때는 저축보다는 소비를 적극적으로 자극하는 것이 중요할 수 있다.

수확체감의 법칙도 경제성장에 중요한 역할을 한다. 투입량을 증가시키면 결과적으로 생산량이 증가하는 비율은 생산요소의 증가율보다 적게 나타난다. 처음에는 투입한 요소에 비례해서 또는 그것보다 더 많이 생산량이 증가할 수 있지만, 어떤 시점을 넘으면 투입한 비율보다도 생산량의 증가 비율이 점차 낮아지게 된다. 이런 현상을 수확체감의 법칙이라고 한다.

예를 들어, 공장시설이 100명을 가동시킬 수 있는 규모다. 노동 투입을 한 명, 두 명, 세 명… 점차적으로 늘려나가면, 한 단위 늘릴 때마다 생산량의 증가가 생산량요소를 늘리는 비율보다 일정 시점을 지나면 훨씬 낮게 나타난다. 생산요소의 투입량이 증가함에 따라서 추가투입에 따른 한계산출물이 감소한다. 이런 현상을 수확체감의 법칙이라고 하며, 산출량의 증가 폭에 따라 수확체증이나 수확불변 현상도 나타날 수 있다.

저소득 국가에서는 경제발전의 초기에 국민소득이 상대적으로 단기에 더 빨리 증가할 수 있다. 해외 투자도 이제 외국으로부터 투자를 유치하거나 선진 기술을 도입하여 생산능력을 높일 수 있고, 투자를 늘려 공장을 지으면 고용과 소득이 창출된다. 교육은 아무리 강조해도 지나치지 않는 경제성장의 요인이다. 좋은 교육을 받을수록 인적 자본의 능력이 향상되고, 사회 전체의 생산성 증가에 기여한다. 국가의 장기적인 번영도 인적 자원의 질적 수준에 크게 좌우되며, 각 개인의 후생도 교육수준의 차이에 따라 크게 달라질 수 있다. 세계 어디서나 교육 수준에 따라 임금의 격차가 상당히 크게 나타난다.

보건, 건강과 영양 등도 모두 인적 자원의 수준을 결정하는 중요한 요인이다. 재산권과 사회제도, 정치적인 안정 등도 경제의 성장에 매우 중요하다. 정치적 불안정이나 국가 안보가 위협받는다면 어떻게 경제성장을 기대할 수 있겠는가. 특히 많은 연구에서 재산권의 보호를 지속적인 경제성장에 매우 중요한 요인으로 지적한다. 재산권property right의 핵심은 사유재산제로서 개인이 열심히 일한 대가로 받는 보상인 사유 재산이 잘 보호되어야만, 시장 논리에 따라서 열심히 일하게 하는 동기를 부여하기 때문이다. 정치적으로 불안정하고, 사유재산권의 보장이 미비한 후진국에서는 지속적인 성장을 기대할 수 없다.

자유무역도 대체로 경제성장과 국민의 후생을 증진시킨다. 부문별로 일시적인 피해가 나타나는 경우도 있지만, 전반적으로는 생산성을 향상시키는 데는 큰 이의가 없다. 인구도 경제성장을 결정하는 구조적인 요인의 하나다. 한국은 한때 산아 제한 정책을 실시했지만, 현재는 노령화와 인구증가율의 저하로 장기적인 성장잠재력이 크게 저하되고 있다. 인구가 지속적으로 성장해야만 경제성장의 기반이 튼튼해진다. 특히 인구의 성장과 함께 기술 진보와 좋은 교육이 이루어지면, 전문 인력이 주도하는 지속적인 경제성장을 기대할 수 있다.

평등과 효율의 딜레마

평등과 효율은 서로 상충하는 경우가 많다. 성장은 분배하기에 앞서 나누어줄 수 있는 빵을 먼저 크게 만드는 과정이다. 따라서 성장 과정에서는 효율성을 강조한다. 지속적인 경제성장은 제한된 자원을 효율적으로 활용해야만 달성할 수 있기 때문이다. 성장의 원동력이 되는 발명, 기술개발, 비용 절감도 따지고 보면 모두 효율성의 개선이다.

그러나 평등 지향적인 정책은 빵의 크기보다는 각자에게 돌아갈 분배의 몫을 먼저 고려한다. 빵이 아무리 커져도 상대적으로 자기 몫이 작아지면 마음이 편할 리 없다. 그래서 남이 가져가는 빵을 곁눈질하며 '공평한(Fair)' 분배에 관심을 두게 된다. 그렇다면 무엇이 공평한 분배인가? 효율성의 잣대는 명확하다. 하지만 형평성의 기준은 반드시 그렇지 않다. 효율성은 최소의 비용으로 최대의 효과가 있지만, 바람직한 형평성의 기준은 과연 어떻게 설정해야 하는가? 모든 국민이 같은 소득을 갖게 하여 지니 계수가 0이 된다면 모두 만족할 수 있는가? 절대 그렇지 않을 것이다. 그것은 실현될 수도 없고 바람직하지도 않다. 그렇다면 어떤 분배의 기준이 가장 공평하고 바람직한가?

어느 날 A, B, C 세 사람이 마치 로빈슨 크루소처럼 망망대해의 고도에 남게 되었다. 세 사람은 나이, 신체조건, 능력이 모두 비슷했다. 차이가 있다면 단지 성격뿐이었다. 개미형의 A는 다음날부터 부지런히 노력하여 그럴싸한 집도 짓고 폭풍에 대비한 식량도 장만했다. 메뚜기형의 B는 느긋한 성격이었지만 제 앞가림은 할 정도였다.

문제는 베짱이 같은 C였다. 천하태평인 C는 매일매일 무위도식으로 버텨나갔다. 이런 생활을 하며 몇 십 년이 흘렀다. 처음에는 같은 조건으로 출발했지만, 시간이 흐를수록 격차가 크게 벌어졌다. 마을로 이어지는 도로, 교량, 주변 환경의 개선은 물론 모든 '공익'을 위한 비용은 모두 개미의 책임이 되었다. 그러나 개미는 점차 마음이 편치 않았다.

"나도 베짱이처럼 지낼 수 있는데……."

B는 부유한 사람이 더 많이 부담하는 것이 공평하다고 설득하지만, 한 '공동체'에서 살아가는 베짱이를 어디까지 도와주는 것이 과연 형평성의 논리에 적합한 것인가?(S.T. 랜스버그, 〈페어 플레이〉에서 인용)

이것은 단순한 우화가 아니다. 남이 가진 장난감을 달라고 막무가내로 울어대는 어린아이에게 무엇이라고 가르치는가? 대답은 분명하다. 그러나 정작 어른들의 세상에서는 반드시 그렇지는 않다. 많이 번 사람이 훨씬 더 많은 세금을 내는 누진세가 사회제도로 보편화되어 있다. 평등성을 강조하자면, 오히려 누진세보다 모든 사람이 같은 세금을 내는 인두세가 더 평등할 수도 있지 않을까. 건강보험의 통합, 학교 교육의 평준화, 기여 입학제의 논란도 모두 평등과 효율의 딜레마다.

평등 지향적인 사회일수록 개미형 인간이 살아남을 공간은 더욱 열악해진다. 일하는 것보다 막무가내로 울어대는 것이 낫기 때문이다. 그래서 능력에 따라 일하고 필요에 따라 분배하자는 사회주의의 실험도 실패로 돌아갔다. 스웨덴이나 핀란드와 같은 복지 지향적인 경제의 고민도 여기에 있다.

경제성장이 모든 사람을 행복하게 만들지는 못한다. 그렇다고 분배의 형평만으로 사회 후생이 증가하는 것도 아니다. 개인의 물질적 행복은 자신의 몫을 마음의 욕구로 나눈 값이다. 효율성이 낮으면 전체의 몫이 증가하지 않는다. 반면에 성장은 단지 몫을 크게 해줄 뿐이고 욕구를 줄여주지는 못한다.

족함을 아는 사람은 부족해도 즐겁게 살지만,
족함을 모르는 사람은 부귀를 누리면서도 근심 속에 산다.

知足者, 貧賤亦樂
不知足者, 富貴亦憂

정갑영, "열보다 더 큰 아홉", (21세기북스, 2012), pp. 182-184에서 일부 인용

PART

05

금융과 재정,
국제무역

Chapter 16 통화제도

노벨 경제학상을 받은 밀튼 프리드만Milton Friedman은 "Money matters"라는 명언을 남겼다. 우리 일상에서도 기업에서도 정부에서도 항상 돈이 문제고, 돈이 중요하고, 돈 때문에 발생하는 일들이 너무나 많다. 모두가 좀 더 많이 갖고 싶어 하지만, 돈이 많다고 모든 문제가 해결되는 것은 아니다.

경제에서는 돈을 통화通貨라고 한다. 가장 많이 사용되는 지폐와 동전은 중앙은행에서 공급한다. 우리나라에서는 한국은행이 중앙은행이고, 미국은 연방준비제도Federal Reserve System 영국에서는 영란은행Bank of England이 중앙은행이다. 중앙은행에서 통화를 발행하면 개인과 금융기관을 거치며 경제 전체에 유통된다.

한 개인이 은행에 예금을 하면, 은행은 고객이 인출을 요청할 때를 대비하여 일부만 남기고, 대출을 한다. 이때 은행에 유보해두는 통화를 지불준비금이라고 한다. 예를 들어 지급준비율이 20%라고 하면, 은행에 만원을 예금할 때, 은행은 1만 원 중 2천 원만 은행에 남기고, 나머지는 8천 원은 대출을 한다. 그럼 이 8천 원을 대출받은 사람은, 다시 그 중 일부를 지출한 후 은행에 다시 예금을 하고, 은행은 지불준비금을 제외한 잔여금액은 다시 대출을 한다.

이런 과정이 계속되면, 처음 1만 원이 은행과 소비자를 계속 순환하면서, 국민경제 전체에는 1만 원보다 훨씬 더 많은 혜택을 제공하게 되는데, 이것을 신용창출이라고 한다.

화폐란 무엇인가?

일상에서 얘기하는 돈이나 예금, 통화, 화폐 등을 경제학에서는 좀 더 엄격하게 정의하여 사용한다. 화폐는 재화와 서비스 거래에 사용하는 자산을 말한다. 흔히 사용하는 세종대왕 1만 원 권, 신사임당 5만 원 권 등은 지폐라고 한다. 폴리네시아의 어느 섬에서는 돌을 이용하는 거래를 하는데, 이런 경우에는 돌이 바로 화폐가 된다. 오랜 기간을 거슬러 올라가면 지폐 이전에 구리, 금, 은, 동 등이 화폐로 사용되기도 했다.

만약 화폐가 없다면 어떻게 될까? 작은 물건은 물물교환으로 거래가 가능할 수 있다. 그러나 집을 거래할 때에는 어떻게 되나? 물물교환이 불가능하니 불편할 수밖에 없고, 거래과정에서 많은 시간과 노력이 필요할 것이다. 물물 교환의 경제에서는 쌍방 간의 요구가 일치해야 하기 때문에 시간과 노력이 서로 낭비된다. 그러나 화폐가 등장함으로써 거래과정에서의 많은 불편함이 사라졌다.

화폐는 두 가지 기준으로 정의를 하는데, 먼저 교환의 매개수단으로 사용되는가를 파악해야 하고, 또한 교환의 매개수단으로서 편의성이 있어야 한다. 전문용어로는 이를 유동성liquidity이라고 한다. 얼마나 화폐로 쉽게 전환할 수 있는가가 유동성의 기준이다. 현금통화는 유동성이 완벽하지만, 토지는 유동성이 제약되어 있다. 금괴 역시 토지보다는 유동성이 높지만, 지폐보다는 낮다. 현금의 유동성이 가장 높기 때문에, 얼마나 쉽게 현금화할 수 있느냐가 유동성의 척도가 된다.

화폐는 여러 기능을 갖고 있다. 우선 가장 중요한 것은 교환의 매개 수단이다. 재화나 서비스를 구입하는 사람이 매도하는 사람에게 지불하는 수단이 된다. 재화나 서비스를 구입할 때 화폐를 지불하므로, 이런 행위 자체가 교환의 매개 수단으로 기능을 수행하는 것이다.

화폐는 회계 단위의 기준이다. 재화나 서비스의 가격을 정하고, 채무를 기록할 때 사용되는 기준이다. 또한 화폐는 가치저장의 수단이 된다. 예금을 하는 것도 가치를 저장하기 위한 수단이다. 현재의 구매력을 미래로 이전하며 가치를 저장하는 역할을 한다. 물론 물가가 올라가면, 현금 화폐의 실질가치가 하락하므로, 가치저장의 수단으로서의 기능은 약화된다.

화폐는 만들어진 물질의 속성에 따라 크게 두 가지로 나눌 수 있다. 즉, 물품 화폐와 법화로 구별된다. 금과 은, 동 등의 금속은 물품 자체가 화폐로서 쓰일 수 있는 속성을 갖고 있고, 담배와 같은 물품도 수용소나 교도소, 훈련소 등 특수한 공간에서는 화폐처럼 교환의 매개 수단으로 사용될 수 있다. 법화는 법령에 의해 화폐로서의 기능이 부여되지만, 화폐 자체의 소재가치는 없는 경우를 말한다. 동전도 법화의 일종으로서 대체로 소재가치가 낮다. 법화는 권한을 위임받은 정부 기관에서 서명을 하고, 화폐로서의 법적인 기능을 부여한 것이다.

법화의 경우에도 인플레이션이 심각하면 법적으로 정해진 가치대로 사용되지 못한다. 예를 들어, 제1차 세계대전 이후 독일에서는 1만%가 넘는 초인플레이션hyperinflation이 발생했는데, 집안의 도배를 지폐로 하는 경우가 많았다고 한다. 벽지를 별도로 구입하는 것보다 지폐로 직접 도배를 하는 것이 오히려 절약이었기 때문이다. 예를 들어, 슈퍼마켓에 갈 때 물건을 가득 사고 카트에 실어 오는데, 물가가 많이 올라가면, 지폐를 카트에다 엄청 싣고 가서 살 수밖에 없는 경우가 발생했다. 법화는 정부가, 우리나라에서는 한국은행 총재가 날인하고, 법적으로 화폐의 기능을 부여한다.

법정 화폐가 된 트럼프

1685년경 캐나다에서는 게임용 카드가 법정 화폐로 통용된 적이 있었다. 당시 캐나다는 프랑스 총독의 지배를 받고 있었지만, 수년 동안 본국으로부터 돈을 공급받지 못하였다. 프랑스는 왕실의 재정난으로 정화(正貨)를 보낼 수 없었고, 돈이 고갈된 캐나다는 큰 위기에 처하게 되었다. 당시 총독 자크 드뮬(Jacques Demeulle)은 기발한 아이디어를 냈다. 바로 프랑스 군인들이 오락용 카드를 4등분하여 화폐로 사용하자는 것이었다.

총독은 카드 조각마다 직접 서명하고, 경화로 상환하겠다는 약속까지 하였다. 총독에 대한 신용이 없다면 종잇조각에 불과한 그림 조각을 누가 받아주겠는가. 그러나 그 조각난 그림은 무려 65년이나 화폐로 통용되었다.

시장이 신뢰하면 카드 조각도 화폐로 바꿀 수 있는 것이 금융의 속성이다. 신뢰받는 정책당국은 말 한마디로 온 천지를 뒤흔든다. 미국 연방준비위원회 의장이 선택하는 단어 하나가 세계 시장을 긴장시키지 않는가. 그러나 신뢰를 잃은 정책은 백약이 무효하다. 어느 시대에나 금융 시장이 안정되려면 항상 정책에 대한 신뢰가 회복되어야 한다.

정갑영, "나무 뒤에 숨은 사람", (21세기북스, 2012), pp. 280-281에서 일부 인용

통화와 신용창출

그렇다면 우리가 일상에서 많이 인용되는 통화의 개념을 정리해 보자. 우선 가장 좁은 의미의 통화는 M1이라고 한다. M1은 현금과 기능 면에서 쉽게 현금화할 수 있는 예금을 말한다. "쉽게 현금화할 수 있는" 자산

은 유동성이 크다. M1은 요구불예금 (흔히 말하는 보통예금)과 민간이 보유하고 있는 현금을 합계한 것으로, 은행에서 언제든지 찾아서 현금화할 수 있는 예금과 시중에 풀려있는 현금을 합한 개념이다. M1은 가장 좁은 의미의 통화로서 널리 활용되는데, 현재 시중에 얼마나 돈이 풀려 있는가를 나타내는 지표이다.

M2는 M1에다 정기예금이나 적금 등 약간의 이자를 손해 보면 현금화할 수 있는 예금을 합한 것으로서 총통화라고 한다. M2는 M1보다는 포함하는 범위가 넓기 때문에 항상 M1보다 많다. 정기 예금, 적금, 부금, 금리 변화에 따라서 대부분의 금융상품들은 M2에 포함된다. M1보다는 유동성이 약간 떨어지는 것들을 다 포함하기 때문에 광의로 정의된 통화가 된다. M1, M2, M3로 숫자가 커지면서 통화의 범위가 넓어지며 유동성이 약간 떨어지는 자산도 통화의 개념에 포함한다.

통화는 중앙은행인 한국은행을 통해서 발행된다. 중앙은행은 은행의 은행으로서, 중앙은행이 시중은행을 통해 돈을 풀면, 통화 공급의 효과가 경제전체에 파급된다. 경제가 침체에 빠지면 돈을 풀어 경기를 부양하고, 인플레이션이 우려될 경우에는 통화를 환수하여 긴축정책을 편다. 중앙은행은 화폐를 공급하는 유일한 창구가 된다.

화폐의 공급은 중앙은행이 금융시장의 여건에 따라 정책적으로 결정한다. 그렇다면 공급곡선은 어떻게 그려질까? 먼저 화폐의 수요곡선을 살펴보자. 금융시장에서는 가격이 이자율이 된다. 이자율은 화폐에 대한 가격이므로, 이자율이 상승하면 화폐수요가 줄어들고, 반대로 이자율이 하락하면 화폐수요는 증가한다. 따라서 수요곡선을 그림으로 그리면 Y축에는 가격 대신 이자율(i)을 놓고 재화의 수요곡선과 동일한 그림을 그리면 된다.

그럼 공급곡선은 어떻게 될까? 재화의 경우에는 가격이 올라가면 공급이 증가하고 하락하면 공급이 감소했지만 화폐의 경우에는 중앙은행이 공급량을 결정하는 형태가 된다. 따라서 화폐의 공급곡선은 <그림 16-1>

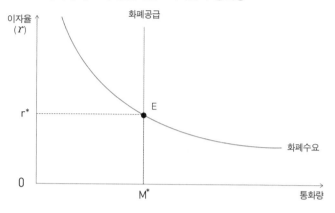

▼ 그림 16-1 화폐의 수요와 공급곡선: 이자율과 통화량

에서와 같이 수직선이 된다. 화폐의 공급량이 결정되면 수요와 만나는 점 "E"에서 이자율이 결정되는 것이다. 이것은 마치 독점기업이 MR=MC에서 공급량을 결정하고, 그 공급량이 수요와 만나서 가격이 결정되는 것과 동일한 셈이다. 다만 중앙은행은 이윤극대화를 추구하지 않고, 금융시장의 여건에 따라 공급량을 조절한다.

우리나라는 한국은행의 금융통화위원회에서 통화정책을 담당하고, 미국에서는 흔히 FRBFederal Reserve Board에서 기준 금리를 결정한다. 중앙은행은 기준 금리를 결정하고, 통화를 공급하면서 이와 관련된 여러 정책을 수행한다. 또한 통화 신용 정책을 수립하고, 금융 시스템을 안정시키며, 금융 기관을 대상으로 예금을 받고, 대출도 하며, 정부의 은행 역할도 한다. 세금으로 들어온 국고를 관리하고, 정부에 돈을 빌려주기도 한다. 한국은행은 필요하면 언제라도 화폐를 발행할 수 있는 발권력을 갖고 있다.

한편 통화가 공급되면 은행시스템을 통해서 원래 발행된 통화보다도 훨씬 많은 신용을 창출하는 효과도 나타난다. 시중 은행이 예금 일부를 대출하면 그 대출금은 즉시 통화량에 포함된다. 왜냐하면, M1의 정의에서 민간이 보유하고 있는 현금에 해당되기 때문이다. 은행은 예금을 받으면, 예금인출에 대비한 일정비율의 지불준비금만을 보유하고, 기업과 가계에 대출을 한다.

만화에서처럼 지급준비율이 10%라고 가정하자. 먼저 중앙은행이 100억 원의 통화를 공급하면, 맨 처음 은행은 10억 원을 준비금으로 보유하고, 90억 원을 대출한다. 다음 단계에서 90을 대출받은 가계가 다시 다른 은행에 예금을 하면, 그 은행은 90억 원의 10%인 9억 원을 지불준비금으로 유보하고, 81억 원을 대출하게 된다. 이 과정이 지속적으로 반복된다면, 100+90+81+……이 되어 처음 공급된 100억 원보다 훨씬 많은 통화가 공급된 효과를 가져 온다. 이러한 과정을 은행의 신용 창출이라고 하고, 중앙은행에서 공급된 최초의 100억 원을 본원통화라고 한다.

처음 중앙은행에서는 '100'만 공급이 되었지만, 실제 대출이 되어서 기업이나 소비자들에게 쓰이는 액수는 그것보다 훨씬 더 많은 액수가 된다. 실제 얼마만큼 신용 창출이 되느냐는 지불준비금에 따라 달라진다. 신용창출의 정도를 나타내는 지표를 통화 승수money multiplier라고 한다. 예를 들어, 지급준비율이 10%일 때는 100만 원의 예금이 얼마의 통화량을

창조할 수 있는가를 풀어 보자.

앞의 사례에 대입하면 일정한 규칙을 가진 수열이 되고, 대출되는 액수를 모두 더하면 통화승수(m)를 구할 수 있다. 실제 통화승수는, m=1/R의 된다. 지급준비율 R이 0.1이라면, 통화승수는 10이 된다. 즉, 10배만큼의 신용 창출 효과가 있다. 지급준비율을 높이면 R이 높아지므로 신용 창출 효과가 줄어든다. 그리고 모두 예금을 하고, 은행도 대출을 최대한 하는 것으로 가정했지만, 실제로는 예금이 적거나 대출이 적으면 신용창출 효과가 크지 않을 수 있다.

 슐리츠 부인의 비극

1922년 3월 자동차 회사 BMW에서 엔지니어로 일하던 슘메르트는 월급봉투를 받아들고 한동안 어안이 벙벙했다. 월급이 무려 520조 마르크였기 때문이다. '세상에 이렇게 많은 월급 한 번 받아보았으면 좋겠다'는 생각을 하고 있는가. 그러나 슘메르트의 표정은 그게 아니었다. 500조가 넘는 게 무슨 소용인가. 당장 점심은 1,200억 마르크짜리로 주문하고, 계산할 때는 먹는 동안 값이 올랐기 때문에 1,400억 마르크를 내야 한다. 제1차 세계대전 후 독일에 만연한 전쟁 인플레이션이 화폐 단위를 마비시킨 것이다.

어찌 이 비극이 슘메르트에게만 다가왔겠는가. 전쟁에서 남편을 잃은 슐리츠 부인은 전쟁 전 몇 해 동안 모은 80만 마르크를 은행에 맡기고 스위스로 피신했다. 가장 안전한 방법으로 전후(戰後)의 생계를 유지하고 싶었던 것이다. 그러나 4년 만에 귀국하니 그녀를 기다리고 있는 것을 은행으로부터 날아온 3통의 편지뿐이었다.

(제1신): 마르크화의 가치가 급속하게 떨어지고 있으니 다른 자산으로 바꾸시지요.

몇 달 위 (제2신): 당신의 예금액이 너무 적어서 맡아줄 수 없으니 빨리 찾아가시오.

2년 후 (제3신): 연락이 되지 않아 계좌를 폐쇄합니다. 잔액은 소액 화폐가 없어서 지폐 대신 우표 한 장을 동봉합니다(100만 마르크 우표 첨부).

제1차 세계대전은 세르비아 청년이 쏜 한 발의 총성으로 시작되었다. 1914년 6월 프랑스제 빨간색 오픈카를 타고 사라예보를 시찰하던 오스트리아-헝가리 제국의 황태자 페르디난트 부부가 암살된 것이다. 차의 붉은색이 핏빛에 가까우니 바꿔 타라는 신하의 권유를 뿌리치고 발칸의 화약고를 유유히 지나다 참변을 당했다. 그래서 빨간 차의 저주를 받았다는 소문도 돌았다. 암살범은 테러 조직에 연계되어 있었고, 그 사건의 배후라고 믿었던 세르비아에 선전포고를 함으로써 제1차 세계대전이 발발했다.

이 전쟁의 결과 유럽 경제는 엄청난 피해를 입었다. 당시 가격으로 3,370억 달러라고 한다. 이는 미국의 4년치 GDP에 가까운 액수이다. 그것뿐만이 아니다. 수년 동안 지속된 전쟁이 남긴 저주는 헤아릴 수 없다. 특히 생필품의 조달과 재정 적자를 충당하기 위해 대량으로 찍어낸 특별화폐는 천문학적인 전쟁 인플레이션을 유발했다. 그 피해는 독일에서 가장 크게 나타났다. 당시에는 재정 적자나 화폐 공급이 확대되면 인플레이션이 나타난다는 사실을 정확히 인지하지 못했고, 그렇다고 다른 대안도 마땅치 않았기 때문이다.

인플레이션은 대체로 두 경로를 통해서 나타난다. 생산원가가 올라가 비용을 상승시키기도 하고, 수요 측 요인으로 지출이 늘어나서 물가가 폭등하기도 한다. 중동전쟁에서와 같이 석유류의 가격이 상승하면 비용 인플레이션이다. 소비 지출이나 기업의 투자, 정부 지출이 확대되면 수요 측면의 인플레이션을 유발할 수 있다. 통화량이 늘어나는 것도 수요를 자극하여 물가를 상승시키는 역할을 한다. 공급과 수요의 관계에서 공급능력이 상대적으로 부족하면, 언제라도 물가가 상승하는 것이다. 물가 상승이 경제 전반에 걸쳐 지속적으로 나타나면 인플레이션이라고 부른다.

전쟁으로 생산 시설이 파괴되어 공급능력을 대폭 감소한 상태에서, 재정 적자나 통화량이 급격히 늘어나면 극심한 전쟁 인플레이션이 나타난다. 총수요가 총공급능력을 초과하기 때문이다. 이렇게 되면 기업은 출하를 뒤로 미루고, 소비자는 당장 더 많이 사려고 하기 때문에 가격이 폭등하는 악순환이 나타난다. 무엇이든 붙들기만 하면 다음 날 폭등하기 때문이다. 그래서 520조 마르크의 월급에도 한숨이 절로 나는 것이다.

전쟁에는 일화가 많다. 황태자가 탔던 차의 새 주인이 되었던 사라예보 주지사,

차 수집광 등은 모두 교통사고로 비극적 운명을 맞았다고 한다. 그 빨간 차를 소장한 박물관마저도 폭격으로 산산조각이 났다. 전쟁 인플레이션은 그 빨간 차가 사라진 이후에도 오랫동안 독일을 괴롭혔다.

정갑영, "나무 뒤에 숨은 사람", (21세기북스, 2012), pp. 276-279에서 일부 인용

중앙은행의 통화정책

중앙은행은 여러 가지 경로로 통화량을 조절해서 경제를 활성화시키거나, 과열을 방지한다.

첫째, 공개시장조작open market operation을 할 수 있다. 중앙은행은 외부에서 무엇이든 사들이면, 중앙은행에 돈이 나가므로 통화 공급이 증가한다. 예를 들어, 한국은행이 1,000억 원의 국채를 매입하면, 어떻게 되나? 정부가 발행한 채권은 한국은행의 금고로 들어가고 대신 1,000억 원의 현금, 혹은 유동성이 공급된다. 반대로 중앙은행이 1,000억 원의 정부채권을 팔면, 채권은 중앙은행에서 나가고, 매각대금 1,000억 원이 들어오게 된다. 이것은 유동성, 통화를 환수하는 결과를 가져온다. 이렇게 공개시장에서 국채 등의 채권매매를 통해서 통화량을 조절하는 것을 공개시장조작이라고 한다.

둘째, 지급준비금을 조절하여 통화 공급을 통제할 수 있다. 지급준비율을 높이면 통화 공급이 줄어들고, 준비율을 낮추면 통화량은 더 늘어난다. 재할인율도 마찬가지다. 이것은 중앙은행이 시중은행에 빌려 주는 돈에 대한 할인율인데, 할인율을 높이고 낮춤으로써 통화량을 조절한다.

경우에 따라서는 중앙은행이 일반 시중은행에 대해서 직접 대출한도를 설정하여 통화량을 조절하기도 한다. 이런 정책은 긴급한 경우에 사용하는 직접규제의 하나다.

▼ 그림 16-2 중앙은행의 통화량 조정

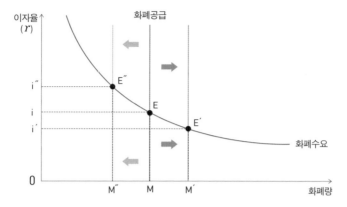

앞서 보았던 이자율과 화폐량의 그래프로 다시 돌아가 보자. 중앙은행이 통화량을 원래 균형을 이루었던 M에서 M′으로 증가시키면 이자율은 i′로 하락하고, M에서 M″로 축소시키면 이자율은 i″로 상승한다.

이자율이 하락하면 투자에 따른 금융비용이 하락하여 기업의 투자를 촉진시킨다. 또한 낮은 금리는 저축을 줄이고 소비를 부추길 수 있다. 2008년의 금융위기 이후 전 세계 각국은 역사상 가장 낮은 금리를 유지하며 경기활성화를 꾀하고 있다. 이 과정에서 일본과 유럽 등 일부 국가는 마이너스 기준금리를 채택하기도 했다.

Chapter 17 인플레이션과 물가지수

인플레이션이란?

경제가 건강하게 발전하려면 성장과 안정이라는 두 가지 목표가 동시에 달성되어야 한다. 경제를 성장시키기 위해 통화를 많이 풀면 성장에는 도움이 될 수 있어도 다른 한편으로는 물가안정에는 큰 위협이 될 수 있다. 따라서 성장과 안정이라는 두 마리의 토끼를 잡는 것은 경제학의 영원한 과제이기도 하다.

물가가 올라가면 동일한 급여를 받아도 실질적인 구매력은 하락한다. 특히 자신이 많이 사용하는 재화나 서비스의 가격이 상승했을 경우에는 소비자가 체감하는 물가는 더욱 크게 상승하게 된다. 정부가 발표하는 물가지수와 체감물가가 다른 이유도 여기에서 비롯된다.

인플레이션과 물가는 어떻게 다를까? 일반적으로 물가는 특정한 상품의 가격 변화를 말한다. 반면 인플레이션은 전반적인 물가 수준이 지속적으로 상승하는 것을 말한다. 만약 어떤 국민경제에서 생산량은 동일한데, 모든 재화나 서비스의 가격이 동시에 2배로 올라갔다고 가정하자. 집값도 2배로 오르고, 음식, 종이 모든 것이 2배로 뛰었다고 가정하자. 이렇게 되면 우리 생활이 어떻게 달라질까? 당연히 씀씀이가 헤퍼질 것이다.

또한 GDP나 GNP가 모두 두 배로 뛰게 된다. 왜냐하면 GDP는 최종생산물의 시장가치로 계측하기 때문이다. 결국 최종생산물의 실질적인 양과 가치는 동일한데 경상가격으로 평가한 GDP만 두 배로 늘어나게 된 셈이다. GDP를 두 배로 만드는 게 이렇게 쉽다면 경제학자들은 걱정할 일이 없다. 물가만 올리면 되지 않겠는가.

그러나 이렇게 GDP가 증가하는 것은 사실 아무런 의미가 없다. 명목적으로만 상승했지 물가를 반영한 실질가치가 변함이 없기 때문이다. 결국 실질적인 변화가 얼마나 나타났는가를 파악하려면 물가상승이 얼마나 나타났는가를 파악해야 한다. 실질적인 변화를 무시하고, 명목가치만을 계산한다면 실물경제가 얼마나 성장했는지 알 수 없다. 인플레이션은 실질가치의 변화가 아니라 단순한 명목가치의 변화를 나타내는 화폐현상이라고 할 수 있다. 즉, 모든 물가가 두 배로 뛴다면 화폐가치가 그만큼 하락하는 결과를 가져온다. 동일한 재화를 구입할 때 종전보다는 두 배나 많은 화폐가 필요한 것이다. 통제가 불가능할 정도로 극심한 인플레이션 현상이 나타나는 상황을 초인플레이션이라고 하는데, 제1차 세계대전 후에 독일을 비롯하여, 아르헨티나 등 여러 나라에서 1년에 1만 %가 넘는 초인플레이션이 발생한 사례가 있다.

⚙ 주문할 때와 계산할 때

"아니, 식사 값이 왜 이렇게 많이 나왔습니까? 메뉴 표의 가격보다 훨씬 더 비싼 것 같은데, 세금이 많이 붙은 겁니까?" "아니요. 세금을 붙인 건 아닙니다. 주문하실 때 값을 지급하셨으면 좋았을 텐데……. 저희 직원이 얘기를 안 했던가요?"

식당 계산대에서 손님과 주인이 벌이는 논쟁이다.

"그렇다면 먹는 동안에 가격이 달라졌단 말입니까?" "죄송합니다만, 그렇게 되었습니다. 저희 식당에서도 인플레이션 때문에 별수 없이 가격을 수시로 조정하게 되었습니다."

도저히 상상이 가지 않는다. 물가가 얼마나 빨리 오르기에 주문할 때와 계산할 때의 값이 다르단 말인가?

다행스럽게도 우리나라 얘기는 아니다. 1982년 볼리비아를 여행한 외국인이 〈뉴욕타임스〉에 기고했던 칼럼에서 인용한 것이다. 그래도 믿어지지 않는다면 통계자료를 보라. 1년간의 인플레이션이 무려 2만 4,000퍼센트에 이르렀으니 하루에 65.8퍼센트씩 뛰어오른 것이다. 하루 활동하는 시간을 10시간이라고 본다면 시간마다 7퍼센트 가까이 물가가 오른 셈이다. 주문할 때와 계산할 때의 가격이 다르다고 따질 수 있겠는가.

인플레이션은 전반적인 물가상승률을 말한다. 물가가 하락하는 디플레이션과 정반대의 현상으로 수요가 공급보다 많은 경우에 발생한다. 물건은 적은데 살 사람이 많으면 자연히 가격이 올라갈 수밖에 없다. 이런 현상이 경제 전체에 미쳐 국민경제의 공급능력이 수요보다도 적을 때 인플레이션이 나타난다.

인플레이션은 물론 공급 측면에서도 나타날 수 있다. 원유 가격이나 환율이 상승하여 수입원자재의 가격이 올라가면 공산품의 가격도 뛰기 시작한다. 생산비가 올라 제품가격이 상승하기 때문이다. 이런 현상은 모두 공급부족에서 기인하는 인플레이션이다. 단순히 공급이 부족해서 나타나는 인플레이션은 수요가 지속해서 뒷받침해주지 못하기 때문에 일시적 현상에 그치는 경우가 많다.

그러나 수요 때문에 발생하는 인플레이션은 그렇게 만만치 않다. 하루에 60퍼센트 이상 오르면 누군들 더 물건을 사려 하지 않겠는가. 그래서 투기적 수요가 가세한다. 반면 상점주인은 하루라도 늦게 물건을 팔려고 하므로 공급이 부족하여 물가는 더 올라갈 수밖에 없다. 왕성한 수요가 투기를 부채질하고 투기가 다시 물가를 상승시키는 악순환이 된다. 1980년 남미의 경제처럼 인플레이션의 함정은 벗어나기 어려운 블랙홀과 같다.

인플레이션의 초기에는 물가가 상승하여 이윤이 늘어난다. 투사와 소득도 함께 증가하는 선순환이 나타날 수 있다. 정부는 물론 모든 사람이 경제를 긍정적으로 평가하는 황홀경에 빠질 수도 있다. 실제 이 유혹 때문에 많은 나라가 인플레이션의 함정에 빠져버리는 것이다. 그러나 어느 날 앞서 가는 사람이 투기자산을 팔기 시작하면 거품은 꺼지고 경제는 공황에 빠지게 된다. 그래서 디플레이션 못지않게 인플레이션도 경제에 엄청난 폐해를 주게 된다.

수요 인플레이션은 재정지출이나 통화 공급이 너무 확대되면 나타난다. 회수하지 못하는 공적자금이 많아져도 원인이 될 수 있다. 그러나 2만 4,000퍼센트의 인플레이션은 어느 날 갑자기 생기는 것은 아니다. 누적된 초과수요, 사회적 불안, 열악한 경제구조와 잘못된 정책 처방이 불러오는 인재(人災)일 따름이다. 피할 수 없는 재앙은 아니다.

정갑영, "열보다 더 큰 아홉", (21세기북스, 2012), pp. 161-163에서 일부 인용

통화 공급과 인플레이션

화폐를 수요하는 이유는 대체로 두 가지가 목적이 있다. 우선 화폐가 없으면 거래하기가 너무 불편하다. 따라서 첫째 목적은 교환의 매개수단으로 화폐를 보유한다. 물론 화폐를 대신한 신용카드도 있고, 체크카드 등도 있지만 결국에는 돈으로 결제가 된다. 화폐가 없으면 물물교환을 하거나 아니면 금과 은 같은 귀금속으로 거래를 해야 할 것이다.

둘째, 화폐는 가치의 저장수단이 된다. 자산을 축적하기 위해 화폐를 보유하는 경우도 많다. 물론 부동산이나 귀금속, 주식 등도 자산보유의 한 형태이지만, 돈을 모으는 것도 중요한 자산의 축적이다. 그러나 물가가 상승하면 화폐보유에 따른 기회비용이 커지게 되므로, 인플레이션

하에서는 화폐가 효율적인 자산축적의 수단이 되지 못한다.

▼ 그림 17-1 균형 물가수준의 결정

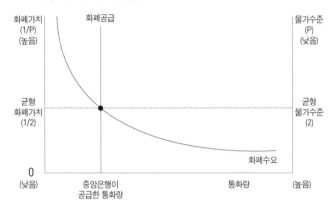

위의 그림은 화폐의 공급과 수요, 그리고 물가수준의 관계를 보여주고 있다. 우선 수요곡선을 살펴보자. 화폐가치는 물가수준의 역수이므로 좌측의 Y축에는 화폐가치를 1/P로 표시하고 있다. 따라서 물가(P)가 하락하면 1/P의 값이 하락하고, 반대로 화폐가치는 높아지게 된다. 이를 예시를 통해 이해해 보자. 어떤 사람이 옷을 구매하려고 한다고 하자. 만일 물가가 두 배로 올라가서 옷의 가격이 두 배가 된다면 화폐를 두 배 더 지불해야 옷을 구매할 수 있다. 따라서 화폐가치와 물가수준은 반비례하게 된다.

화폐공급은 다른 재화나 서비스의 공급곡선과는 완전히 다르다. 재화의 공급곡선은 가격이 상승하면 공급도 증가하는 형태이지만, 통화는 중앙은행의 정책적 판단으로 공급량을 결정하므로 수직선이 된다. 중앙은행은 적정한 이자율을 유지하기 위해 필요한 만큼의 통화를 공급하는 것이다.

화폐의 수요곡선은 다른 재화와 마찬가지로 우하향하는 형태가 된다. 화폐의 공급량과 수요량이 만나서 균형이자율이 결정된다. 이자율은 곧 화폐의 가치를 반영한다. 한국은행이 화폐 공급량을 늘리면, 공급곡선이 오른쪽으로 이동하고, 화폐가치는 하락하고, 물가는 상승하게 된다.

⚙️ 인플레이션은 항상 나쁜가?

인플레이션은 얼마나 나쁜 것일까? 예일대 로버트 실러(R. Shiller) 교수는 경제학자와 일반 시민을 대상으로 한 '인플레이션에 관산 설문조사'에서 특이한 사실을 발견했다. 인플레이션에 대한 집단 간의 인식에 상당한 차이가 있다는 사실을 알게 된 것이다.

예를 들어 근로자의 77퍼센트가 인플레가 자신을 가난하게 만든다고 생각했다. 반면 경제학자는 12퍼센트만이 그런 경향이 있다고 응답했다. 임금과 물가가 고정된 것보다 동일한 비율로 상승하는 것이 더 큰 만족감을 주느냐는 질문에 대해서도 큰 차이를 보였다. 근로자의 49퍼센트가 같은 비율이라도 상승하는 것이 좋다고 응답했지만, 경제학자는 단지 8퍼센트만이 그렇다는 것이다. 또한, 많은 근로자가 인플레 억제정책이 매우 중요하다는 입장이다. 반면 경제학자들은 그렇게 큰 우선순위를 두지는 않았다.

아무래도 경제에 대해서는 경제학자가 더 많이 알지 않겠는가. 그래도 뭔가 석연치가 않다. 길거리를 오가는 시민을 붙들고 인플레이션이 왜 문제냐고 물어보라. 아마도 가장 많은 답변은 "돈 가치를 떨어뜨려 근로자들을 가난하게 만들기 때문"이라고 말할 것이다. 월급은 매년 쥐꼬리만큼 오르는데 물가가 상승해 버리니 실질소득이 늘어나지 않은 것은 너무도 당연하다. 옳은 지적이 아닌가. 그러나 이것은 인플레이션에 대해 가장 널리 알려진 오류에서 비롯된 것이다.

상승하는 경제에 익숙한 사람들은 암묵적으로 "만일 인플레이션이 없다 해도, 월급은 매년 오를 것이고 실질적인 구매력은 더 증가했을 것"이라고 낙관하는 경향이 강하다. 과연 그러할까?

물가가 안정된다고 실질임금이 더 빨리 상승하지는 않는다. 오히려 물가가 오르지 않을 때는 기업의 수입도 늘지 않고 임금도 올라가지 않는 경향이 있다. 물가도 10퍼센트 오르고 임금도 10퍼센트 오른다면 실질적으로는 아무런 차이가 없다. 이것은 화폐 단위가 바뀐 것 같은 효과를 나타낼 뿐 실질적인 후생에는 어떤 영향도 미치지 않는다. 실질임금과 후생은 명목적인 절대가격이 문제가 아니라 상대가격에 의해서 결정되기 때문이다. 그럼에도 물가와 임금이 같이 올라가는 것에 더 만족을 느끼는 것은 역시 화폐의 환각 때문에 발생하는 현상이다.

실질임금은 결코 정부가 얼마나 많은 돈을 찍어내느냐에 따라 결정되지 않는다. 실질임금은 기술 발전으로 생산성이 향상되거나 자본축적으로 근로자가 더 많은 자본재를 사용할 수 있을 때 올라가게 된다.

그렇다면 인플레이션을 예찬해야 하는가. 물론 그렇지는 않다. 인플레이션은 많은 사회적 비용을 유발한다. 그러나 결론부터 말하자면 단기의 완만한 인플레이션은 일반인들이 널리 생각하는 것처럼 그렇게 심각한 피해를 가져다주지는 않는다. 특히 모든 사람이 기대했던 대로 인플레이션이 완만하게 나타날 때는 사회적 비용이 많이 들지 않는다.

물가가 상승하면 기업은 상품의 값을 수시로 바꾸고 계약도 다시 해야 한다. 광고물도 다시 찍어야 한다. 이와 같은 비용을 메뉴비용(menu cost)이라고 한다. 인플레이션은 높은 이자율을 동반한다. 은행에 예금하는 경우 한꺼번에 큰돈을 찾기보다는 조금씩 자주 찾아 쓰는 편이 더 많은 이자를 받을 수 있다. 따라서 수시로 은행을 들락거리게 되어 신발이 닳게 되는 구두 밑창 비용(shoeleather cost)도 발생한다. 세금이 왜곡될 수도 있다. 부동산의 명목 시가가 올라가니 양도차액에 부과되는 세금도 많아질 수 있다. 따라서 조세부과의 왜곡도 발생한다.

기대하지 않은 물가상승이 나타나면 채무자는 즐거워하고 채권자는 울상이 된다. 사회 전체적으로는 더 계산해보아야 한다.

정갑영, "열보다 더 큰 아홉", (21세기북스, 2012), pp. 167-169에 일부 인용

화폐수량설과 피셔효과

화폐와 실물경제 및 물가의 관계를 나타내는 전형적인 이론이 바로 화폐수량설이다. 화폐수량설은 통화량이 물가 수준을 결정한다는 이론이다. 통화량 증가가 물가 상승에 영향을 준다는 것은 널리 알려진 사실이지만, 어빙 피셔I. Fisher가 1930년대 화폐와 실물경제의 관계를 발견한 것은 경제학계에 대단한 업적이었다.

▼ 그림 17-2 화폐가치와 물가 수준의 상관관계

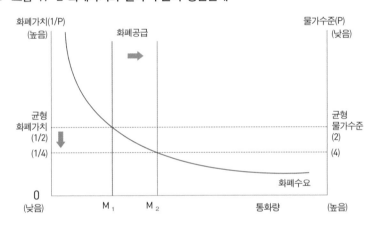

<그림 17-2>를 보면 통화가 M_1에서 M_2로 증가하면 균형점이 움직이는 것을 볼 수 있다. 새로운 균형점에서 화폐가치는 하락하고 물가는 상승하게 된다.

통화 공급이 증가하여 화폐가치가 떨어지면, 실질적인 생산량이나 실질임금에 아무런 변화가 없어도 물가가 상승할 수 있다. 경제의 실질적인 수준과 물가변동으로 나타나는 화폐현상을 구별하기 위해 경제학에서는 모든 변수를 화폐단위로 측정하는 명목변수와 실물의 단위로 측정할 수 있는 실물변수로 구분한다. 명목변수는 몇 원, 몇 달러 등 화폐단위로

표시하고, 실물의 단위로 측정되는 실질변수는 소고기 600g, 쌀 한 가마, 자동차 한 대 등으로 표시한다.

이렇게 두 변수로 구별하여 분석하면 통화량의 변화는 실질변수에는 영향을 미치지 못한다. 이러한 접근방법을 경제학에서는 고전학파의 이분법dichotomy 또는 화폐의 중립성이라고 한다. 통화량이 증가하면 실질변수에는 영향을 주지 못하고, 단지 명목 변수에만 영향을 준다는 것이다.

이와 같은 관계는 화폐수량방정식으로도 표시된다. 즉, 화폐수량방정식은 MV=PY를 말한다. M은 당연히 통화량, V는 화폐유통속도velocity, P는 물가수준, Y는 실질산출량을 말한다. 화폐의 유통속도라는 것은 1년 동안에 또는 일정 기간 동안에 화폐가 얼마나 빨리 순환하느냐, 몇 사람의 손을 거쳤느냐를 말한다. 경제가 활성화되면 빨리 순환이 되고, 경제가 활성화되지 않으면 순환 속도가 늦어진다.

MV=PY의 방정식을 상세히 살펴보면 Y는 실질산출량이기 때문에 단기간에는 크게 변화하지 않는다. 화폐의 유통속도(V)도 사람들의 결제 습관에 달려있기 때문에 단기에는 크게 변화하지 않는다. 돈을 잘 쓰지 않는다거나, 신용카드만 쓴다든가, 이러한 결제수단이 단기에 크게 변화하지 않는다. 이제 방정식에서 Y와 V가 일정하다면, M과 P는 직접적인 비례관계에 있게 된다. 변수는 M과 P뿐이며, M이 올라가면 P가 올라간다. 이와 같이 화폐수량설은 통화량(M)이 증가하면 물가(P)가 올라가는 현상을 간략한 방정식으로 표기한 것이다.

한편 실질산출량은 통화량(M)과 관계없이 요소의 투입량과 생산 기술 등에 의해서 결정된다. 즉, Y는 M과 관계가 별로 없다는 화폐의 중립성을 말한다. 중앙은행이 통화량을 증가시키면 물가 수준이 비례적으로 상승한다. 통화 증가율이 높아지면 그만큼 물가 상승률이 높아진다. 이것이 화폐수량설의 기본적인 내용이다.

여기서 이자율을 결정하는 변수를 상세히 살펴보자. 명목이자율은 실질이자율에 기대인플레이션을 합해서 결정된다. 실질이자율은 자금의 수요공급에 의해서 결정되고, 인플레이션은 통화량의 증가속도에 따라서 결정된다. 이런 관계에서는 실질이자율이 올라가면 당연히 명목이자율이 올라간다. 단기에는 기대 인플레이션이 0이라면 명목 이자율과 실질이자율은 항상 동일하게 된다. 앞으로 인플레이션이 상당히 높아질 것이라고 기대하면 어떻게 될까? 예상 인플레이션이 상승했으므로, 명목이자율은 현재의 실질이자율과 아무 관계없이 상승하게 된다. 이런 현상을 피셔효과Fisher effect라고 한다.

피셔효과는 실제 경제현상에서도 흔히 나타난다. 미래의 기대인플레이션이 높아지면 현재의 명목이자율이 상승하는 현상이다. 이런 관계 속에서 중앙은행이 통화 공급을 줄인다고 가정해보자. "통화 공급량이 줄어드니까, 명목이자율이 상승할 것이다"라고 생각할 수 있다. 과연 그럴까?

그런데 통화 공급량을 줄이게 되면 물가는 어떻게 될까? 장기에는 당연히 물가가 하락한다. 물가가 하락한다는 것은 예상 인플레이션이 하락한다는 것을 의미한다. 피셔효과에서 명목 금리 = 실질금리 + 인플레이션이므로, 예상 인플레이션이 하락하므로, 오히려 명목금리의 하락을 초래할 것이다.

결국 통화 공급의 감소에 따른 명목 이자율의 상승은 단기에는 나타날 수 있겠지만, 물가하락에 대한 기대 인플레이션의 하락으로 장기에는 명목이자율에 별다른 영향을 주지 못한다. 이러한 피셔효과의 결과는 결국 화폐중립성money neutrality을 지지하게 된다. 통화는 결국 인플레이션에 영향을 미치는 화폐 현상을 가져온다.

장바구니 물가와 소비자물가지수

아내는 주말이면 마트에 가는 습관이 있다. 서로가 아무리 바빠도 적어도 주말에 한 번쯤은 온 가족이 식탁에서 함께하기를 기대하기 때문이다. 오늘 장바구니에는 아이들이 좋아하는 스테이크용 안심, 꽃게 몇 마리, 제철을 맞은 사과 등이 담겨 있다. 김장에 대비하여 젓갈도 골랐다. 아이가 주문한 음료수도 몇 개 담았다. 그러나 아이들이 즐겨 찾는 품목들은 예외 없이 가격이 비싸기만 하다. 신세대 아이들의 입맛을 맞추기가 여간 어려운 게 아니다.

실질적으로는 차이가 없을 것 같은데 가족들이 즐기는 품목들은 유난히 비싼 경우가 많다. 그래도 별수 있는가. 원치 않는 음식이 냉장고에서 낮잠 자는 것보다는 몇 배 나으니 원하는 것들을 사는 수밖에. 그렇게 해서 가득 채운 장바구니를 계산대에 올려놓으니 생각보다 훨씬 많은 금액이 나왔다. 지난주와 크게 달라진 게 없는 것 같은데…….

대부분 주부가 경험하는 일상적인 현상이다. 장바구니 물가는 하루가 다르게 올라가는 것 같다. 그런데 정부가 발표하는 물가는 늘 안정적이라고 한다. 지난달보다 적어도 10퍼센트는 더 오른 것 같은데 소비자물가지수는 겨우 0.3퍼센트 상승했다니 말이 되는가. 그래서 많은 주부는 정부의 물가통계를 불신한다. 비단 주부뿐만이 아니라 일반 소비자들도 물가통계는 체감물가보다 훨씬 낮다고 생각한다. 항상 낮게 발표되기 때문에 체감물가는 거기다가 몇 퍼센트를 더하면 된다고 믿는 국민도 많다. 스스로 경험의 법칙을 발견한 셈이다.

과연 그러한가? 물가지수가 소비자의 피부 물가를 반영하지 못하는 데는 몇 가지 이유가 있다. 첫째는 아내의 장바구니와 통계지표의 장바구니가 다르기 때문이다. 아내는 가족들이 즐겨 찾는 몇 개 품목만 담는다. 하지만 통계청은 수없이 많은 품목을 반영해야 하므로 가계들의 소비 지출액을 기준으로 가중치를 주어 계산한다.

실제 통계청이 발표하는 소비자물가지수에는 총 481개의 품목이 포함되어 있다. 그러나 주부는 장바구니에 이들 모두를 담지 않는다. 또한, 가중치도 다르다. 실례를 들어보자. 콩나물은 소비자물가지수에서 0.6/1,000의 가중치로 계산된다. 따라서 다른 물품의 가격은 같고 콩나물 값만 20퍼센트 오른다면 통계상 소비자 물가는 단지 0.01퍼센트 상승에 그친다. 그러나 전체 10만 원 중에서 1만 원을 콩나물에 지출한 주부에게는 20퍼센트의 콩나물 가격상승이 1퍼센트(20×1/10)의 체감 물가 상승으로 나타난다.

품질의 차이에서도 체감지수가 달라진다. 통계지표에는 항상 대표품목의 물가를 반영한다. 소고기라면 보통 품질을 포함하는 것이다. 최고급 양질의 안심을 대상으로 하는 것이 아니다. 그러나 장바구니에는 가족들이 즐기는 대표적인 브랜드가 들어간다. 따라서 지표상 소고기 값이 안정되었어도 실제로는 그렇지 않다. 특히 가격 규제가 심한 시장에서는 대표품목은 값을 묶어 놓고 다른 품목은 더 올리는 경우가 많다. 그래서 짜장면과 삼선짜장면이 등장하지 않았는가.

소비자가 체감하는 '돈'의 한계효용에 따라서도 체감지수가 달라진다. 호황기에는 큰 폭의 물가상승도 너그럽게 받아들인다. 하지만 소득이 감소하는 불황기에는 조그만 변화에도 민감하게 느낀다. 소득이 감소할수록 돈이 그만큼 귀해지기 때문이다. 화폐의 한계효용이 커진다는 얘기가 된다. 이런 여러 가지 특성으로 물가지수는 체감물가와 괴리가 생길 수밖에 없다.

설령 통계지표가 장바구니 물가와 일치한다고 해도 아내의 마음을 사로잡기는 어려울 것이다. 모든 물가는 떨어지지 않고 올라가기만 하는 속성이 있기 때문이다.

정갑영, "열보다 더 큰 아홉", (21세기북스, 2012), pp. 88~90에서 일부 인용

물가지수

물가의 변동을 나타내는 물가지수에는 여러 종류가 있다. 대표적으로 소비자 물가와 생산자 물가지수가 있는데, 소비자 또는 생산자가 구입하는 재화와 서비스의 가격 변동을 가중 평균한 값이다. 물가지수를 측정할 때는 대상 재화의 조합 또는 재화의 묶음을 거래량에 따라서 가중치를 구하고, 가격조사를 한 후에 기준년도와 비교하여 지수를 계산한다.

이제 소비자물가지수의 계산 과정을 표로서 알아보자. <표 17-1>에서 볼 수 있듯이 소비자들이 평균적으로 소비하는 재화는 빵 4개와 치

재화묶음: 빵 4개, 치즈 2개

연도	빵 가격	치즈 가격
2014	2,500원	1,200원
2015	2,800원	1,300원
2016	3,200원	1,500원

즈 2개다. 빵이 가중치가 높음을 알 수 있는데 그에 따라 빵 값이 올라가면 소비자 물가에 더 많이 반영된다는 것을 알 수 있다. 각 연도별로 재화묶음의 구매 비용을 계산하면 2014년 12,400원, 2015년 13,800원, 2016년 15,800원이다.

이제 2014년을 기준연도로 설정하고 소비자물가지수를 계산하면 <표 17-2>와 같은 소비자물가지수를 구할 수 있다. 이를 이용한다면 모든 연도의 소비자 물가 지수를 계산할 수 있다. 만일 시간이 너무 오래 지나면 가중치가 변하므로 기준치를 다시 바꿔서 여러 가지 계산을 할 수 있다.

▼ 표 17-2 물가지수의 측정: ② 소비자물가지수의 계산

$$소비자물가지수 = \frac{(재화묶음\ 구입비용)}{(기준연도\ 재화묶음\ 구입비용)} \times 100$$

연도	CPI
2014	(12,400/12,400)×100=100
2015	(13,800/12,400)×100=111
2016	(15,800/12,400)×100=127

결국 소비자물가지수는 국민들이 평균적으로 소비하는 재화의 묶음을 기준으로 측정한다. 따라서 자신이 소비하는 재화의 묶음이 전국적인 평균치에서 달라지면, 공식적인 소비자물가지수가 자신의 체감 물가를 정확하게 반영하지 못한다. 또한 소비자물가지수를 계산할 때는 대표 품

목을 포함하는데, 개인의 실제 소비는 반드시 대표품목이 아닌 경우도 있다. 소비자물가지수는 물론 완벽한 체감지수는 아니지만 평균적인 물가변동을 파악하는 자료로서 유용하게 활용된다.

Chapter 18 총수요와 총공급

경기변동과 예측

특정한 재화나 서비스 시장을 분석할 때 이미 수요와 공급의 개념을 살펴보았다. 그런데 이 개념은 국민경제 전체에 확대 적용해서 국민총생산 등의 거시경제 지표를 분석하는 데 사용할 수 있다. 다만 특정한 재화와 달리 국민경제 전체에 수요와 공급의 개념을 확대 적용할 경우에는 총수요aggregate demand와 총공급aggregate supply의 개념을 활용한다. 즉 일반적으로 수요가 개별 재화에 적용되는 개념인 반면 총수요는 모든 재화와 서비스를 모두 합한 국민경제 전체의 수요라고 할 수 있다. 총공급 역시 개별 재화와 서비스의 공급을 모두 합계한 것이라고 할 수 있다.

예를 들어, 경기는 단기에는 항상 변동성이 크기 마련인데, 그 원인이 어디에서 비롯되었는가를 파악하기 위해서 총수요와 총공급의 개념을 활용해서 분석해보자. 경기침체의 원인이 총수요의 부족에 있다면, 국가 전체적으로 총수요를 부추기는 정책을 펴야 한다. 정부가 지출을 늘리든가, 통화공급을 증가시키든가 해야 하는데 그것이 바로 재정과 금융정책이다. 반대로 경기가 과열되어 인플레이션이 우려될 경우에는 총수요를 억제하는 긴축정책을 실시해야 한다.

　단기의 변동에도 불구하고 장기적으로 경제는 성장하는 패턴을 나타내는 경우가 많다. 한국도 1964년에 1인당 국민소득이 100달러에 불과했지만, 지금은 거의 3만 달러에 육박하고 있다. 경제의 성장은 당연히 명목변수를 기준으로 하지 않고, 실질적인 생산량의 증가를 기준으로 한다. 화폐 현상을 반영한 명목 GDP를 기준으로 성장률을 계산한다면, 물가만 상승하고 실질 생산량은 변함이 없어도 경제가 성장하는 결과가 된다. 이것은 명목 성장률은 올라갔지만, 실질 생산율은 변함이 없다.

　실제 발표되는 경제성장률은 실물을 기준으로 계산한 것이다. 그럼에도 불구하고, 경제학에 대한 지식이 없는 경우에는 경제가 몇 % 성장한다고 해도 물가가 상승하면 모두 상쇄된다고 생각하는 사람도 많다. 경제의 성장은 반드시 재화와 서비스의 생산이 증가해야만 가능하다.

　세계 각국을 분석해보면, 선진국일수록 지속적으로 장기에 걸쳐서 생산이 실질적으로 증가한다. 대표적으로 미국 경제는 지난 50년 동안 연평균 3%씩 지속적으로 성장해 왔다. 그럼에도 불구하고 단기적으로는 성장률이 낮거나 마이너스가 나타나 경기 후퇴가 발생한 경우가 많다.

　경기 상태를 판단할 경우에는 여러 개념을 많이 활용하는데, 침체recession는 일시적인 후퇴, 그보다 조금 더 심각한 침체는 불황depression이라고 표현한다. 경기 변동은 여러 가지 특징을 갖고 나타나는데, 안타깝게도 단기의 경기 변동은 너무 불규칙적이라서 예측하기가 힘들다. 경기가 좋을 때와 부진할 때가 번갈아 나타나지만, 일정한 패턴 없이 불규칙적으로 발생하므로 몇 달 동안 이런 상태가 지속될 것이라고 정확하게 예측할 수는 없다.

　경기예측이 어려운 이유는 무엇일까? 이것은 경제학에 대한 근본적인 질문인데, 국민경제에는 경제를 구성하고 있는 많은 주체가 있는데,

그 주체들의 행태를 정확히 예측하는 것은 불가능하기 때문이다. 예를 들어, 소비자 한 사람 한 사람, 가계, 기업, 정부 등 모두가 경제를 구성하고 있는 하나의 주체agent가 된다. 개방경제에서는 세계 전체에 얼마나 많은 가계와 기업이 있는가. 경기를 정확하게 예측하려면 전 세계 모든 인구와 기업이 앞으로 어떻게 행동할 것이라는 것을 100% 알고 있어야만 한다. 나아가 자연재해와 천재지변이 언제, 어떻게 발생하고, 그 과정을 모두 예측할 수 있다면, 경기 변동을 예측할 수 있다. 특히 최근에는 세계경제가 글로벌화되어서 너무나 많은 나라들과 상호연계interlocking되어 있기 때문에 예측의 불확실성이 더 높다.

경기를 예측하기 위해 많은 기법을 활용하지만, 아직은 정확히 미래를 예측할 수는 없다. 실제 경기보다 앞서서 나타나는 여러 현상들을 지수화한 경기선행지수를 사용하기도 한다. 이 지수는 경기를 대변해주는 민감한 지표들을 모아서 지수화한 것인데, 수출 신용장이나 건축허가 면적, 재고의 변동, 주가지수 등을 활용하기도 한다.

총수요와 총공급

총수요는 앞서 설명한 바와 같이 주어진 물가수준에서 가계와 기업, 정부가 구입하고자 하는 재화와 서비스의 수량을 나타내는 곡선이다. 즉, 가계와 기업, 정부 등 경제를 구성하고 있는 모든 주체의 수요곡선을 합한 것이다. 총수요곡선을 구하려면 주어진 가격수준에서 각 재화의 모든 수요를 합해야 한다. 그런데 국민경제를 구성하고 있는 각종 재화의 가격이 모두 다르기 때문에, 주어진 "물가" 대신에 주어진 "물가 수준"에서 계측해야 한다.

총공급곡선도 동일한 개념이다. 주어진 물가 수준에서 기업들이 생산, 판매하고자 하는 재화와 서비스의 수량을 모두 다 합한 것이다. 즉 미시부문에서 학습했던 수요와 공급곡선을 모두 합한 것이므로, 본래 수요 공급 곡선이 갖고 있는 함수적 특성은 동일하다.

▼ 그림 18-1 총공급과 총수요의 균형

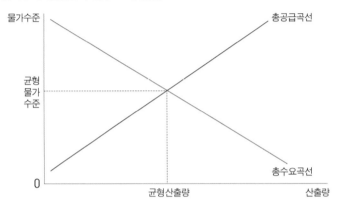

그래프의 X축에 산출량이 있음을 볼 수 있는데 이것은 국민 경제 전체의 생산량을 나타내는 지표다. 따라서 기존의 수요공급곡선과 다른 단위를 표시해야 한다. 즉, 국내총생산GDP과 일치하는 산출량을 Y축에 놓는다. 이때 Y는 명목 개념이므로 주어진 물가 수준에서 물가가 안정되어 있다는 가정하에서는 실질 기준과 동일하게 나타난다.

총수요는 소비(C), 투자(I), 정부지출(G)로 구성되어 있고, 개방경제에서는 수출과 수입의 차이인 순수출(NX)을 추가해야 한다. 수출은 한국의 재화와 서비스를 해외로 판매하는 것이므로, 기업의 관점에서는 국내에서 소비되거나 수출된 것과 동일한 기능을 한다. 즉, 수요와 공급의 관점에서는 해외의 구매자들이 우리의 재화를 사가는 것이므로 총수요를 구성하는 요인의 하나다.

그럼 수입은 무엇인가? 외국의 생산자가 만든 제품을 국내에서 들여오는 것이다. 이것은 국내시장에 그만큼 재화와 서비스가 추가적으로 더 공급되는 것과 같은 개념이다. 따라서 국내시장에 반영된 순수한 수요를 나타내기 위해서는 전체 수출 중에서 수입된 만큼을 공제해야 한다. 따라서 수출에서 수입을 공제한 순수출net export은 수출(X)-수입(M)으로 표시한다.

총수요곡선의 기울기는 마이너스로 나타난다. 이것은 물가수준이 하락하면 총수요가 증가한다는 의미가 된다. 왜 이러한 현상이 나타날까? 우선 물가가 하락하면 소득과 자산의 실질가치가 상승하여 가계의 소비가 증가한다. 이것을 자산효과라고 한다. 또한 물가가 하락하면 기대인플레이션이 낮아져서 실질이자율이 떨어지는 효과가 나타난다. 이것은 피셔효과에서 설명된 내용으로, 이렇게 되면 기업의 투자가 증대하는 효과를 가져 온다.

또한 물가가 하락하면 국내에서 생산하는 재화와 서비스의 가격이 하락하고, 이것은 다시 수출 경쟁력을 향상시켜 수출을 증대시키는 효과를 가져 온다. 환율의 변동과 동일한 순수출의 증대효과를 가져올 수 있다. 이러한 요인으로 물가수준이 하락하면 총수요는 증대하게 된다.

▼ 그림 18-2 물가와 총수요의 관계

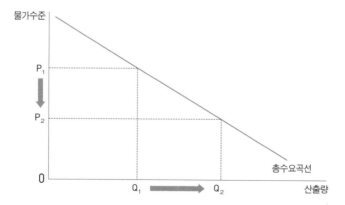

<그림 18-2>는 총수요곡선 그래프인데 여기서 볼 수 있듯이 물가수준이 P_1에서 P_2로 하락하면 산출량이 Q_1에서 Q_2로 증가함을 볼 수 있다.

한편 총공급곡선은 물가수준과 총수요와의 관계와는 반대로, 물가가 올라가면 더 공급량이 늘어나는 효과를 가져 올 수가 있다. 즉, 단기의 공급곡선은 물가 수준에 대해 플러스의 기울기를 갖는 우상향의 형태를 가진다. 왜 그러할까? 단기적으로 생산의 주체인 기업은 물가수준이 상승하면 이윤추구의 동기에 의해 공급량을 늘리기 때문이다. 총공급곡선은 모든 기업의 공급을 국민경제 전체에서 모두 합계한 개념이므로 일반적인 공급곡선과 동일한 특성을 갖고 물가수준이 상승할수록 증가한다.

그러나 장기적으로 총공급곡선은 한 국가의 생산능력에 달려 있다. 물가가 아무리 상승한다 해도 국가의 생산능력을 초과한 양을 공급할 수는 없을 것이다. 한 국가의 생산 능력은 자원, 기술 수준, 정책 등 다양한 요소에 의해서 이루어진다. 따라서 장기의 공급곡선도 자원의 부존량, 법제도, 기술 등에 영향을 받는다. 따라서 장기의 총공급곡선은 물가 수준과는 관계가 없다. 총생산량은 물가가 반영된 화폐현상의 개념이 아니고, 실질 변수이며, 이것은 이미 앞에 고전학파의 화폐 중립성에서 논의된 내용과 동일하다. 따라서 장기의 총공급곡선은 수직선으로 표시된다.

🔧 화폐의 환각

어느 날 구로사와 아키라는 미술관에서 고흐의 그림 앞에 선다. 햇빛 가득한 푸른 하늘과 맑은 물에 둘러싸인 다리가 강렬하게 표현된 그림 〈아를의 도개교跳開橋〉. 그 고혹한 색깔의 조화 속에 그는 한순간 그림 속으로 몰입한다. 그러고는 작품 안에 그려진 사람 속에서 고흐를 찾아 나서고······.

그는 드디어 노랗게 익은 밀밭에서 머리에 붕대를 감은 채 그림을 그리는 고흐를 찾았다. 고흐로부터는 외면당하고 말지만 그럴수록 더 고흐에 빠져드는데······. 그는 환각 속에서 〈밤의 카페 테라스〉, 〈석양의 버드나무〉, 〈몽마르르〉 등 여러 그림에 심취하다가 꿈에서 깨어 제자리로 돌아온다. 그런데 그곳이 바로 밀밭 위를 날아가는 까마귀를 그린 그림 속이 아닌가.

구로사와 아키라 감독이 스티븐 스필버그의 도움을 받아 자신의 환상을 옴니버스 영화로 만든 대작 〈꿈〉의 한 편이다. 때로는 꿈과 현실이 뒤섞여져 어디까지가 환각이고 어디까지가 자신의 독백인지 구별할 수 없다. 하지만 화려한 색채와 몽환적인 분위기가 가득한 '꿈'과 같은 영화이다.

자신이 환각 속에 빠진 것조차 모르고 지내는 일이 어디 영화에서뿐이랴. 경제에서도 현실을 혼동하는 환각 현상이 종종 나타난다. 특히 디플레이션이나 인플레이션 때문에 화폐가치가 크게 변동하는 경우에는 돈에 대한 환각에 빠지기 쉽다. 화폐가치가 떨어진 것은 잊고 두툼한 월급봉투에 행복해한다든가, 한때 자기 월급이 올라간다고 즐거워하는 것도 모두 화폐의 환각에서 비롯된 '환상적'인 생각들이다.

물가가 하락하는 경제를 생각해보자. 올라가는 물가만 경험한 우리에게는 기쁜 소식인 것 같지만, 절대 그렇지 않을 수도 있다. 물가가 내려가면 같은 수량을 판매해도 기업의 매출액은 줄어든다. 디플레이션의 과정에서는 물가가 내려가도 수요가 늘어나지 않는다. 가격이 하락하므로 오늘보다 내일 더 싼 가격에 물건을 살 수 있기 때문이다. 그러니 물건을 사는 것보다 돈을 가진 게 더 이익이 되지 않겠는가. 그래서 소비지출을 연기한다. 1990년대 일본에서 나타났던 현상이다.

이것은 다시 기업의 매출과 이윤을 감소시킨다. 따라서 기업이 이윤을 늘리려면 당연히 비용을 줄여 원가를 낮추어야 한다. 원재료는 물론 임금도 내려야 한다. 실제 물가가 하락하면 임금이 내려가도 실질 임금은 떨어지지 않는다. 그러나 현실에서는 이런 현상이 나타나기 어렵다. 임금협상에서는 실질 임금보다도 명목 임금이 더 중요하기 때문이다. 화폐가치로 평가한 현재의 임금이 중요한 것이다. 화폐의 환각(money illusion)에 빠져 있기 때문이다. 앞으로 물가가 내려갈 것이므로 임금을 깎자고 하면 누가 수긍하겠는가. 환각에서 벗어나려면 모든 경제 주체가 제대로 된 정보와 믿음을 갖고 있어야 한다.

물론 환각은 때로 즐거움을 가져다준다. 물가는 내려가는데 임금이 고정되어 있다면 얼마나 환상적이겠는가. 그러나 이러한 환각은 일순간 기쁨에 지나지 않는다. 기업의 수익은 더욱 나빠지게 되고 결국은 생산과 고용을 감축할 수밖에 없다. 그렇게 되면 경제는 더욱 위축된다. 내 직장도 온전할 수 없다. 수요가 늘어나고 기업의 이윤이 증가해야 하는데 오히려 거꾸로만 간다면 경제가 어떻게 되겠는가. '화폐에 대한 환각'이 경제침체를 더욱 심화시키는 과정이다.

사람은 이런 헌싱이 널리 확산될 때쯤 뒤늦게 환각에서 깨어난다. 그러나 환각에서 깨어보니 현실은 암담하기만 하다. 환각은 '꿈'속에서는 환상적인 즐거움을 가져다줄 수 있지만, 경제에서는 오히려 침체를 악화시킨다. 더 늦기 전에 환각에서 깨어나야 한다.

정갑영, "열보다 더 큰 아홉", (21세기북스, 2012), pp. 164-166에서 일부 인용

경제의 성장과 부침

경제는 항상 부침이 있기 마련이다. 때로는 침체하기도 하고, 때로는 과열되기도 한다. 경기가 부침을 거듭할 때마다 정부는 경기를 안정시키기 위해 많은 노력을 한다. 공급이 감소하면 공급을 증가시키고, 수요가 부족하면 수요를 부추기기 위한 정책을 실시한다. 이러한 정책은 총수요와 총공급을 변동시켜서 균형산출량을 조절하게 된다.

이제 그림을 통해 총수요곡선을 변동시키면 어떤 변화가 나타나는가를 살펴보자.

<그림 18-3>에서 총수요곡선이 완전히 오른쪽으로 이동하고 있다. 예를 들면, 정부지출을 확대하거나 투자를 부추기는 정책을 실시하면 총수요곡선이 오른쪽으로 이동하게 된다.

한편 장기 공급곡선은 물가와는 상관없이 자원의 부존량, 기술수준, 제도 등 국가고유의 여러 특성에 의해서 결정된다. 즉 한 국가가 생산할 수 있는 잠재적인 총산출량에 수렴하게 된다. 다시 말하면, 모든 자원이 효율적으로 활용되고, 고용도 완전고용상태를 유지한 가운데 이루어질 수 있는 완전고용산출량으로 접근하게 된다. 따라서 그래프상으로 이를 나타

▼ 그림 18-3 총수요곡선의 이동

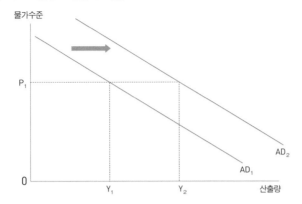

내면 <그림 18-4>와 같이 수직인 형태로 그려진다. 장기의 총공급곡선은 기술의 진보나 물적, 인적자본의 축적, 자연실업률 등에 의해서 움직일 수 있다.

자연실업률은 일반적인 실업률과는 다른 개념이다. 실제 현실에서 실업률이 0%가 되는 것은 불가능하다. 예를 들어, 사람들이 이직하면서 오늘 직장을 그만 두는데, 내일 바로 연결이 되는 것은 아니다. 어떤 사람

▼ 그림 18-4 장기총공급곡선

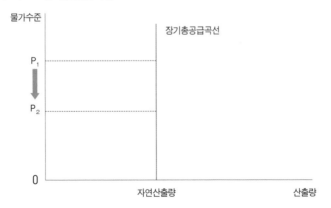

들은 자의적으로 일하는 것을 상당기간 원하지 않는 경우도 있다. 완전고용의 상태에서도 현실적으로 실업률이 0%이 수준이 되는 것은 아니다.

이러한 제약을 고려하여 현실적으로 가능한 완전고용에 달하는 상태에 있는 수준의 실업률을 자연실업률이라고 한다. 그 수준에서의 재화와 서비스 생산량을 잠재적으로 경제가 도달할 수 있는 최대 규모의 완전 고용 산출량이라고 한다. 이 수준에서 장기총공급곡선이 수직으로 고정되어 있는 것이다. 자연 실업률 상태에서 재화와 서비스의 생산량은 모든 국가가 추구하는 정책목표가 될 수 있지만, 현실적으로 쉽게 달성할 수 있는 것은 아니다.

장기총공급곡선이 수직이라는 것은 물가 변동의 영향을 받지 않는다는 의미이다. 그러나 기술수준이 크게 향상되면, 장기총공급곡선이 오른쪽으로 이동할 수 있고, 인적 물적 자원의 축적도 완전고용산출량을 증가시킬 수 있다.

총수요와 총공급곡선의 변동

총수요곡선(AD)과 총공급곡선(AS)을 동시에 그림으로 표시하면, 두 곡선이 만나서 균형산출량이 결정된다. 이제 총수요곡선의 변동이 있는 경우를 생각해 보자. 먼저 총수요가 감소하면 어떻게 될까? 예를 들어, 정부가 긴축을 해서 지출을 줄이거나 기업의 투자 수요가 줄어들 경우에는 총수요가 감소하게 된다.

그래프에서 총수요는 AD_1에서 AD_2로 감소하고 있다. 단기에서는 AD_1과 AS_1이 만나 균형점을 이루었는데 총수요가 감소함에 따라 산출량이 Y_1에서 Y_2로 감소했음을 알 수 있다. 또한 물가수준도 P_1에서 P_2로 하

▼ 그림 18-5 총수요의 감소

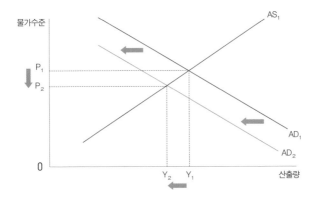

락했다. 이를 반대로 생각해보면 현재 경기가 침체되어 Y_2 상태에 머물러 있다면 이를 Y_1으로 이동시키기 위해서는 총수요곡선을 반대로 움직이면 된다는 것을 알 수 있다.

이번엔 총공급이 AS_1에서 AS_2로 감소했다고 하자. 단기에는 AS_1과 AD_1이 균형점을 이루었는데 총공급이 감소함에 따라 물가는 P_1에서 P_2로 상승하게 된다.

▼ 그림 18-6 총공급의 감소

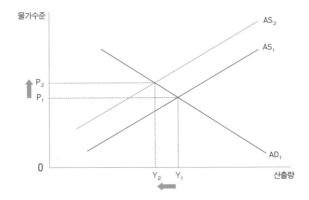

이 그림을 응용하면 경제정책에 주는 여러 시사점을 찾을 수 있다. 예를 들어 총공급은 충분한데, 총수요가 부족하다면 어떤 정책을 펴야 하는가? 전형적인 경기침체의 특징이다. 기업은 재고가 쌓이고, 고용을 줄이며, 물가는 하락압력을 받는다. 이런 상태에서는 정부가 적극적으로 총수요를 확대하는 정책을 실시해야 한다. 구체적으로 정부지출을 늘리거나, 투자가 확대될 수 있도록 금리를 인하하는 정책을 도입할 수 있다.

반대로 총공급이 부족하고 총수요가 넘친다면 어떤 정책이 필요할까? 단기적으로는 총수요를 억제하는 정책을 도입해야 한다. 정부지출을 축소하고, 민간소비를 줄이기 위해 금리를 인상할 수도 있다. 동시에 총공급을 늘릴 수 있는 정책을 도입해야 한다. 총공급에 변화가 없이 수요만 확대된다면 물가수준만 상승하는 결과를 가져온다. 따라서 장기적으로는 자연실업률 수준의 산출량을 확대하여 총공급곡선 자체를 변화시켜야 한다. 이와 같이 경기가 변동할 경우에는 총수요나 총공급을 적절히 변동시켜 경기를 활성화시키거나 긴축정책을 실시하여 경제를 안정시켜야 한다.

 케인스의 편지

"존경하는 대통령님께. 지금 대통령께서는 두 가지 문제를 동시에 안고 있습니다. 개혁과 경기회복을 동시에 달성하는 것입니다. 오랫동안 누적된 사회와 경제부문의 많은 문제를 개혁해야 하고 침체한 경기도 살려내야 합니다. 위기 극복에서 제일 중요한 것은 결단력과 신속성이며, 장기목적을 갖고 정책을 추진해야 한다는 것입니다. 또한, 단기에 신속하게 성과를 나타내야, 그것을 바탕으로 장기 개혁과 경기회복을 지속해서 추진할 추진력이 생길 것입니다.

그런데 당장 생산을 늘리려면 개인의 소비나 기업의 투자가 증가해야 합니다. 평상시에는 이자율을 낮추거나 미래에 대한 확신을 심어주면 기업투자가 살아날 수 있지만, 지금과 같은 극심한 불황에서는 개인의 소비나 기업 투자가 늘어나기를 기대할 수 없습니다. 지금은 오직 정부 지출밖에 기대할 곳이 없습니다. 정부가 나서서 경기부양의 기폭제를 만들어야 합니다. 과감하고 신속하게 대규모 정부 사업을 추진하십시오. 예를 들면, 철도를 놓고 도로를 확장하는 일부터라도 먼저 시작하십시오.

금리를 낮게 유지하고 충분한 통화량을 공급하는 것도 중요합니다. 국채 이자율도 2.5퍼센트에서 더 과감히 낮추고, 과감한 신용경색의 완화조치를 단행해야 합니다. 낮은 금리로 충분한 신용을 공급해야만, 산출량이 늘어나고 일자리를 창출할 수 있습니다. 이런 과감한 정책을 통해 정부의 힘과 지혜를 국민이 믿게 해야 합니다."

이것은 1933년 12월 31일 영국의 경제학자 케인스가 〈뉴욕 타임스〉에 기고한 루스벨트 대통령에게 보낸 공개서한을 요약해본 것이다. 그는 대공황 당시의 미국 경제를 평가하며 19개 항목에 달하는 긴 편지를 보냈다. 그런데 흥미로운 것은 이 편지를 그대로 지금 우리 대통령에게 보내도 크게 손색이 없다는 것이다. 지금도 당시와 같이 정부가 유효수요를 늘려 경기를 부양하고 고용을 늘리는 정책이 절실히 요구되고 있기 때문이다.

실제 케인스의 이런 처방은 당시 경제학계에는 혁명적인 제안이었다. 고전학파가 주류를 이루던 당시 학계에서는 정부가 될 수 있는 대로 시장에 개입하지 않고 자율에 맡기면 경제는 곧 균형을 찾을 수 있다는 생각이 주류를 이루었다. 엄격한 화폐수량설에 따라 통화량을 늘리면 곧 물가상승이 뒤따른다는 논리 때문에 불황기에 통화량 증가는 상상할 수 없었다.

재정지출에 대한 견해도 마찬가지였다. 경기와 관계없이 균형예산을 편성하는 것이 가장 바람직하다고 생각했다. 이런 오류 때문에 유효수요를 늘리기는커녕 오히려 통화를 환수하고 균형예산을 추진하는 정책의 오류를 범했다. 1929년부터 시작된 대공황은 이러한 정책실패 때문에 초기 몇 년간은 침체를 더 악화시키는 결과를 가져왔다.

경제학은 위기를 통해서 발전한다. 위대한 학자도 위기를 통해서 배출된다. 1930년 초의 공황은 케인스를 탄생시켰고, 루스벨트는 케인스의 실험적인 제안을 그대로 받아들여 테네시 벨리 프로젝트 등 과감한 재정사업을 통해 침체에 빠진 미국경제를 되살리는 데 성공했다.

정갑영. "위기의 경제학", (21세기북스, 2012), pp. 42-44에서 일부 인용

재정정책과 금융정책

이자율을 낮추면

경기는 항상 변동한다. 때로는 침체하기도 하고, 과열을 빚기도 한다. 정부는 경기가 변동할 때마다 경제의 안정을 위해 노력하는데, 대표적으로 재정정책과 금융정책을 활용한다. 재정은 세금이나 정부지출을 조절하는 것이고, 금융정책은 통화와 이자율을 통해 경기를 조절하는 것이다. 2008년에 금융위기가 닥쳤을 때도 세계 각국이 금리를 인하하고, 통화량을 확대하여 경기부양에 노력해 왔다. 그 결과 일본과 독일, 영국 등은 마이너스 금리정책을 실시하기도 했다. 우리나라도 역사상 가장 낮은 금리를 유지한 적이 있다. 또한 기업의 투자를 확대하기 위한 정책을 도입하기도 하고, 기업의 구조조정을 시도하기도 했다. 공급이 과잉된 상태에서는 총수요를 확대하거나 총공급을 축소하는 정책을 따로, 혹은 동시에 실시하기도 한다.

먼저 금융정책을 상세히 살펴보자. 세계 각국은 최근 금융위기에서 탈피하기 위해 천문학적인 돈을 투입해 왔다. 양적완화를 통해 통화 공급을 대폭 확대하고, 이자율을 낮춰 기업의 투자와 민간의 소비를 부추기는 정책을 과감하게 도입한 것이다. 그렇다면 왜 통화량을 증가시키면 경기가 살아나는 것일까?

이 관계를 이해하기 위해서는 먼저 케인스J. M. Keynes의 유동성 선호 이론을 이해해야 한다. 유동성이란 얼마나 쉽게 현금화할 수 있는가를 나타내는 척도다. 현금의 유동성이 가장 높기 때문에 통화 자체를 유동성이라고 부르기도 하는 반면, 부동산은 유동성이 낮은 자산에 속한다. 화폐에 대한 수요는 얼마나 유동성을 선호하느냐에 따라 결정되고, 공급은 중앙은행의 정책적인 결정으로 이루어진다. 이자율은 일종의 가격으로, 화폐에 대한 수요와 공급이 일치되는 점에서 결정된다.

예를 들어 물가 수준이 상승하면 화폐에 대한 수요는 증가한다. 왜 증가하는가? 과거에 라면을 사기 위해선 1,000원이 필요했는데 이제는 1,500원이 필요한 것이다. 즉, 거래과정에서 필요에 의해 화폐수요가 증가한다. 이렇게 되면 공급은 일정한데 수요가 증가하니까 명목 이자율이 상승한다. 이자율이 상승하면 소비와 투자는 감소하고, 이 결과 총수요가 줄어든다. 이자율이 상승하면 소비는 당연히 줄고, 저축은 늘어난다. 금융 비용이 증가하면서 투자도 당연히 감소한다.

화폐의 공급은 이미 우리가 앞에서 학습한 대로 중앙은행이 조절하는 외생변수다. 외생변수란 것은 경제 주체들에 의해 시장 내부에서 결정되는 것이 아니라 외부에서, 즉 중앙은행이 판단해서 결정한다는 것이다. 물론 공급량 자체는 이자율과 무관하다. 이자율을 조절하기 위해서 공급량을 증감하는 것이 맞지만, 재화시장의 가격처럼 이자율이 올라간다고 시장 내부에서 화폐공급이 증가하는 것은 아니며, 중앙은행이 정책적으로 결정하는 외생변수에 해당된다. 따라서 그림으로 그린다면 화폐공급 곡선은 수직선이 된다.

화폐는 교환의 매개수단이지만 동시에 수익성은 0이다. 따라서 화폐

보유를 많이 할수록 기회비용이 증가한다. 이자율이 상승할수록, 수익성이 없는 화폐를 자산을 보유하고 있으면 기회비용이 커지게 된다. 따라서 이자율이 상승하면 화폐보유를 기피하므로, 화폐수요는 감소한다.

그러면 화폐 시장의 균형이 어떻게 결정되는가를 생각해보기로 하자. 먼저 물가 수준은 고정되어 있다고 가정한다. 이런 상태에서는 화폐의 수요와 공급이 일치하는 수준에서 균형이자율이 결정된다.

둘째, 현재 경제가 공급과잉상태에 있다고 가정한다. 총공급이 총수요보다 크다는 가정이다. 물론 실질 산출량은 총수요과 총공급이 만나는 점에서 균형수준이 결정된다. 공급이 과잉인 상태에서는 실질적으로 총수요의 수준이 균형 산출량을 결정한다. 총수요의 증가 없이 물가만 올라간다면 실질 산출량은 변화하지 않고, 물가수준만 상승하는 결과를 가져온다. 이 가정은 현재 공급할 수 있는 여력, 공급량은 충분한데 총수요가 부족한 상태에 있다는 것을 말한다. 따라서 총수요가 부족하기 때문에 수요가 늘어나면 곧바로 균형 산출량이 증가할 수 있는 상태가 된다. 이러한 가정하에 금융정책의 효과를 분석해보자.

우선 화폐시장의 균형은 수요와 공급이 만나는 점에서 결정된다. 한가지 특이한 것은 화폐의 공급곡선은 수직이라는 점인데, 이는 내생변수가 아니라 중앙은행의 정책적 판단에 의해서 결정된다. 반면 화폐의 수요곡선은 우하향한다. 이자율이 낮아질수록 화폐수요가 증가하기 때문이다. 이제 화폐의 공급과 수요가 만나서 균형이자율이 결정된다. 이자율은 화폐의 가격이라 볼 수 있다.

<그림 19-1>에서 통화의 공급곡선과 수요곡선(MD_1)이 만나는 점에서 균형이자율 r_1이 결정된다. 이자율이 변동할 때 화폐수요는 MD_1의 수요곡선을 따라 움직인다. 그러나 소득 등의 상승으로 화폐의 수요곡선 전체가 MD_2로 이동하면, 어떤 이자율에서도 종전보다 화폐의 수요가 늘어나서 이자율은 r_1에서 r_2로 상승한다. 왜냐하면 이자율은 화폐를 보유하는

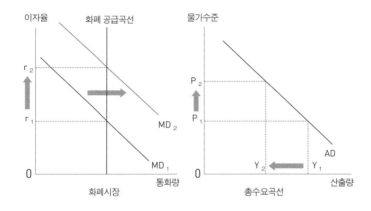

것에 대한 기회비용이고, 이자율이 높으면 기회비용이 높아 화폐를 많이 보유하는 것이 더 손해이기 때문이다. 이는 반대로 이자율이 낮을 때는 화폐를 더 보유해도 괜찮단 뜻이 된다. 다시 요약해보면, 화폐수요곡선은 우하향하고, 화폐 역시도 다른 재화나 서비스처럼 가격에 반응하는데, 이 화폐의 가격은 특별히 이자율이라고 부른다고 설명할 수 있겠다.

이제 이 화폐시장을 조금 더 자세히 들여다보자. <그림 19-1>의 왼쪽 그래프에서 화폐의 수요곡선이 수요곡선을 따라 움직이지 않고 곡선 자체가 이동했는데, 이는 화폐의 수요곡선에 영향을 미치는 이자율 이외의 변수가 변화하여 화폐의 수요량이 늘어났다는 것을 의미한다. 예컨대, 소득이 갑자기 늘어나서 사람들이 종전과 같은 이자율에서는 좀 더 현금을 많이 보유해야겠다고 생각하는 경우를 생각해보자. 이 경우, MD는 오른쪽으로 이동하게 되고, 화폐의 수요가 증가하는 만큼 이자율도 상승한다.

이제 오른쪽의 그래프를 함께 살펴보기로 하자. 이전에 이미 우리는 화폐의 가치와 물가 수준에 대해 이야기한 적이 있다. 어떤 물가 수준에서 화폐에 대한 수요가 늘어나고 이것이 총수요곡선에 반영이 되는 경우를 생각해보자. <그림 19-1>에서 우선 총수요곡선과 물가수준을 비교해

보면, 이미 앞서 살펴본 대로 총수요곡선상에서 물가가 상승할 때 Y_1에서 Y_2로 이동하게 되며, 가격 역시 왼쪽의 이자율이 상승한 만큼 올라가게 된다. 이 물가수준이라는 표시만 다를 뿐, 일반적으로 이야기하는 재화의 물가가 올라 수요가 줄있다고 이야기하는 것과 차이는 없다.

통화 공급량의 조절

중앙은행은 통화량의 조절을 통해 화폐의 공급을 조정한다. 화폐 공급량이 증가하면 화폐의 공급곡선이 수직선을 유지하면서 우측으로 이동한다. 화폐 수요곡선의 변화가 없다면 공급이 많아지니까 화폐의 가격인 이자율이 하락하게 된다. 이자율이 하락하면 주어진 물가수준에서 재화 서비스에 대한 수요가 증가하여 총수요곡선이 오른쪽으로 이동하게 된다. 중앙은행은 화폐 공급량의 조절을 통해서 총수요를 증가시키거나 축소시키게 된다.

▼ 그림 19-2 공급의 증가가 실물시장에 미치는 영향

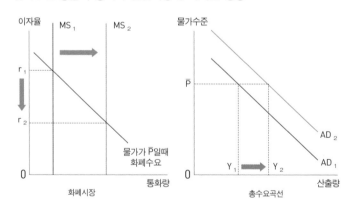

이 관계를 그래프로 다시 한 번 풀어보자. <그림 19-2>의 왼쪽 그래프는 통화량을 MS_1에서 MS_2로 증가시킨 경우를 보여주고 있는데, 이때 이자율은 기존의 r_1에서 r_2로 하락했다. 물론 지금까지의 분석은 물가수준이 동일하다는 가정을 전제로 이루어진 것이다. 만약 이자율과 물가가 동시에 변한다면 물가변동에 따른 변화를 다시 고려해야 한다. 물가가 일정하다고 가정하면, 이자율(r)은 모두 실질의 개념으로 계산된 것이다. 물가의 변화를 반영할 경우, 통화 공급이 늘어나면 이자율과 달리 물가는 인상압력을 받게 된다. 이자율이 내려오면 소비와 투자 등을 자극하여 총수요곡선은 오른쪽으로 이동하게 된다. 총수요곡선도 물가가 변동하면 동일한 선상에서 움직이는 것이 아니라 곡선 자체가 이동하고, 따라서 일정한 물가 수준에서 산출량은 Y_1에서 Y_2로 변화한다.

다시 정리해 보면 균형 산출량은 재화와 서비스에 대한 총수요에 의해서 결정된다. 반면 화폐시장에서는 화폐의 수요와 공급에 따라 균형이자율이 결정된다. 총공급은 많은데 총수요가 부족한 경제에서는 재화와 서비스에 대한 총수요가 실물시장에서의 균형을 결정한다. 만약 총수요가 증가함에도 불구하고 총공급이 경직적으로 제한되어 있다면 어떻게 될까? 이 경우 인플레이션이 발생한다.

중앙은행이 통화 공급을 늘려서 이자율을 낮추고, 총수요를 증대시키려 하는 것은 수요의 부족으로 인하여 침체된 경기를 회복시키는 정책이다. 이자율이 낮아지면 소비도 증가하고, 기업의 이자부담이 줄어들어 투자가 증대된다. 이것 역시 총수요곡선을 이동시켜주는 중요한 요인이다. 경기 침체기에 총수요가 증가하면 균형산출량이 증가한다. 반대로 총공급은 부족한데 총수요가 넘쳐나서 인플레이션의 압력이 커지면 통화공급을 축소하여 이자율을 높이고 총수요를 억제하는 정책을 실시한다. 이와 같이 금융정책은 경제의 안정화를 실현하는 중요한 도구가 된다.

재정지출과 케인스의 승수효과

재정지출의 경기부양 효과를 최초로 설명한 학자가 바로 케인스다. 그는 1930년대 초, 대공황에서 헤어나지 못하는 미국 경제의 회복을 위해 재정지출의 필요성을 설파했다. 그러나 당대의 경제학계에서는 경제가 어려울수록 재정은 균형을 유지해야 한다는 게 정론이었다. 따라서 젊은 학자 케인스의 반론은 가히 혁명적이었다.

케인스의 이론이 과연 무엇일까? 우선 가장 간단한 형태의 정부와 민간부문만을 생각해보자. 정부가 10억 원을 지출해 공공사업을 시행하고 모두 임금으로 푼다면 어떻게 될까? 10억 원의 소득이 창출된다. 누군가의 소득으로 지급된 10억 원은 다시 쓰이게 될 것이다. 80퍼센트만 소비한다면 8억 원의 민간 소비 지출이 된다.

이것은 다시 누군가의 소득이 될 것이다. 다음 단계 역시 또 같은 형태로 반복되는 것을 생각할 수 있다. 모든 사람이 자신의 증가한 소득 중 80퍼센트만 소비한다고 할 때, 이런 과정이 지속하면 소득 창출은 10억 원, 8억 원, 6.4억 원……으로 0이 될 때까지 무한히 계속될 것이다.

이 과정에서 중요한 변수는 소득이 증가할 때 얼마를 더 쓰는가를 나타내는 한계소비성향이다. 한계소비성향이 80퍼센트라면 소득의 창출 효과를 총 합계하는 식은 1/(1-0.8)으로서 5가 나온다. 말하자면 가장 단순한 형태로 계산할 때 정부지출의 5배에 해당하는 소득 창출이 가능하다는 것이다. 만약 한계소비성향이 90퍼센트라면 10배도 가능하지만, 50퍼센트라면 2배밖에 나오지 않는다. 이 말은 곧 불황일 때는 소비자들이 돈을 좀 써야 좋다는 얘기도 된다. 이렇게 정부 지출이 소득 창출에 미치는 몇 배의 효과를 케인스의 승수효과라고 한다.

물론 이 효과는 재정지출이 미칠 수 있는 최대효과라고 보는 게 맞다. 소득에 세금이 부과되면 쓸 수 있는 가처분소득이 줄어들고 정부 지출로 수입품을 구매하면 일부가 국외로 유출될 수도 있기 때문이다. 정부 지출로 국내 기업의 제품을 구매해도 일부는 원자재와 중간재 부문으로 가기 때문에 지출액 전부가 소득을 창출하는 것은 아니다.

실제로 이 모든 요인을 고려하면, 당연히 앞에서 계산한 승수보다는 적게 나올 수밖에 없다. 특히 경기 침체기에 소비자들이 오히려 소비를 줄이고 저축을 늘리는 경향이 있기 때문에 승수효과는 더 떨어질 수밖에 없다. 더 큰 문제는 이런 효과가 영원히 지속될 수 없다는 사실이다. 경기침체로 세수가 줄어드는데 국채발행으로 지출만 확대할 수도 없다. 그렇다고 민간 투자가 부진한데 당장 정부가 손을 뗄 수도 없다. 그래서 이런 정책은 항상 입구보다는 출구(exit plan)가 더 중요하다.

정갑영, "위기의 경제학", (21세기북스, 2012), pp. 88-91에서 일부 인용

정부 지출과 세금, 그리고 승수효과

정부의 재정지출과 세금 역시 경기를 조절하는 유용한 정책수단이다. 정부가 세금을 걷고 예산을 편성하여 지출하는 것이 재정정책의 주요수단이다. 세수가 부족하면 정부는 국채를 발행하여 자금을 조달하기도한다. 국채는 정부가 일정한 금리를 약속하고 발행하는 채권으로, 개인이나 기업이 매입하거나 중앙은행에서 매입한다. 정부는 중앙은행으로부터직접 돈을 빌릴 수도 있다.

재정도 금융과 마찬가지로, 경기를 부양시키거나 과열된 경기를 억제하는 역할을 한다. 즉, 세금으로 거두어들이는 재정 수입과 지출을 조절하는 정책을 쓴다. 재정정책은 총수요의 중요한 구성요인이다. 총수요는 소비, 기업의 투자, 정부지출, 그리고 순수출로 구성되어 있기 때문에정부지출을 늘리면 직접 총수요가 증가한다. 앞의 그림에서 보면 재정지출 역시 총수요곡선을 우측으로 이동시킨다.

정부지출은 장기에 걸쳐 민간의 저축과 투자에 영향을 준다. 예를들어 정부 지출을 늘려서 도로건설 사업을 실시했다고 가정하자. 그 결과새로운 고용을 창출하고, 소득을 증가시킨다. 그런데 그 증가한 소득은어떻게 되는가? 다시 지출이 된다. 민간의 지출은 다시 기업의 수입이 되

고, 거기서 다시 고용과 소득을 창출을 한다. 이런 과정이 반복적으로 이루어진다.

예를 들어 정부지출 1,000억 원이 증가해서 나타나는 과정을 살펴보자. 민간의 소득을 창출해서 다시 소비가 되고, 이것은 기업의 수입이 되는 과정을 반복적으로 순환한다. 이런 순환과정을 통해서 단순히 1,000억 원만의 효과가 나타나는 것이 아니라 1,000억 원보다 훨씬 많은 승수적인 효과를 나타낸다.

정부의 재정지출이 미치는 효과는 승수 효과를 파악하여 측정해야 한다. 정부 지출이 1,000억 원 증가하면 궁극적으로 총수요는 얼마나 증가할까? 이것을 승수multiplier라고 한다. 승수는 1/(1-MPC)로 계산하는데, 여기서 MPCmarginal propensity to consume는 한계소비성향을 나타낸다.

한계소비성향은 증가한 소득 중 얼마만큼 소비하는가를 나타낸다. 소득이 100만 원인데 60만 원을 쓴다면, 평균소비성향은 60%, 혹은 0.6이다. 그런데 내 소득이 100만 원에서 10만원이 늘어서 110만 원이 됐다고 해보자. 그 중 늘어난 10만 원 중에서 얼마를 더 쓰느냐가 바로 한계소비성향이다. 즉, 소득증가에 따라서 나타나는 추가적인 소비증가가 얼마나 이루어지느냐를 나타낸 것이 바로 한계소비성향이다.

이 과정에서 승수는 어떻게 도출될까? 은행의 신용창출과 동일한 개념을 적용하면 된다. 예를 들어서, 정부가 1,000억 원을 지출하면 이 1,000억 원은 결국 어느 기업의 수입이 되고, 어느 기업에서 1,000억 원을 창출하면 소득이 1,000억 원이 된다. 소비자가 늘어난 소득에 대해서 얼마를 지출하느냐가 한계소비성향이다. 이 과정이 계속 반복되며 순환하면 무한수열이 된다. 그 수열을 계산한 결과가 바로 승수효과가 된다.

이러한 승수효과의 개념은 정부 지출만 나타나는 것이 아니라 은행의 신용창조효과에서도 중앙은행이 본원통화를 공급하면, 시중에 결과적으로 통화량이 얼마나 풀리는 효과를 계산할 때의 방법을 적용하면 된다.

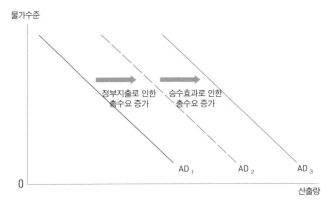

신용창출효과를 계산할 때 사용했던 지급준비율 대신 한계소비성향을 사용한다.

구축효과

정부가 지출을 늘리면 승수효과가 나타나서 국민 경제에 몇 배 이상의 큰 효과가 나타난다. 그런데 정부는 어디에서 재원을 조달하는가가 중요하다. 경기가 좋지 않으면 세금이 잘 걷히지 않는다. 그러면 정부는 채권을 발행하고 이를 통해 시중에 있는 통화량을 정부가 회수한다. 시중에서는 통화량 공급이 감소하고 이자율이 상승하게 된다. 이자율이 상승하면 민간의 투자도 감소하고, 총수요가 감소한다. 이러한 현상을 구축효과 crowding-out effect라고 한다. 이렇게 되면 정부지출의 승수효과를 일부라도 상쇄시키는 결과를 가져온다. 즉, 정부가 지출을 증가시키면, 민간부문에서 투자를 감소시키는 효과가 나타나기 때문에 재정정책이 경제에 미치

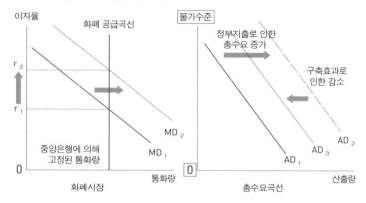

는 효과는 승수효과에서 예측한 것보다 작게 된다.

위의 그래프를 통해 좀 더 자세히 생각해 보자. 오른쪽에 총수요곡선이 AD_1에서 AD_2로 늘어난 것은 정부 지출의 승수효과를 통한 과정을 그대로 표시한 것이다. 정부의 지출이 늘어나면서 새로운 균형 산출량이 생기고, 이로 인해 소득이 증가하면 다른 사람들의 소비 역시 늘어나고... 이런 순환을 통해 승수효과가 나타나는 것이다.

구축효과를 살펴보기 위해 왼쪽의 그래프를 다시 살펴보기로 하자. 정부가 재정을 지출하기 위해 채권을 발행하면, 시중의 통화량을 정부가 일정량 가져가기 때문에 화폐 수요는 늘어나고 이자율은 r_1에서 r_2로 상승하게 된다. 이러한 이자율의 상승으로 인해 총수요가 줄어들어 처음 승수효과로 늘어났던 AD_2보다는 적은 AD_3로 최종적인 총수요가 나타나게 된다. 이러한 축소를 구축효과라고 부르는 것이다.

한편 정부가 세금을 더 징수하면 소비자가 실제 사용할 수 있는 가처분 소득이 감소한다. 만약 세금을 감면해주면 가처분소득이 증가한다. 가처분 소득의 변화는 소비에 영향을 준다. 총수요의 구성요인에 소비가 들어있기 때문이다. 그래서 정부가 세금을 거둬서 지출한다면 승수효과는 크게 나타나겠지만, 그 이면에는 조세로 인해서 가처분 소득이 줄어들고 소비가 줄어들게 되는 부작용도 동반한다. 세금의 변화가 얼마나 지속적으로 가느냐에 따라 소비에 주는 영향이 크게 달라진다.

만약 세금을 감면하면 소비는 어떤 변화를 가져오겠는가? 대체로 경감된 세금이 일시적인 조치라고 받아들이면 감세는 소비에 영향을 미치지 않는다. 그러나 영구적으로 세금 감면이 이루어진다고 받아들이면, 세금 감면으로 인한 소득의 증가는 당연히 소비에 큰 영향을 미친다.

⚙️ 국가 부채 시계

"19,966,337,748,779.71······?"

이게 무슨 해괴한 숫자일까? 영화 '뷰티풀 마인드'의 주인공인 천재 경제학자 존 내쉬가 한때 병에 시달리며 우주로부터 받은 신호라고 주장했던 숫자 같기도 하다. 그런데 이것은 미국의 국가 부채를 나타내는 전광판의 숫자다. 2017년 7월 19일 정오에 19조 9,663억 3,774만 달러가 넘어가고 있다. 뉴욕 맨해튼 6번가에 설치된 부채 시계(debt clock)는 매초 매우 빠른 속도로 늘어가는 부채규모를 실시간으로 보여주고 있다. 하루에 약 40억 달러씩 증가한다니, 지금은 얼마쯤 될까 어림해볼 수 있다.

부채 시계는 원래 뉴욕의 부동산 사업자 시모어 더스트(Seymour Durst)의 아이디어로 1989년 타임스퀘어 근처 42번가에 처음 설치되었다. 늘어나는 부채에 대한 경각심을 높이기 위해서였다고 한다. 실제 부채 시계의 효험 때문인지 미국의 부채는 2000년부터는 감소하기 시작했다. 그러나 당시의 기술로는 전광판의 숫자를 뒤로 가게 할 수 없어, 부채 시계는 한동안 붉은 커튼으로 가려진 채 빛을 보지 못했다. 그러나 2002년부터 부채가 다시 증가하자, 6조 1,000억 달러에서부터 이 시계도 재가동되었으며, 2004년에 새로운 기술과 디자인으로 단장해 오늘에 이르고 있다. 최근에 부채가 20조 달러에 육박하면서 머지않아 전광판 숫자가 모자랄 것이라고 걱정하는 사람들이 많아졌다고 한다.

최초의 창안자인 시모어 더스트는 1995년에 사망했지만, 그의 아들이 경영하는 더스트 회사에서 계속 부채 시계를 관리하고 있다. 생전에 더스트는 상하원 의원들에게 새해마다 카드를 보내면서 "Happy New Year! 당신의 국가 부채 부담은 6만 달러입니다"라고 적었다고 한다. 실제로 미국인 1인당 국가 부채가 6만 달러에 육박하고, 이는 미국 GDP의 104.8%에 해당하는 금액이라고 하니 천문학적인 숫자가 아닐 수 없다.

국채를 많이 발행할수록 그 가격은 당연히 내려갈 수밖에 없다. 그렇다고 지금 당장 세계 각국이 보유 중인 미 국채를 매각한다면, 가격은 걷잡을 수 없이 폭락할 것이다. 이것은 모두가 손해 보는 전략이다. 그렇다고 즐겁게 추가해서 사들일 사정도 아니다. 중국은 물론 일본, 영국 등이 모두 자국의 경제침체로 허덕이고 있기 때문이다.

물론 여유가 있는 일반 투자자들은 그래도 믿을 것은 미국뿐이라고 생각할 것이다. 지금 같은 위기에 어떻게 이탈리아나 동구의 국채를 사겠는가. 그래도 미국의 국채가 상대적으로 안전하다고 믿는다. 이런 이유로 미국은 다시 국채발행을 통해 국제 시장에서 달러를 회수한 후 자국 시장에 푸는 정책을 시행하고 있는 셈이다.

정부가 국채를 대량으로 발행해 시중 자금을 끌어가는 현상을 구축 효과(驅逐效果, crowding-out effect)라고 한다. 미국의 대량 국채발행 역시 국제 금융시장에 글로벌 구축 효과를 낳게 될 것이다. 국채 시계의 숫자는 또 올라가겠지만, 국제 금융시장에는 달러 유동성 부족현상이 다시 나타날 수도 있다. 달러는 많은데, 당장 쓸 수 있는 달러는 찾기 어려운 형국이다.

정갑영, "위기의 경제학", (21세기북스, 2012), pp. 149-151에 일부 인용

Chapter 20 국제무역과 환율

자유로운 무역은 누구에게 이익이 되는가?

국민경제의 성과에 가장 큰 영향을 주는 변수의 하나는 무역이다. 특히 최근의 글로벌 경제에서는 개방화 폭이 더욱 커지고 있어 해외부문의 역할이 매우 중요하다. 무역이 전혀 없는 경제를 폐쇄경제라고 하고, 수출과 수입이 있는 경제를 개방경제라고 한다. 물론 세계의 대부분은 개방경제를 유지하고 있다. 그러나 북한과 같은 경제는 수출입이 발생하긴 하지만, 무역이 국가경제에 미치는 영향이 매우 작아서 폐쇄경제에 가깝다고 할 수 있다. 개방경제에서는 해외부문의 영향이 크기 때문에 무역과 환율이 국민경제에 어떤 영향을 미치는가를 반드시 분석해야 한다. 특히 우리나라는 무역의존도가 매우 높은 개방경제이기 때문에 무역과 환율에 대한 분석 없이 경제성과를 논의하기 힘들다.

무역의존도는 수출과 수입의 합계를 국내총생산으로 나눈 값이다. 대체로 무역의존도가 50%가 넘으면 무역에 대한 경제의존도가 매우 높다고 할 수 있고, 20% 미만이면 무역의존도가 낮다고 할 수 있다. 무역의존도가 높으면 해외경기에 따라 수출이 늘고, 경제가 활성화된다.

국가 간의 교역은 국민경제에 어떤 영향을 미칠까? 무역에 관한 기본 명제는 무역이 항상 당사자에게 이득을 준다는 것이다. 기본적으로 무역이 당사자에게 이익을 주지 못한다면, 국제간 거래를 할 인센티브가 사라진다. 자발적으로 서로 거래를 한다는 것은 그 거래가 어떤 형태로든 서로에게 이익을 주기 때문이다. 거래는 서로가 일정한 비율로 교환할 수도 있고, 가격을 지불하고 구매할 수도 있다. 무역을 강제하지 않는다면, 이익도 발생하지 않고 국제간 거래도 발생하지 않을 것이다.

무역이 이득을 준다는 명제는 여러 방법으로 증명할 수 있다. 우선 무역으로부터 발생하게 되는 이득을 소비자잉여와 생산자잉여의 개념을 이용하여 분석해보자. 생산자와 소비자잉여는 이미 앞에서 분석한 바와 같이 공급하거나 수요할 의사가 있는 수준보다 높은 가격이 형성될 때 발생한다. 소비자는 1만 원의 가격이라도 구입할 의사가 있는데 시장에서의 가격은 1,000원이라면 9,000원의 잉여가 발생한다. 생산자도 마찬가지로 3,000원에도 공급할 용의가 있는데, 실제 시장가격이 1만원이라면 7,000원의 잉여가 발생한다. 소비자와 생산자잉여를 합하면 사회후생이 된다.

이 개념을 그림으로 설명하여 국제무역의 이득을 분석해 보자.

▼ 그림 20-1 폐쇄경제의 균형

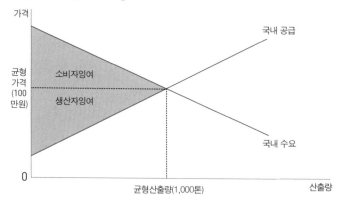

그림에서 나타난 대로, 폐쇄경제의 경우 국내가격이 국내 수요와 공급이 일치하는 수준에서 균형이 결정된다. 소비자와 생산자의 잉여의 합은 소비자와 판매자가 얻게 되는 총효용을 합계한 결과가 되는데, 공급자의 경우에는 공급곡선 위에 균형가격 아래 삼각형, 소비자의 경우에는 수요곡선과 균형가격 사이의 삼각형의 면적을 이야기하게 되는 것이다.

국제가격과 비교우위

국가 간의 교역에서는 품질과 가격이 중요한 결정요인이 된다. 먼저 재화의 품질이 동일하고 양국 간에 거래가 이루어진다고 가정하자. 예를 들어, A국이 바나나를 수출할 것인가, 수입할 것이냐는 가격에 따라 결정된다. A국이 바나나를 국제시장에 수출하려면 우선 가격이 해외가격보다 더 싸서 가격경쟁력을 확보해야 한다. 그렇지 않다면 해외에서 구매하지 않을 것이다. 만약 해외 시장 가격보다 더 비싸다면 오히려 해외에서 수입해야 한다. 다시 말하면, A국이 특정 재화 생산의 비교우위를 가진다면, 그 재화의 국내 가격이 국제 가격보다 낮을 것이고, 결과적으로 A국이 바나나를 수출하게 된다. 반대로 생산에 비교우위가 없다면, 재화의 국내 가격이 해외보다 더 높게 되고, 이 경우에는 수입을 해야 된다.

실제로 이것은 무역이 아닌 국내의 상품거래에서도 나타나는 일반적인 현상이다. 품질이 동일하다면 가격이 낮은 제품을 구매하는 것이 당연한 것 아니겠는가. 국제무역에서는 운송비와 관세가 더 추가될 수 있다. 이런 비용을 모두 가격에 포함해야 한다. 생산원가가 다르거나, 임금 수준과 기술수준이 다른 경우에도 이런 요인이 가격에 반영되기 마련이다.

따라서 품질이 동일하다고 가정하고 국내가격과 국제시장의 가격을

▼ 그림 20-2 국제무역에 따른 국내시장의 변화

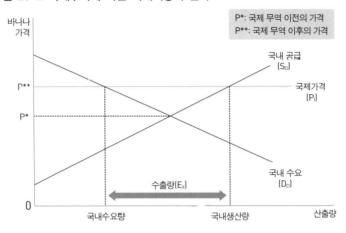

비교해 보면 바로 경쟁력과 비교우위를 확인할 수 있다. 국내에서 생산된 제품이 비교우위가 있다면 당연히 국산 제품의 가격이 해외시장보다 더 싸고 수출이 가능해진다. 수출은 국내에서 생산한 생산 재화의 일부를 해외에 판매하는 것이다.

이제 그림을 통해 수출하는 국가의 수출량과 국내수요량 등을 살펴보자. 국내가격과 국제가격을 비교하고, 무역이전과 이후의 후생을 상호 비교하여 무역으로 인한 이득이 얼마나 발생하는가를 분석하면 된다.

<그림 20-2>와 같이 수요곡선 D_D와 공급곡선 S_D는 무역 이전의 상태를 보여준다. 폐쇄경제의 경우와 마찬가지로 수요와 공급곡선이 만난 지점의 가격 P^*이 표시되어 있다.

이제 수출을 한다면 어떻게 될까? 국제 시장에서의 바나나 가격은 수평선 P_I로 표기되어 있다. 왜 국제 가격은 수평선일까? 완전경쟁시장을 다시금 생각해보자. 해외에 있는 수많은 기업들 간의 경쟁으로 결정되는 국제 가격은 국내의 수요공급 요인으로 변화하지 않고, 이미 주어진 상수와 같으므로 수평선이 된다. 이 결정된 국제 가격하에서 아래의 E_X구간만

큼 수출이 이루어진다. 또한 국내에서의 공급량은 이 수출량만큼 줄어들게 된다. 물론 국내 공급 여력이 있어 수출을 하고도 종전의 국내 수요를 충족시킬 만큼 똑같이 생산할 수 있다면 이 분석이 틀리겠으나, 현재 이 국내 공급곡선은 폐쇄경제하에 국내에서 주어진 가격에서 기업이 공급을 의도하는 모든 양을 표시하고 있다. 따라서 수출이 되는 400톤만큼 국내 시장의 공급이 감소하여 국내 수요와 국내 공급량은 이제 국제 가격과 똑같은 수준에서 균형을 이루게 된다. 개방 경제에서 무역이 이루어짐에 따라 국내 가격이 국제 가격과 같아지는 것이다.

그런데 우리는 수출을 하는 나라이기 때문에 수출 이전에는 국내 시장의 공급량이 많아 무역 이전의 가격이 더 낮았고, 수출을 하면서 가격이 높아졌다. 이 때 소비자잉여는 어떻게 변할까?

▼ 그림 20-3 국제무역에 따른 국내 소비자 · 생산자잉여의 변화

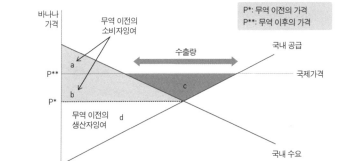

<그림 20-3>에서 수출 이후의 소비자와 생산자잉여가 어떻게 달라졌는가를 살펴보자. 먼저, 무역 이전의 생산자잉여는 무역이전가격과 국내 공급곡선으로 이루어진 삼각형 d로, 소비자잉여는 무역이전가격과 국내수요곡선으로 이루어진 삼각형 a와 b로 표시된다. 이제 무역 이후의 변

화를 생각해보자. 국내 시장가격은 국제가격에 맞추어 상승했고 산출량의 일부는 수출됐다. 따라서 무역 이후의 생산자잉여는 국제가격과 수출량을 반영하여, 기존의 삼각형 d에 더해 b로 표기된 사다리꼴 영여과 c로 표기된 삼각형의 부분만큼 증가한나. b영역은 무역 이전에는 소비자잉여에 해당했던 것을 떠올려보자. 이에 반해 소비자잉여는 무역으로 인해 가격이 올라갔기 때문에 a로 표기된 삼각형 영역만으로 축소됐다.

결국 생산자는 수출을 함으로써 생산자잉여를 늘렸고, 반대로 소비자는 오히려 가격이 올라가 잉여가 감소하고 손해를 본다. 소비자잉여의 일부를 생산자가 가져갔기 때문이다. 그렇지만 총잉여는 증가하는데, 그림에서 보면 선체적인 잉여는 c로 표기된 삼각형만큼 늘어난다. 무역 이전의 사회 전체의 잉여보다 무역 이후의 잉여가 더 크게 된다. 생산자는 이익을 보고, 소비자는 손해를 보지만 나라 전체의 후생은 증가하게 된다. 무역을 통해 얻는 추가 잉여가 무역으로 인해 잃어버리는 잉여보다 더 커야 국가 후생이 증가한다.

결국 자유무역은 무역을 통해 얻는 이득이 손실보다 많아서, 손실을 입은 소비자를 모두 보상해줘야 하더라도 무역 이전보다 후생이 증가한다. 각 계층이 모두 이익을 누리기 위해서는 무역으로 인해 늘어난 생산자의 잉여를 손실을 입은 소비자에게 일정 부분 돌려주는 정책을 펴야 한다. 이런 정책이 완벽하게 보완된다면, 자유 무역은 사회 전체적으로 큰 이익을 가져올 뿐만 아니라 모든 사람의 후생을 증대시킨다.

관세부과의 효과

자유무역은 경쟁력이 없는 특정산업에게는 큰 피해를 줄 수도 있다.

또한 수출 경쟁력이 없는 국가는 적자규모가 커지고, 경쟁력이 있는 국가는 흑자가 누적되어 국가 간 불균형을 초래할 수도 있다. 이렇게 되면 사회 전체적으로 부작용이 많고, 국제질서에도 큰 영향을 미친다. 흑자가 누적되는 국가의 경우에도 여러 종류의 부작용을 초래할 수 있다. 따라서 어떤 형태로든 자유무역을 규제할 필요성이 등장할 수 있다. 예를 들어 자유무역으로 인해 특정한 산업이 큰 피해를 보았다면, 피해산업을 구제하기 위해 규제가 필요하게 된다.

자유무역을 규제하는 대표적인 정책은 관세tariff 부과와 쿼터quota의 설정이 있다. 쿼터는 수입물량을 제한하여 수입을 엄격하게 규제하는 것이다. 관세는 외국에서 생산된 재화를 수입할 때 부과하는 세금이다. 관세가 부과되면, 관세만큼 수입재화의 가격이 국제가격 이상으로 올라간다.

그래프를 통해 관세부과가 어떤 영향을 미치는지 살펴보자.

▼ 그림 20-4 관세부과가 무역에 미치는 영향

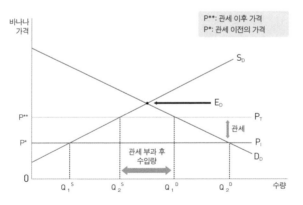

이전과 마찬가지로 국내 공급곡선과 수요곡선은 각각 S_D와 D_D로 표시되어 있고, 무역 이전의 균형 가격과 수량은 이에 따라 지점 E_D에서 이루어진다. 우리나라가 어떤 재화를 수입한다면 그 재화의 국제가격은 무

역 이전의 국내가격보다 낮을 것이고, 이러한 국제가격은 역시 수평선 P_T 로 표시되어 있다. 무역으로 국제가격과 국내가격이 같아지면서 국내 공급과 국내 수요가 결정되고, 이 수요와 공급량의 차이만큼 수입이 발생한다.

이때 정부가 수입 재화에 관세를 부과한다고 가정해보자. 국제가격을 기준으로 일정 관세 비율을 부과하는데, 이렇게 관세가 부과된 만큼 증가한 국제가격은 수평선 P_T로 나타나 있고, 이는 국내 소비자들이 재화를 구입하는 가격이 된다. 이렇게 국내에서 반영된 국제가격이 상승하면서 국내 공급은 Q_1^S에서 Q_2^S로 증가하는 반면 국내 수요는 Q_1^D에서 Q_2^D로 감소한다. 따라서 관세 부과 이후의 수입량은 새로이 결정된 Q_2^S와 Q_S^D의 차이만큼 발생하게 된다.

그림으로 설명한 관세 부과의 효과를 다시 요약해 보자. 우선 관세를 부과하면 수입재화의 국내가격이 상승한다. 국제가격에 단위당 부과되는 관세를 더한 만큼 상승하게 될 것이다. 관세 부과 이후 국내가격이 상승하면 국내수요는 감소하여 국내수요곡선과 관세 부과 이후의 가격선이 만나 수요량이 결정된다. 이 과정에서 관세가 높아지면, 수입이 없었던 상태에서의 국내가격과 동일한 수준으로 수입재의 가격을 상승시킬 수도 있다. 국내 수요의 일부는 국내 생산으로 충당되고, 일부는 수입으로 충당된다. 관세를 부과하면 소비자나 생산자 모두 찾아가지 못하는 사회후생의 순손실이 발생할 수 있다.

이제 무역이전과 관세 부과 이후의 사회후생을 비교해 보자.

무역은 발생하고 관세는 부과되기 전의 소비자잉여는 국제가격 P_T의 위쪽과 국내수요곡선의 아래쪽으로 이루어진 삼각형만큼이다. 무역 이전의 균형 가격이 국제가격보다 더 높았음을 감안하면 무역으로 인해 소비자잉여는 크게 증가했다. 반면 생산자잉여는 국제가격의 아래쪽과 국내 공급곡선의 위쪽으로 이루어진 작은 삼각형으로 나타난다. 이때의 수입

▼ 그림 20-5 관세부과에 의한 소비자 · 생산자잉여의 변화

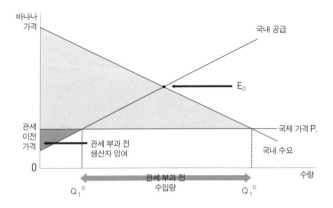

바나나 가격
국내 공급
E_D
국제 가격 P_1
관세 이전 가격
국내 수요
관세 부과 전 생산자 잉여
0
관세 부과 전 수입량
수량
Q_1^S
Q_1^D

량은 국내 공급 Q_1^S과 국내 수요 Q_1^D의 차이이다.

무역은 단순한 수출과 수입으로 인한 긍정적 효과 이외에도 규모의 경제를 통해서 생산비를 절감하는 효과가 있고, 새로운 기술, 아이디어를 습득하는 효과가 있다. 반대로 특정부문에서는 일자리를 잃어버리는 경우도 발생하고, 국가적으로는 안보적 측면에서 어려움이 발생할 수 있다. 또한 초기 개발단계에 있는 국내 산업을 보호하지 못해 장기적으로 국가 경쟁력에 제약을 가져올 수도 있다. 산업 발전의 초기에는 보호를 해줘야 된다는 논리를 유치산업보호라고 한다. 나아가 무역으로 얻게 되는 잉여의 증가분을 모든 피해자들에게 공정하게 보상해줄 수 있는 방안도 현실적으로는 제약이 많다. 이런 문제로 인하여 일부에서는 보호무역이 필요하다는 주장도 제기한다.

자유무역이 가장 큰 후생의 증가를 가져 오지만, 이것이 모든 사람에게 이익을 주는 것은 아니기 때문에, 피해를 받는 산업을 적절하게 보호해주고, 경쟁력을 갖출 수 있게 유도해주는 정책이 가장 중요하다. 이러한 이유로 관세나 쿼터 등 보호무역이 필요하다는 지적이 대두된다.

교역의 시대를 증언한 초상화

이관장: 상인들이 인류 초상화가인 홀바인에게 초상화를 주문한 사실은 빅뉴스감입니다. 왜냐하면 르네상스 시대 초상화의 주요 고객은 군주와 귀족, 성직자 등 상류층이었거든요. 일개 상인들이 감히 특권층의 아성에 도전한 것은 그들의 위상이 과거에 비해 상상을 초월할 만큼 높아졌기 때문입니다. 하긴 당시 국제 무역에 종사한 상인들을 평범한 장사꾼이라고 얕볼 수는 없지요. 구멍가게 수준인 국내 상인들에 비해 스케일부터가 다르니까요.

큰돈을 벌겠다는 야망, 거액을 조달하는 능력, 광대한 육로와 망망대해를 제집처럼 드나드는 배짱, 최신 정보를 입수해서 국제 시장의 동향을 분석하고 파악하는 냉철한 판단력까지 요구되었어요. 즉 무역상들은 웅대한 포부와 야심, 불굴의 모험 정신을 지닌 진정한 글로벌인들이었지요. 특히 한자 상인의 경우 윤리의식과 직업관은 상인들의 모범이 되었어요. 상인의 명예를 지키기 위한 엄격한 규율을 준수하는 한편 동료애도 돈독했으니까요.

하지만 상인들의 지위를 격상시키는 데 결정적인 역할을 또 한 가지 요인이 있었으니, 바로 지식입니다. 대외 무역 초기에는 상품을 들고 현장을 뛰던 상인들이 13세기에는 자신의 사무실에서 업무를 처리합니다. 상인들은 사무실에 들어앉게 되면서 글을 읽고 쓰는 능력이 필요하다는 사실을 절감합니다. 장부와 어음, 신용장, 계약서, 채권과 채무 관계 등을 모두 문서로 처리해야 했으니까요.

무식한 장사꾼에서 글을 아는 지식인으로 변신하면서 뜻밖의 현상이 벌어집니다. 명망가 자제들도 상인의 길을 선택해요. 심지어 상인들을 신흥 귀족으로 여기는 풍조까지 생깁니다. 돈과 야망, 모험심에 지식까지 겸비했으니 상인들의 콧대가 하늘만큼 높아질 수밖에요.

당시 상인들이 자부심을 증명하는 사례가 있어요. 16세기 『동방개요』를 쓴 토메 피레스는 무역 상인들을 이렇게 추켜세웁니다.

"무역 없는 세계가 움직이지 않는다. 왕국을 고귀하게 만들고 국민 삶의 질을 높이고 도시의 명성을 떨친 것은 바로 교역이다. 교황 바오로 2세도 자신이 상인출신이라는 사실을 부끄럽게 여기지 않는다."

국가에 경제적 번영을 가져다준 애국자가 된 상인들은 자신들의 높아진 위상

초상화를 통해 선전하고 싶은 충동을 느낍니다. 상인들 사이에 일류 화가들에게 초상화를 주문하는 유행이 번져요. 특권층이 독점한 일류 화가들을 뺏을 만큼 자신감이 생겼다는 증거지요.

교수님, 저는 기체의 초상화에서 상인의 강한 자부심을 느끼면서 감동을 받았는데요, 교수님은 어떠세요?

정교수: 관장님 설명을 듣다 보니 저도 모르게 홀바인의 그림 속에 들어앉은 느낌을 받는군요. 이제 그림 밖으로 나와 홀바인의 그림에 얽힌 경제 이야기를 들려드려야겠어요.

놀랍게도 군주와 귀족이 지배하는 초상화 시장에 드디어 상인이 주인공으로 등장하는군요. 그것도 기체라는 서른네 살의 젊은 상인이 말입니다. 이는 경제사에 새롭게 등장한 큰 변화의 반영이라 볼 수 있겠어요. 그것이 무엇이냐고요? 바로 중상주의가 등장한 것이지요.

중상주의가 등장하기 전까진 세계 어디서나 상인은 그렇게 우대받는 계층이 아니었지요. 신학이 지배하던 중세시대에는 상거래에서 이윤을 남기는 것은 죄악이었기에 미개인이나 이방인만이 할 수 있는 직업이라 생각했습니다. 이슬람 전통에서는 아직도 금융 거래에 따르는 이자를 인정하지 않기 때문에 실제로 이자를 주면서 배당을 표현하지요.

이명옥 · 정갑영, "이명옥과 정갑영의 명화 경제 토크", (21세기북스, 2007), pp. 62-65에서 일부 인용

환율과 경상수지

개방경제에서 환율은 모든 경제주체에 지대한 영향을 준다. 환율은 어떻게 결정될까? 환율 역시 수요와 공급에 의해서 결정된다. 먼저 달러화에 대한 환율을 분석해 보면 외환시장에서 달러화에 대한 수요와 공급에 의해서 결정된다. 미국 달러화에 대한 수요가 크게 증가하면 달러화의 가치가 상승하여 환율은 오르게 된다. 반대로 공급이 증가하면 환율은 하락하게 된다.

미국 달러화에 대한 환율이 상승하면 달러화의 가치가 올라가는 것이므로 평가 절상되는 것이고, 반대로 한국의 원화가치가 하락하고, 평가 절하되는 것이다. 환율이 상승하면 국내생산제품의 해외시장 가격은 하락한다. 왜냐하면 국내 판매 가격을 환율로 나누어 국제가격이 결정되기 때문이다. 예를 들어 달러 대 원화의 환율이 1:1,000에서 1:1,200으로 상승하였다면, 12,000원에 판매되는 국산제품의 국제시장가격은 (12,000/1,000)= $ 120에서 (12,000/1,200)= $ 100이므로 $ 20만큼 하락하게 된다. 따라서 환율이 상승하면 국산품의 가격경쟁력이 상승하고, 수출도 증가하는 효과가 있다. 이런 이유로 정부가 인위적으로 외환시장에 개입히여 자국통화의 가치를 하락시키고, 달러화의 환율을 높게 유지하려는 정책을 도입하기도 한다. 세계 각국이 경쟁적으로 이런 정책을 실시하면 어떻게 될까? 가끔 인용되는 환율 전쟁의 출발이 된다.

이제 <그림 20-6>에서 환율이 결정되는 과정을 살펴보자. 그림에서 수직축은 환율을 나타내므로 위로 갈수록 달러가치가 상승한다. 이때, 기존의 달러화에 대한 수요와 공급 곡선이 만나는 점에서 균형 환율 e^*과 균형 수량 $Q_\$^*$가 결정된다. 시장 환경이 변해 달러화에 대한 수요가 증가

▼ 그림 20-6 환율의 결정

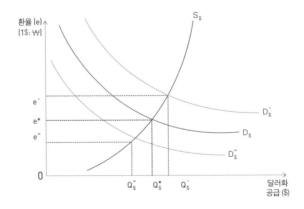

하면 공급량에 비해 수요량이 많기 때문에 환율은 e'로 상승하고, 반면 수요가 감소하면 환율은 e''로 하락하게 된다.

달러화의 공급은 궁극적으로는 미국의 중앙은행인 FRB에서 결정하지만, 국내외환시장에서는 가계는 물론, 기업, 정부, 중앙은행 등에서 달러화를 매각함으로써 공급한다. 민간이 보유한 달러 자산은 물론 중앙은행이 보유한 외화자산도 시장개입을 위해 공급할 수 있다. 달러화에 대한 수요는 여행경비, 유학경비, 운임, 기술도입 대가 등 각종 수요가 모두 포함된다. 일부 가계는 아예 달러화 예금으로 달러를 보유하기도 한다.

환율은 단기적으로는 외환시장에서 수요와 공급에 의해 결정되지만, 궁극적으로는 해당 통화의 구매력에 의해서 결정된다. 원화의 구매력이 높아지면, 환율은 하락한다. 경상수지의 흑자가 누적되면, 국내 외환시장에 달러화의 공급이 증가하여 환율을 인하시키는 잠재적인 요인이 된다.

무역수지와 경상수지

재화와 서비스의 거래는 항상 이에 상승하는 금융결제가 이루어져야 한다. 상품거래와 이에 수반되는 금융거래를 표기하기 위하여 국제수지표를 작성한다. 복식부기 방식으로 수출과 수입 등 현물거래를 작성하고, 이에 따른 결제를 표시하는 집계표를 만든다. 국제수지는 몇 개의 항목으로 나뉘어져 있는데, 먼저 무역수지는 수출액수에서 수입액을 차감한 것이다. 무역외수지는 상품의 수출입 이외에 운임, 보험, 여행경비 등 서비스 거래의 수지를 나타낸다. 무역수지와 무역외수지를 합한 것이 경상수지다.

경상수지는 한 나라의 국제수지가 얼마나 건전한가를 보여주는 대표적인 지료다. 무역수지에서 흑자를 낸다 해도 무역외수지에서 서비스 적자가 많으면 경상수지는 적자가 될 수 있다. 반대로 상품의 수출입(무역수지 수출항목)이 적자가 되어도 서비스 수지(무역외수지)에서 흑자가 크면 경상수지가 흑자가 될 수 있다.

<표 20-1>은 2017년 3월에 한국은행이 발표한 경상수지 통계자료다. 2017년 3월에 상품수지는 98억 달러의 흑자를 보였지만, 무역외수지는 서비스수지와 본원소득수지에서 각각 32.7억 달러와 5.9억 달러의 적자를 나타냈다. 이 결과 경상수지는 59.3억 달러의 흑자를 나타냈다.

▼ 표 20-1 국제수지 표의 예시

월별 경상수지

(단위: 억$)

	2017		
	2	3	1/4
경상수지	84.0	59.3	196.1
1. 상품수지	105.5	98.0	281.6
1.1 수출	446.3	503.8	1,391.2
	(23.0)	(12.8)	(17.6)
1.2 수입(FOB)¹⁾	340.8	405.8	1,109.6
	(20.2)	(27.5)	(24.2)
2. 서비스수지	−22.3	−32.7	−88.6
2.1 가공서비스	−4.8	−5.1	−15.7
2.2 운송	−5.7	−6.2	−14.2
2.3 여행	−11.7	−13.5	−37.4
2.4 건설	5.2	5.7	15.1
2.5 지식재산권사용료	1.2	−2.5	−6.4
2.6 기타사업서비스	−6.7	−10.3	−31.0
3. 본원소득수지	6.3	−5.9	11.3
3.1 급료 및 임금	−0.7	−1.5	−2.3
3.2 투자소득	7.0	−4.5	13.6
(배당소득)	2.0	−8.5	−1.8
(이자소득)	5.0	4.0	15.4
4. 이전소득수지	−5.5	−0.0	−8.2

주: 1) 국제수지의 상품 수출입은 국제수지매뉴얼(BPM6)의 소유권 변동원칙에 따라 국내 및 해외에서 이루어진 거주자와 비거주자 간 모든 수출입거래를 계상하고 있어 국내에서 통관 신고된 물품을 대상으로 하는 통관기준 수출입과는 차이가 있음
    2) ( )내는 전년동기대비 증감률

자료: 한국은행 보도자료 (2017년 3월 잠정 국제수지)

많은 국가에서 경상수지의 흑자를 목표로 하지만, 실제로는 경상수지 흑자가 항상 바람직한 목표가 되는 것은 아니다. 경상수지의 흑자가 발생하면, 외환시장에 달러화의 공급량이 증가하고, 달러화의 가치가 하락하며 환율이 하락한다. 환율이 하락하면 국산제품의 해외시장 가격이 상승하여, 수출시장에서의 가격경쟁력이 저하된다. 이런 상태가 지속되면 수출은 감소하고, 수입은 증가하며, 결국 경상수지의 흑자가 감소하게 되는 결과를 가져온다. 반대로 경상수지의 적자가 커지면, 외환시장에 달러 공급이 원활하지 않아서 환율이 상승하게 된다. 이것은 수출가격의 하락을 가져오고, 수출을 증대시켜 경상수지가 균형으로 수렴하게 된다. 따라서 규제를 하지 않고, 시장에 맡기면 경상수지는 환율의 조정이라는 시장의 자동조절적인 기능에 따라 균형에 수렴하게 된다.

한편, 경상수지 흑자는 외환시장에 달러화의 공급을 증대시키는 결과를 가져오지만, 모든 외화는 국내시장에서는 원화로 환전하여 사용하므로 이것은 결국 원화공급의 증대를 가져온다. 통화량 증대가 경제에 미치는 여러 영향들이 경상수지의 흑자 또는 적자를 통해서도 나타날 수 있다.

 기축통화의 딜레마

미국은 2008년의 금융위기 이후에 획기적인 양적완화정책(Quantitative Easing)을 실시하여 달러화의 공급을 엄청나게 늘려왔다. 유동성 확대는 세계 곳곳에서 가장 많이 활용되는 전형적인 경기부양책이다. 문제는 달러가 미국 국민만의 통화가 아니라 전 세계 어디서나 통용되는 기축통화라는 사실이다. 양적 완화로 달러 가치가 급격히 떨어지면 금과 원자재는 물론이고 엔화처럼 다른 통화의 가치도 뛰어오른다. 행여 자국의 통화 가치를 안정시킨다고 여러 나라가 양적 완화로 대응한다면 글로벌 경제는 환율전쟁으로 재앙을 면치 못한다. 지금 세계 각국이 양적 완화의 딜레마에 직면한 것이다.

미국이 경기부양책을 포기하고 달러 가치의 안정을 추구하는 정책으로 선회할 가능성도 없어 보인다. 설령 양적 완화를 포기하고 재정 긴축과 저축으로 경상 수지 적자를 대폭 줄인다면 어떻게 되겠는가. 그것 또한 양적완화 못지않게 글로벌 경제에 큰 충격을 준다. 미국이 적자를 줄이면 흑자국에 타격을 주고, 그렇다고 적자가 지속해서 확대되면 달러 가치를 불안하게 만든다. 이것이 바로 트리핀이 역설한 기축통화의 딜레마다.

지금 세계가 미국에 요구하는 책임 있는 정책은 무엇인가? 미국 경제의 회복과 달러 가치의 안정이 동시에 달성된다면 금상첨화겠지만. 그것은 당장 불가능하다. 차라리 당분간 상당 수준의 적자를 유지하고, 달러 가치를 급격하게 변동시키지 말라는 주문이 나온다. 전자는 미국이라는 수출시장에 대한 요구이고 후자는 기축통화인 달러를 발행하는 국가의 책임을 말한다. 이 역시 모순이다. 적자를 유지하면 통화가치가 불안해지고 통화 가치를 안정시키려면 수출 시장이 축소되는 딜레마를 안고 있다. 양적 완화는 통화가치보다는 경기부양을 선택한 결과이므로 기축통화 기능은 약화할 수밖에 없다. 글로벌 경제는 상당 기간 안정적인 결제수단을 모색하는 불안한 과정을 되풀이할 것이다. 때로는 금이나 원자재, 엔화 등 대체 통화에 투기가 나타나고 한때 달러가 재상승할 수 있다. 그렇다고 기축통화를 다른 통화로 대체하자는 합의도 쉽지 않아 보인다. 달러의 위상이 점진적으로 낮아지면서 결국은 다양한 결제수단이 등장하고 실제 결제 관행에 따라서 수십 년에 걸쳐 새로운 기축통화가 정립될 것이다. 행여 미국경제가 다시 회복된다 해도 당분간 세계는 기축통화의 딜레마에서 헤어나기 어려울 것 같다.

정갑영. "위기의 경제학", (21세기북스, 2012), pp. 171-173에서 일부 인용

경제이론과 현실 경제

경제의 이상적 가치

나라 경제가 바람직하게 발전하려면 어떤 성과를 이룩해야 할까? 좋은 일자리도 만들어야 하고, 물가도 안정되어야 하고, 모든 국민들이 편안하게 살아갈 수 있어야 한다. 개인, 기업, 정부 모두가 자신이 추구하는 경제적 목표를 이룩할 수 있어야 한다. 그런데 실제로는 각 경제주체가 추구하는 목표가 서로 다를 수 있다. 한 재화가 거래되는 과정에서도 소비자는 좋은 품질의 제품을 가장 값싸게 구입하려 하지만, 기업은 가급적 높은 가격으로 이윤을 추구하려 한다. 즉, 서로의 이해관계가 상반된다. 정부도 정권에 따라 대기업을 엄격히 규제하며 분배를 강조하기도 하고, 때로는 기업 중심의 성장정책을 추진할 때도 있다. 국민들도 분배를 중시하는 계층이 있고 성장을 선호하는 그룹도 있다. 이런 연유로 정책마다 찬반의 논란이 끊이질 않고, 어떤 목표가 더 중요한지를 평가하기 어려울 때가 많다. 이런 현실의 문제에 경제학은 과연 어떤 해답을 갖고 있는가?

나라 경제의 '바람직한 성과'desirable performance는 어떤 기준에 의해 결정되어야 하는가? 물론 사회의 구성원이나 문화적 배경에 따라 이상적인 사회의 가치기준은 달라질 수 있다. 동일한 공동체에서도 각 개인이 추구하는 사회적 가치는 달라질 수 있다. 경제가 추구해야 하는 이상적인 가치를 필자의 저서 "산업조직론공저, 2016에서는 다음 5가지로 설명하고 있다.

즉, 자유freedom와 평등equality, 정의justice와 공정성fairness, 후생welfare그리고 진보progress로 요약된다. 이런 가치를 구체적으로 실현시키기 위해 여러 정책과제가 추진된다. 예를 들면 자유라는 궁극적 가치는 재화선택의 자유, 직업선택의 자유, 진입과 이탈의 자유 등을 통해서 실현된다. 경제적 의미의 자유는 곧 경제적 의사결정 과정에 제약을 받지 않는 것을 의미한다.

경제적 자유는 일반적으로 시장기능을 통해 가장 폭넓게 실현된다. 정부의 계획이나 명령, 통제 등과 다르게 시장은 개인의 경제적인 행위를 제한하지 않기 때문이다. 그러나 시장의 진입장벽, 가격통제 등 제한적 행태는 모두 경제적 자유를 제한하는 결과를 가져온다. 이 경우 정부는 민간부문의 자유를 제한하는 행태를 방지하는 데 주력하게 된다. 물론 정부의 개입이 지나치면 정책 자체가 자유를 제약하여, 정부의 실패를 가져오게 된다.

사회구성원이나 집단 간의 평등도 추구해야 할 이상적 가치의 하나다. 대기업에 의한 경제력 집중이나 노사관계의 불평등, 불균등한 기회 등은 모두 형평이나 평등을 왜곡시키게 된다. 경제적 자유는 형평과 상충되는 경우도 있다. 그러나 지나치게 형평이 왜곡되면 많은 부작용을 유발하게 되므로 정부의 개입이 필요하다. 또한 기회를 공평하게 주는 것은 당연하지만, 인위적으로 모든 경제문제를 평등의 기준으로 해결하면 효율성이 저하된다.

정의와 공정성도 중요한 이상적 가치이며, 후생과 행복도 국민경제가 궁극적으로 달성해야 할 목표다. 구체적으로 완전고용과 자원배분의 효율성, 가격의 안정 등을 통해 국민후생을 극대화시킬 수 있다. 시장 경쟁의 결과가 이러한 목표에 역행하거나 비효율적 배분을 초래한다면 정부가 개입하여 이를 시정하게 된다. 진보 역시 장기적 관점에서 국민후생의 극대화를 가져다주는 가장 중요한 방법이다. 자유와 형평, 후생의 증대가 장기적 관점에서 유지되기 위해서는 항상 기술진보와 혁신이 필요하기 때문이다.

이와 같은 이상적 가치들이 항상 조화롭게 추진될 수 있는 것은 아니다. 예를 들어 형평을 증진시키기 위한 공공정책은 불가피하게 경제적 자유를 제한하는 경우가 많다. 나아가 정부의 개입이 시장보다 더 바람직한 결과를 가져온다는 보장도 없다. 어떤 가치를 더 중시할 것인가는 시대적 · 정치적 · 사회적 환경에 따라 다르게 결정된다. 예를 들어 경제적 자유보다는 오히려 형평을 강조하는 계층도 많고, 대기업을 규제하고 중소기업을 육성해야 한다거나 소득분배의 개선에 정부가 적극적으로 개입해야 한다는 주장도 많다. 학파에 따라서도 전통적인 고전학파나 시카고학파가 자유를 가장 중요시한다.

일반적으로 '보수학파'conservative school는 경제적 자유를 존중하는 반면 '진보학파'liberal school는 형평이나 공정성을 강조하는 경향이 많다. 그러므로 경제정책은 경제 · 사회적 환경, 또는 학파의 철학에 따라 다르게 결정될 수 있다. 이것은 무엇이 더 중요하느냐는 가치판단의 기준에 따라 달라진다. 결국 현실세계에서 적정한 정책은 민주적 과정을 통하여 사회 구성원의 욕구를 조정하고 각각의 이상적 가치를 적절히 조화시키는 것이라고 할 수 있다.

아무리 효율성을 증진시켜 성장이 필요한 경우에도, 국민 모두가 형평이나 분배를 중시한다면, 민주사회에서는 진보적인 정책이 도입될 수밖에 없을 것이다. 물론 그 과정에서 저성장의 비용을 부담할 수밖에 없다. 많은 국민들이 경제논리를 이해하고 있다면, 분배의 개선으로 인한 이익과 성장의 침체로 인한 비용을 서로 비교 평가하여 바른 정책을 선택하게 될 것이다.

시장과 정부

시장은 대체로 효율의 문제를 가장 효과적으로 해결한다. 시장은 가격을 통해 희소한 자원을 가장 효율적으로 사용할 수 있게 해 준다. 희소 재화는 비싸게 거래되고, 공급이 넘쳐나면 저렴하게 거래되어 효율적 자원배분이 이루어진다. 지금까지 인류가 개발한 경제제도 중에서 시장처럼 경제문제를 효율적으로 가장 잘 해결해 주는 다른 어떤 기재mechanism를 찾기 어렵다. 소비자는 시장을 통해 가장 좋은 품질의 제품을 가장 저렴하게 구입할 수 있다. 기업 역시 시장의 경쟁을 통해 좋은 기술로 좋은 제품을 가장 저렴하게 생산하는 유인을 갖게 된다. 시장의 균형은 나라 전체의 자원을 효율적으로 배분시켜 주는 것이다.

그러나 이 과정에서 시장은 기업의 치열한 경쟁을 유도하고, 효율성이 낮은 기업은 도태되는 결과를 가져온다. 일부 기업에게는 시장의 경쟁과정이 너무나 가혹하다고 할 수 있다. 이런 과정이 계속되면 효율성이 높은 대기업만 살아남아 독과점을 형성하게 된다는 주장도 제기될 수 있다. 이미 살펴보았듯이 공공재나 외부효과가 발생하는 경우에도 시장의 실패가 나타난다.

따라서 시장은 효율의 문제를 효과적으로 해결하지만, 경쟁여건이 미흡하거나, 재화나 서비스의 특성에 따라 본질적으로 시장의 균형이 바람직하지 않은 결과를 가져올 수도 있다. 또한 아예 시장기능으로는 해결이 불가능한 경제·사회적 문제도 있다. 시장경쟁의 결과가 효율성 여부에 불문하고, 사회적으로 가장 바람직한 상태를 항상 보장하는 것은 아니다. 이렇게 시장기능이 작동하지 못하여 경제문제를 해결하지 못하는 경우를 시장의 실패market failure라고 한다. 이런 경우에는 정부의 개입과 규제가 필요하다. 정부의 '보이는 손'visible hand이 시장에 개입하여 사회적으로 바람직한 성과를 달성할 수 있도록 유도하는 것이다.

그럼에도 불구하고 많은 경제 현안들은 대체로 시장의 논리를 통해서 해결될 수 있다. 정부의 개입이 필요한 경우에는 조세나 보조금의 지급 등을 통해 시장기능을 보완하고, 효율적인 성과를 유도하는 정책을 실시한다. 예를 들어 경제의 이상적인 가치의 하나인 형평과 분배의 개선을 위해 누진세를 부과하고, 형평을 제고시키기 위해 독과점에 대한 규제를 실시하기도 한다.

물론 시장과 마찬가지로 정부도 완벽하지는 않다. 정부의 정책은 누가 결정하는가? 경제정책이 정치화되면, 경제논리보다는 인기영합적인 포퓰리즘이 더 횡행한다. 정책이 효율적인 배분을 유도하지 않고, 단기적인 인기에 연연한다면 시장의 생태계가 훼손되어 경제가 지속적으로 성장하기 어렵다. 예를 들어, 선거를 앞두고 지나치게 낮은 금리를 유지하거나, 재정지출을 과다하게 확대하거나, 시혜적인 무상복지를 대폭 늘린다면 단기적인 인기와 성과를 거둘 수 있다. 그러나 그러한 정책으로는 경제적 안정은 물론 지속성장이 가능하지 않다. 따라서 나라 경제의 지속성장을 위해서는 시장과 정부가 적절한 조화를 이루며, 경제적 자유와 후생, 진보와 안정 등 이상적 가치를 균형있게 달성해야 한다.

폴 볼커의 충격요법

대중의 인기를 먹고 사는 정치인들은 항상 고통을 수반하는 정책에 소극적이다. 장기적인 파장이 어떻든 우선 인기 있는 정책을 선택하려고 한다. 이런 유혹은 특히 선거철에 더욱 극심해진다. 그래서 표를 많이 모을 수 있는 경제정책이 쏟아져 나온다. 그러나 경제문제를 시장이 아닌 정치논리로 접근하면 경제는 여지없이 정치의 덫에 걸려버린다.

이러한 유혹은 선진국이라고 예외가 아니다. 1979년에서 87년까지 미국 FRP 의장이었던 폴 볼커(Paul Volcker)와 로널드 레이건 당시 대통령의 갈등을 살펴보자. 지미 카터(Jimmy Carter) 대통령 시절에 임명된 볼커 의장은 1980년 3월의 어느 토요일, 기준금리를 10.25%에서 20%로 전격 인상했다. 15%대의 고질적인 물가를 잡기 위해 금리를 두 배나 인상한 것이다. 당연히 주택건설은 꽁꽁 얼어붙었고, 소비는 급격히 줄었다. 농부들은 분노와 썩은 야채 꾸러미를 워싱턴의 FRB 건물 앞에 쌓아놓고 시위를 벌였다. 볼커 의장의 초상화는 불태워졌고, 그의 신변은 크게 위협받았다. 선거를 앞둔 레이건 대통령과 의회는 당장 그를 신랄하게 추궁했다. 당연히 돈을 풀어 경기를 살리고 실업을 해소하라고 윽박질렀던 것이다.

그러나 2m의 장신인 볼커 의장은 말없이 시가만 피워댈 뿐 정치의 덫에 빠져들지 않았다. '충격요법'만이 미국 경제를 살릴 수 있다는 확신을 가지고 있었기 때문이다. 한 때 10%에 달하는 실업률과 경기침체로 미국은 고통을 겪었지만, 불과 3년만에 그의 정책은 인플레이션을 3%로 잠재웠고, 1990년대 미국경제의 호황을 이끄는 초석이 됐다. 볼커 의장은 레이건 대통령을 애타게 만들었지만, 훗날 빌 클린턴 대통령은 그가 만든 호황의 공(功)을 누리게 되었다. 이것은 정치권으로 독립된 볼커의 충격(the Volcker shock)으로 미국경제가 살아난 대표적인 사례로 널리 인용된다.

정갑영, "카론의 동전 한 닢", (삼성경제 연구소, 2005), pp. 73~74에서 일부 수정 인용

정부는 때로 인기가 없고 고통을 수반하는 경제정책을 과감하게 추진하여 지속성장이 가능한 기반을 구축하여야 한다. 이 과정에서 국민들

의 경제학적 지식이 해박하다면 기꺼이 고통을 감내할 것이고, 정부는 경제논리로 국민을 지속적으로 설득하여 정책의 당위성을 확산시켜 나가야 한다. 반대로 정부가 앞장서서 단기의 인기영합적인 시혜를 베푼다면 어떤 나라도 남미와 그리스 같은 사태에 직면하게 될 위험을 안게 된다.

현실과 맞지 않는 경제이론?

경제이론은 실제 경제현상을 제대로 설명하지 못한다고 생각하는 사람들이 많다. 그 대표적인 사례로 경제 예측을 든다. 실제로 한 해가 지나서 평가해 보면, 경제전망이 정확한 경우가 드물다. 경제학이 현실 경제를 제대로 분석한다면 당연히 미래에 대한 예측이 정확해야 하지 않겠는가? 그 많은 전문가들이 경제성장률 하나 제대로 예측하지 못한단 말인가?

옳은 주장이다. 그렇지만 경제학 이론이 경제현상을 제대로 설명하지 못한다는 비약은 받아들이기 어렵다. 이런 주장은 경제이론에 대한 기본적인 이해가 부족한 데서 비롯된 것이다. 앞에서도 설명했듯이 실제 경제는 수없이 많은 복합적인 요인에 의해서 결정된다. 경제예측은 그런 요인들이 어떻게 되리라고 가정을 한 후에, 그 전제하에서 이루어진다. 따라서 미리 가정한 지표들이 달라진다면 당연이 예측된 결과와 실제 경제는 일치하지 않게 된다.

예를 들어, 내년 성장률을 4%로 예측한 모형에는 원유가격이 배럴당 $50로 가정되어 있는데, 실제 가격이 $60로 상승하였다면, 실제 경제성장률은 어떻게 될까? 당연히 4%로 나타나지 않을 것이다. 이런 경우 경제이론이 맞지 않아 정확하지 않은 예측을 한 것일까?

식물학자가 어떤 나무를 보고 예년과 같이 기후가 좋으면 20cm 정도 자랄 것이라고 예측했다고 하자. 그런데 그 해 가뭄이 심하여 10cm 밖에 자라지 못했다면 누가 식물학자를 비난하겠는가? 경제도 이런 식물과 마찬가지로 상황에 따라 지속적으로 움직이는 살아 있는 생명체와 같다.

　실제 경제를 결정하는 모든 변수는 유동적이다. 유가는 물론 환율, 북한의 정세, 미국의 이자율, 그리스의 부채 등 경제에 영향을 주는 수없이 많은 요인들이 항상 변동한다. 경제학자가 다루지 않는 영역에 있는 변수도 많다. 김정은이 무슨 행동을 할지, 어떻게 경제학자가 예측할 수 있겠는가? 따라서 경제예측을 할 때는 이런 요인들이 일정한 범위 내에서 변동할 것으로 가정하지만, 실제로는 그 범위를 벗어날 때가 많다. 예측에서 전제한 지표들의 변동성이 커지면 예측결과는 당연히 틀리게 된다.

　경제는 생명이 있는 유기체와 같다. 항상 고정되어 있는 무기체가 아니다. 어떤 경제정책이 도입되고, 중국에서 무슨 일이 터지고, 원자재 가격이 어떻게 움직이고, 경제 주체가 그러한 상황변화에 어떻게 대응하느냐에 따라 성과가 결정되는 것이다. 위기가 닥쳐도 현명하게 대처하면 쉽게 극복할 수 있지만, 동일한 여건에서도 잘못 대응하면 장기 침체를 모면하기 어렵다. 운명이 미리 결정되어 있는 것이 아니라, 어떤 처방으로 어떻게 행동하느냐에 따라 결과가 크게 달라진다. 이 과정에서 경제를 이해하는 국민이 많아질수록 정부가 경제논리에 입각한 바람직한 정책을 선택할 수 있게 된다.

　최근에는 세계경제가 하나의 공동체로 얽혀 있는 개방체제를 이루고 있어 더욱더 예측이 힘들어지고 불확실성도 증대되고 있다. 한국경제 하나만 예측하기도 힘든데, 갑자기 중동이나 그리스 등 세계 각국에서 발생하는 크고 작은 사건이 모두 세계 경제에 영향을 미치기 때문이다. 실제로 미국의 FRB가 이자율을 0.25% 포인트만 변동시켜도 세계 경제에 큰 충격을 준다.

경제예측을 정확히 하려면 이 모든 변수가 어떻게 변동할 것인가를 알아야 하는데, 그것은 아마도 신의 영역에 속할 것이다. 현실 세계에서는 경제활동에 직접 참여하는 기업가와 소비자의 마음조차 예측하기 힘들다. 믿거나 말거나 식의 예언은 할 수 있지만, 과학적인 예측은 불가능하다. 오히려 "어떤 조건"에서 어떻게 반응하고 어떤 성과를 나타낼 것인가를 분석하는 방법이 훨씬 더 과학적이다. 그것이 바로 경제학적 접근이기 때문에 "조건"이 달라지면 결과도 당연히 달라져야 한다.

경제이론과 생태계

지금까지 살펴본 경제이론은 대체로 모든 경제주체가 자신의 이해관계에 이익을 극대화하는 방향으로 움직인다는 합리성을 전제로 하고 있다. 소비자가 합리적이라면 좋은 품질의 제품을 낮은 가격에 구입하려 하고, 기업 역시 비용을 최소화하고 이윤을 극대화하려 할 것이다. 경제이론은 이러한 시장의 행태를 바탕으로 하고 있다.

물론 경우에 따라 합리성의 전제가 성립하지 않을 수도 있다. 예를 들어, 공공기업은 이윤의 극대화도 중요하지만, 공공성을 유지해야 하는 목표를 갖고 있다. 이런 경우에는 가정을 바꿔 새로운 목표를 설정하고 공공기업의 여건에 적합한 이론을 적용하면 된다. 경제학은 가정과 전제를 바탕으로 실험실을 설정하여 합리성을 바탕으로 이론을 설명하므로, 가정이 달라지면 당연히 새로운 환경에 적용되는 설명이 필요하다.

법이나 명령으로 움직이지 않는 경제

최근에도 널리 회자되는 "좌파"와 "우파"라는 표현은 프랑스 혁명으로부터 유래하였다. 1789년 루이 16세는 175년 만에 삼부회의를 소집하고, 귀족의 면세 특권을 박탈하여 재정파탄을 모면하려 했지만, 결국은 뜻을 이루시 못했다. 오히려 봉건군주에 저항하는 시민대표와 귀족, 성직자 간의 대립으로 세 신분을 대표하는 삼부회의는 와해되었고, 이것이 곧 프랑스 대혁명의 서막이 되었다. 당시 회의장에서 왼편에는 혁명의 주도파가 앉고, 오른편에는 왕권의 지지파가 자리 했던 연유로, 오늘날까지 좌파는 진보, 우파는 보수의 상징으로 남아있다.

그동안 왼쪽과 오른쪽의 대립은 전쟁과 같은 극단적인 양상으로 폭발하기도 했고, 수많은 다툼과 시행착오를 거치면서 여러 형태로 진화되었지만, 아직도 갈등의 유산은 곳곳에 짙은 그림자를 드리우고 있다. 경제에서는 왼쪽은 공동생산과 분배, 평등을 추구하고, 다른 쪽은 정부 개입보다는 시장과 개인의 사적 동기를 바탕으로 한 자원배분의 효율성을 지향해 왔다. 그러나 사회주의의 붕괴와 더불어 이념논쟁도 후쿠야마의 저작처럼 "역사의 종언"이 되었고, 지금은 양쪽의 경계조차 불분명한 경우가 많다. 보수는 왼쪽으로 클릭하고, 진보가 오른쪽으로 다가서면서, '개혁 보수'와 '중도 진보' 등 정치권의 표현도 다양해졌다.

실제로 경제정책에서는 왼쪽이 정부개입과 분배를 중시하고, 오른쪽이 시장과 효율을 우선시하는 경향이 있지만, 세계무대에서 온 나라가 경쟁하는 현실에서 이런 논쟁이 무슨 의미가 있겠는가? 좌우 불문하고 어디에 앉든, 국민 모두를 부유하게 만드는 정책이 가장 절실하다. 그 해답을 역사적 경험에서 찾는다면, 오른쪽이 왼쪽보다 더 풍요로운 성과를 가져온 사실을 누구도 부인할 수 없다. 중국마저도 시장이라는 오른손으로 식량문제를 해결하지 않았는가?

그렇다고 오른쪽이 항상 완벽한 것은 아니기에 선진국들도 대부분 시장의 생태계를 지속적으로 보완하면서 풍요의 꿈을 실현시켜 왔다. 물론 일부에서는 아직도 정치이념이나 인기에 편승하여 왼쪽의 정책을 선호하는 경향이 있다. 특히 분배나 경쟁여건의 악화로 사회적 불만이 누적되고, 경기침체로 일자리마저 줄어들면, 그런 유혹에서 더욱 벗어나기 힘들다.

그러나 정부의 과다한 개입은 자칫 시장의 생태계를 훼손하여, 오히려 정책의 도와는 상반된 결과를 가져올 수 있다. 80년대 일본은 과다한 정부지출로 천문학적인 부채만 안고 '잃어버린 20년'을 보냈고, 남미 분배정책의 실패도 널리 인용된다. 반면 레이건은 세율을 낮추고 정부지출을 축소하면서 생산성 향상을 통해 경제를 살린 대표적인 사례다.

성공적인 경제성과를 이룩하려면 경제정책이 정치이념으로부터 탈피하여, 경제주체가 자생적으로 움직일 수 있는 생태계를 만들어야 한다. 소득과 고용이 지속적으로 창출되기 위해서는 반드시 민간의 자발적인 투자와 생산성 향상이 뒷받침되어야 한다. 규제 혁신을 통해 경제주체의 마음을 움직이는 동인(動因)을 부여하고, 산업의 대외경쟁력에 대한 큰 비전을 서둘러 마련해야 한다. 왼쪽의 꿈인 후생과 분배의 개선도 경제 활성화를 통한 양질의 일자리와 교육 기회의 확대가 있어야만 실현될 수 있다.

경제는 결코 법이나 명령으로 움직이지 않는다. 모든 경제주체가 자신의 이해관계에 따라 스스로 의사결정을 하기 때문이다. 설령 왼손으로 국내기업을 다스린다 해도, 대외여건은 오른손의 힘으로 작동한다. 위기를 타파하기 위한 정부의 적극적인 개입은 필요하지만, 오른손의 움직임을 지나치게 제약하면, 왼손이 추구하는 가치마저 실현되기 어려워진다.

정갑영 칼럼, "한국경제", 2017.8.7에서 일부 인용

어떤 소비자는 가격이 올라가도 수요를 더 늘리는 경우도 있다. 왜 이런 행동이 나타났을까? 가격이 올라가면 수요가 줄어든다는 수요의 법칙에 위반되는 것일까? 이런 상황은 여러 분석이 가능하다. 우선 수요의 법칙을 다시 생각해 보자. 가격이 올라가면 수요가 줄어든다는 결론은 소비자의 소득과 취향 등 다른 여건이 모두 고정되어 있다는 전제하에서 만들어진 것이다. 만약 그 소비자가 직장을 얻어 소득이 증가했다면, 유행이 달라져 취향도 변했다면, 가격이 올라가도 수요는 늘어날 것이다. 수요의 법칙이 맞지 않는 것이 아니라, 기본적인 전제가 달라진 것이다.

시장의 원리는 경제주체가 스스로 자신의 이익을 추구하는 생태계를 전제로 하고 있다. 누가 개입하지 않아도 자신들을 위해서 스스로 움직이는 것이다. 이런 결과가 모아져 바람직한 결과가 나타나도록 유도하

는 것이 가장 이상적이다. 물론 시장은 완벽하지 않으므로 정부의 개입이 필요한 경우도 있다. 그러나 개입이 지나쳐서 각 경제주체가 자율적으로 움직이는 생태계를 훼손하게 되면 득보다는 실이 더 크게 된다. 시장지향적 정책이 필요한 이유가 바로 여기에 있다.

많은 연구결과들은 역사적으로 장기에 걸쳐 지속적인 성장을 이룬 국가는 시장친화적인 개방정책을 유지하였으며, 경제정책의 일관성과 국민들의 경제에 대한 높은 인식이 필요하다는 점을 지적하고 있다. 이것은 우리 경제의 지속적인 성장을 위해서도 절실히 필요한 요건이다.

저자약력

정갑영 교수는 연세대학교 제17대 총장을 역임한 경제학자로 연세대 경제학과를 졸업하고 미국 펜실베이니아 대학교에서 석사, 코넬 대학교에서 경제학 박사 학위를 취득한 후, 1986년부터 2016년까지 연세대학교 경제학부 교수로, 현재는 연세대학교 명예특임교수로 재직하고 있다.

연세대학교 교무처장, 정보대학원장, 원주 부총장을 역임하였으며, 정부의 통신위원회위원, 국민경제자문회의 거시금융분과위원장, 감사원 감사혁신위원장, 법무부 정책자문위원장, 검찰개혁위원장 등을 역임하였으며. 현재 영국 Routledge에서 발행하는 SSCI 등재저널 Global Economic Review의 에디터를 맡고 있다.

'매경 이코노미스트상'(매일경제신문)과 '다산 경제학상'(한국경제신문), '자랑스런 한국인 대상'(한국언론인협회)을 수상하였으며, KBS의 '한국, 한국인'에 소개된 바 있으며, 2016년 8월에는 대학교육에 기여한 공로로 대한민국 정부로부터 청조근정훈장을 수여받았다.

일반인들에게 경제학을 쉽고 재미있게 전달하는 저서를 다수 집필하였으며, 경제에세이『열보다 더 큰 아홉』은 KBS「TV, 책을 말하다」의 테마 도서로 선정된 바 있고, 일부 내용은 중·고등학교 교과서에 수록되었다. 또한『카론의 동전 한 닢』은 '국내 CEO 100인이 가장 많이 읽은 책 10권'에 포함된 바 있다. 이 밖에도『정갑영의 경제학교』,『정갑영 교수의 만화로 읽는 경제학』,『나무 뒤에 숨은 사람』,『위기의 경제학』,『명화경제 토크』(이명옥 공저),『대학교육의 혁신』,『1,461일의 도전』 등을 출간하였다. 경제 전문서로는『산업조직론』,『한국의 산업조직』,『미시경제학』(공저) 등을 집필하였다.

현재 YouTube에서 <정갑영의 쉬운 경제이야기> 채널을 운영하고 있다.

정갑영의 첫 경제학

초판발행	2017년 9월 15일
중판발행	2023년 12월 20일
지은이	정갑영
펴낸이	안종만·안상준
편 집	전채린
기획/마케팅	조성호
표지디자인	조아라
제 작	고철민·조영환
펴낸곳	(주) **박영사**
	서울특별시 금천구 가산디지털2로 53, 210호(가산동, 한라시그마밸리)
	등록 1959.3.11. 제300-1959-1호(倫)
전 화	02)733-6771
f a x	02)736-4818
e-mail	pys@pybook.co.kr
homepage	www.pybook.co.kr
ISBN	979-11-303-0463-2 03320

정 가   18,000원